GEMEINSAM SIND WIR BESSER.

DRESDNER DIALOG

Hrsg. Hans-Joachim Frey, Sabine Stenzel

Internationales Forum für Kultur und Wirtschaft

GEMEINSAM SIND WIR BESSER.

DRESDNER DIALOG

Faber & Faber

Inhaltsverzeichnis

Vorwort

Das vorliegende Buch des Internationalen Forums für Kultur und Wirtschaft schildert auf ganz besondere Weise, welche neuen und anderen Wege man im Diskurs zwischen Kultur und Wirtschaft gehen kann.

Kultur ist ein hohes geistiges Gut. Sie ist Zeugnis unserer Entwicklung, hält uns den Spiegel vor und setzt Impulse für Innovationen. Sie ist der Brückenschlag zu unseren Wurzeln, bricht mit Traditionen und ist essentieller Wert unseres Gemeinwesens. Gleichwohl hat Kultur per se keinen „Wert" – sie hat keinen „Preis". Sie zu pflegen und zu stärken bedeutet, die Entwicklung unseres Gemeinwesens zu stärken – das hat seinen Preis.

In der Geschichte haben die großen abendländischen Kulturnationen seit jeher das Kunstschaffen als eine ihrer hervorragenden Aufgaben begriffen. Erst waren es die Kirchen, später die Fürsten und Könige – jeder hatte seine Künstler, die für ihn malten, musizierten oder bauten. Parallel haben schon immer auch Privatpersonen nach dem historischen Vorbild des römischen Kaufmanns Maecenas Künstler und ihre Projekte gefördert ... man leistete sich Kultur.

In den USA entwickelte sich die Kulturlandschaft völlig unabhängig von der öffentlichen Hand. Dank eines Steuersystems, das privates Engagement nachhaltig begünstigt, gibt im Durchschnitt jeder einzelne Amerikaner im Jahr etwa 950 Dollar für gemeinnützige Zwecke aus. Dieses System privater Aktivitäten hat Vorteile, birgt jedoch das Risiko, daß „Populärprojekte" bevorzugt Zuwendungen erhalten, daß außerhalb vom *mainstream* nur wenig Kreativität gedeiht.

Im Deutschland des 20. Jahrhunderts übernahm der demokratische Staat die Rolle der aristokratischen Herrscherhäuser ... man leistete sich Kultur. Man finanzierte und subventionierte sie, war omnipräsent und stark. Kultur wurde institutionalisiert und bürokratisiert, eingebunden in die Tarifsysteme des öffentlichen Dienstes. Und wiewohl die Obrigkeit mit der Förderung von innovativer und moderner Kunst einer schöpferischen Avantgarde wundervollen Raum schaffte, drohen die Strukturen unseres staatlichen, nunmehr hoch subventionierten Kulturbetriebes zu verkrusten. Die sich unaufhaltsam beschleunigende Kostenspirale und die bürokratische Eigendynamik machten aus „Kultur" das „System Kultur", führten in einen verhängnisvollen circulus vitiosus. Doch jetzt ist der Staat in einer Sackgasse. Die Wirtschaft stagniert. Die Einnahmen des Staates reichen nicht mehr, um die festen, ständig weiter steigenden Kosten der von den öffentlichen Tarifsteigerungen abhängigen staatlichen Kulturbetriebe zu finanzieren ... man kann (sich) Kultur nicht mehr leisten.

Wir stehen vor einem Paradigmenwechsel. Wenn wir unsere einmalige, vielfältig bunte, kreative Kulturlandschaft erhalten und weiter fördern wollen, müssen wir neu denken, neue Wege gehen, neue Quellen erschliessen. Wir müssen den „Kostendeckungsgrad" erhöhen. Wir müssen uns finanziell von unseren staatlichen Geldgebern unabhängig machen. Seit einiger Zeit erklingt daher der Ruf nach dem privaten Mäzen wieder lauter, der Ruf nach dem Unternehmer, der uneigennützig Kunst und Kultur fördert, seiner Gesellschaft etwas zurückgeben möchte. Aber gibt es diesen Unternehmer noch? Die private Kulturfinanzierung kann nämlich auch heißen „dem Volk auf's Maul Schauen", angepasster, populärer spielen, *mainstream* produzieren. Substituieren wir die eine Abhängigkeit durch eine andere? Wird die „Einschaltquote" zum Maßstab für Qualität? Bleibt innovative, revolutionäre, moderne Kunst als Geist ihrer Zeit auf der Strecke? Ist der Schritt weg von der gemeinnützigen Liebe zur Kultur hin zum kommerziellen Sponsoring mit Werbung und Medien-Kommunikation unausweichlich? Projekte, die identitätsstiftend eine größtmögliche Zielgruppe erreichen, scheinen die höchsten Stufen der Beliebtheitsskala zu erklimmen ... und schier unbegrenzt finanzierbar? Es zeichnet sich bereits ab, daß die anfängliche Euphorie, den neuen „Goldesel" für die Kultur gefunden zu haben, wieder spürbar abebbt. Der Weg des klassischen Sponsorings kann also langfristig auch nicht allein zielführend sein. Daß es als Bestandteil genutzt werden muß, ist allerdings selbstverständlich.

Im Zuge der Globalisierung, der Vermischung von Märkten und Kulturen wird die strategische Ausrichtung für die Kultur zur Herausforderung. Was ist zu tun? Da die Ressourcen knapper und der Spielraum enger werden, ist vermehrt der einzelne Bürger gefragt, aber auch die Innovation. Neue Wege, neues Denken, neue Netzwerke, ein neues Miteinander in unserer Gesellschaft zwischen Kultur, Wirtschaft, Politik und Wissenschaft. Dieser neue und andere Weg wird hier in Dresden, von Sachsen, vom Internationalen Forum für Kultur und Wirtschaft aus entwickelt und gepflegt. Das Forum versteht sich als ein Think-Tank. Hier wird seit seiner Gründung im Januar 2003 ein hoch interessanter Diskurs über das gesamtheitliche Wechselspiel zwischen Kultur und Wirtschaft geführt. In einer Zeit des Jammerns, der Orientierungslosigkeit und hoher Arbeitslosigkeit findet hier der Dialog statt, der sich zu verfolgen lohnt, unter dem Motto: „Gemeinsam sind wir besser."

Das Internationale Forum für Kultur und Wirtschaft hat sich zum Ziel gesetzt, für die beiden zentralen Fragestellungen eine Lösung zu finden: „Was kann die Kultur für die Wirtschaft leisten? Welche quantifizierbaren und verifizierbaren Erfolge kann die Wirtschaft, aber auch die Politik im richtigen Umgang mit der Ressource Kultur haben?" Der neue Ansatz soll zeigen: In unserer auf Effektivität getrimmten Welt, in einer Zeit der Managerkultur – nicht mehr der Unternehmerkultur – ist etwas Neues möglich.

Das Forum weist nach, daß aus der „kunstgerechten" Verknüpfung von Kultur und Kommerz nachhaltig eine wunderbare Symbiose von ökonomischen Vorteilen und kultureller Bereicherung entstehen kann ....

Die Reden seiner prominenten Forumsgäste sind Wegweiser dieser strategischen Positionierung. In diesem Buch wird eine Auswahl dieser Vorträge präsentiert, zudem zwei Schilderungen über die Entstehung, den Geist, die Philosophie und die Perspektiven des Internationalen Forums für Kultur und Wirtschaft. Jeder dieser Beiträge zeigt auf ganz eindringliche Weise, welche neuen und anderen Wege im Diskurs zwischen Kultur und Wirtschaft denkbar sind.

In der berühmten Kunst- und Kulturstadt Dresden mit ihrem unermesslichen Kulturreichtum zwischen Zwinger, Semperoper und Frauenkirche – vielleicht bezeichnender Weise in den neuen Bundesländern – haben kreative Reflexion und innovatives Denken hoch über den Dächern dieser Stadt in der Villa Tiberius ihre Quelle gefunden ... und sind bereits auf einem guten Weg.

Das Internationale Forum für Kultur und Wirtschaft hat sich sein Postulat als Motto zu eigen gemacht, es fordert und fördert gleichzeitig: das Mittun und Mitdenken der kulturellen und geistigen Elite unseres Landes und die künstlerische Entwicklung junger Künstler ... bitte lesen Sie selbst ...

Hans-Joachim Frey   Dresden, Juni 2005

PROF. DR. HEINZ JOSEF HERBORT

Heinz Josef Herbort, geb. 1932 in Bochum; 1953 Studium Dirigieren und Tonsatz an der Folkwangschule Essen, 1954 dazu Musikwissenschaft, kath. Theologie, Philosophie, Physik in Münster und Bonn, 1961 Dr. phil.; 1960–64 Feuilleton- u. Wirtschafts-Redakteur „Westfälische Nachrichten", Münster, 1964–99 Feuilleton „DIE ZEIT", Hamburg; 1981 Lehrbeauftragter, Professor (Ästhetik) Studiengang Musiktheater-Regie Universität/Musikhochschule Hamburg; 1993–99 künstlerisch-wissenschaftliche Mitarbeit bei Operninszenierungen (Deutsche Oper Berlin, Regisseur: Götz Friedrich)

Prolog

„... nicht nur eine Sache gut"
Oder: Die Geburt eines „Forums" aus dem Geiste eines „Netzwerks"

(frei nach Nietzsche)

Faust, mit dem Pudel sein Studierzimmer betretend, monologisiert über seine neugewonnene kreativ-euphorische Befindlichkeit: Die Vernunft spricht wieder, die Hoffnung blüht wieder – „Man sehnt sich nach des Lebens Bächen." Zwischen Esoterik – „Wir lernen das Überirdische schätzen, wir sehnen uns nach Offenbarung" – und Ratio pendelnd beginnt der promovierte Geisteswissenschaftler, Jurist und Mediziner (ursprünglich auch Theologe und Astrologe) seine Übersetzung eines der kryptischsten Sätze der Bibel: jenes ersten Satzes vom „Prolog" des Johannes-Evangeliums „Im Anfang war der ‚Logos'". Faust erweist sich freilich – für uns Nachgeborene – schnell als ziemlich schwacher Neutestamentler und noch schwächerer Gräzist. Trotz – „Habe nun, ach!" – kantischer Philosophie kennt er sich auch in der Gnosis kaum aus. Und so hangelt er sich „mit redlichem Gefühl" hoch: „Im Anfang war das Wort ... der Sinn ... die Kraft" bis in das „getrost" hingeschriebene „Im Anfang war die Tat!"

Ohne die ganze Fülle der in der jüngeren Wissenschaft zu findenden Übersetzungs- und Interpretations-Möglichkeiten des „Logos" durchzudeklinieren – von „Wort" über „Zahl" zu „Proportion", von „Beleg" über den „logisch geordneten Begriff" zur „exakten Wissenschaft" oder sogar zur „Selbstbestimmung Gottes" –, springen wir vom Idealismus über die Stoa (und deren „Logik") zurück zum nachsokratischen Athen. Schließlich riskieren wir selber kleine Unschärfen, um zum Thema zu kommen und stellen (frei) nach Platon fest: „Am Anfang war die Idee" (das „innere Wesen", die „höchste Wahrheit", das „Urbild" eines Dinges oder Begriffs), also etwas Generelles, (noch) Abstraktes; dann mit Schopenhauer (ebenso frei): „Am Anfang war der Wille" (eine „Anlage", eine „Potenz", die nach Entfaltung strebt, ebenfalls noch ohne eine konkretisierende „Vorstellung"). Die moderne Empirie liefert schließlich noch eine halb Chaos-gläubig skeptische, halb Zeitgeist-folgsam positiv der Event-Kultur verbundene Lösung: „Am Anfang war der Zufall".

1. Stufe:
„... demnächst noch viel Gutes hören"
oder: Förderung junger Künstler – Wettbewerbe

Warum im Jahre 1996 der in Hamburg ansässige, um das genüßliche Wohlergehen des Menschen innen wie außen sich sorgende Ernährungs-, Körperpflege- und Reinigungsmittel-Konzern Unilever sich um einen „Gesangswettbewerb für die Italienische Oper" Gedanken machte und über seine T(ief)K(ühl)K(ost)-Zweige Langnese und Iglo erhebliche Mittel in die bald darauf entstehende „Competizione dell'Opera ‚I Cestelli'" (deutsch: „Opernwettbewerb ‚Die kleinen Körbchen'") investierte, muß – zumal im Zusammenhang mit dieser unserer Veröffentlichung – nicht allzu kritisch hinterfragt werden. Was wichtiger ist: Damals existierte an der Hamburger „Hochschule für Musik und Theater" ein heute mehr denn je notwendiger und auch frequentierter Diplom-Aufbaustudiengang „Kulturmanagement", in dessen Verlauf die Studierenden zu Projektarbeiten verpflichtet sind – eine von den Initiatoren wie dann auch den meisten Absolventen als hocheffektiv geschätzte Form einer „praxisnahen Ausbildung". War es nun „Idee", „Wille" oder „Zufall" – gleichviel: Sechs Kulturmanagement-Eleven fanden zusammen und bastelten den Eismännern unter dem Motto „Young people for young people" ein Durchführungskonzept für mehrere Wettbewerbs-Durchgänge, holten eine Jury zusammen, die möglichst alle Interessenbereiche abdeckte – erfahrene Sänger, Dirigenten, Kritiker, Intendanten, Agenten, Plattenproduzenten –, entwarfen ein Pflicht-Programm und eine Kür-Auswahl, besorgten die Werbung und sortierten die Bewerbungen, verkauften später auch in den Pausen der öffentlichen finalen Vorsinge-„Konzerte" die süßen Schleckereien des Sponsors, ermittelten letztendlich junge Künstler, von denen man vermuten durfte, daß „man von ihnen demnächst noch viel Gutes hören" werde. Der damals schnell die wichtigsten Fäden in die Hand nehmende (und auch konsequent behaltende) Student schließlich wird uns („Wille") in der vorliegenden Veröffentlichung noch häufiger begegnen und beschäftigen.

Nichts ist bekanntlich erfolgreicher als der Erfolg – und so konnte der Wettbewerb auch 1998 stattfinden, jetzt schon auf einer breiteren „professionellen" Basis: Die Musikhochschulen in Hamburg, Berlin und Köln, in Dresden, München und Stuttgart zogen mit und meldeten ihre vielversprechenden Talente. Opernhäuser animierten ihre jungen Ensemble-Mitglieder, und der Norddeutsche Rundfunk emanzipierte sich zum „Medienpartner". Der beim Start zwei Jahre zuvor noch etwas aus dem Hintergrund operierende, inzwischen diplomierte Kulturmanagement-Student indes durfte sich diesmal schon etwas weiter aus dem Fenster lehnen: Er, der zunächst Gesang studiert, dann ein Diplom als „Musiktheater-Regisseur" (1990) erworben hatte, war inzwischen die Karriereleiter über die künstlerischen Direktionen an den Theatern in Eisenach (Mai 1994) und Bremen (August 1995) zum Künstlerischen Betriebsdirektor an der Dresdner Staatsoper (Mai 1997) hinaufgesprungen. Eines war ihm als (längst nicht mehr abstrakte) „Idee" und auf die Entfaltung der in ihm liegenden Möglichkeiten zielgerichteter „Wille" im Denkzentrum ständig präsent geblieben: der Wettbewerb.

In Dresden hatten sich 1978 die „Dresdner Musikfestspiele" etabliert, ein Aushängeschild, das mehr und mehr die ökonomischen Zwänge wie die ideologischen Einengungen überwinden konnte. (Schon 1983 durfte im Motto der „unsozialistische" Begriff „Tradition" vorkommen, die weder zu den Arbeitern noch zu den Bauern zählenden Komponisten Mozart und Weber, Verdi und Wagner genossen gewissermaßen Hausrecht. Umgekehrt blickten die Festspiele noch 1989, wenige Wochen vor der „Wende", auf „Vier Jahrzehnte sozialistischer Musikkultur" zurück.) Als für die Saison 2001 der damalige Festspiel-Intendant Torsten Mosgraber sich einen Wettbewerb ins Programm wünschte, schlug die Stunde für den inzwischen zum Kulturmanagement-Profi aufgestiegenen Hans-Joachim Frey: Er zog die Competizione dell' Opera an sich nach Dresden.

Zunächst fand er einen großen Mutmacher in Giuseppe Sinopoli, dem Arzt-Archäologen-Komponisten-Dirigenten (dessen Credo: „Ein intelligenter Mensch macht nicht nur eine Sache gut"), der seit 1992 systematisch die künstlerisch-qualitative Anbindung der Dresdner Staatskapelle über ihre DDR-Spitzenposition hinaus an den westeuropäischen und damit den Welt-Standard erarbeitete (und für 2003 als Generalmusikdirektor der Semperoper designiert war – am 20. April 2001 riß ihn ein Herzinfarkt, während er in der Deutschen Oper Berlin Verdis „Aida" dirigierte, abrupt vom Pult, löschte sein Leben, raubte ihn seiner Familie, seinen Freunden, seiner Musik, machte große künstlerische Erwartungen nicht nur in Dresden zunichte).

Hans-Joachim Frey verschaffte sich ein vorläufiges Wettbewerb-Büro bei den Festspielen, gewann eine Handvoll hochmotivierter Mitarbeiter, sicherte sich als Kooperatoren den Mitteldeutschen Rundfunk und die Musikhochschule, band „seine" Semperoper ein, erstritt sich den für das Preisgeld notwendigen Betrag von der Landesregierung, sammelte mit seinem Team überall die noch fehlenden D-Mark, organisierte internationale Vorentscheidungen in zehn Städten *all over the world* – und hatte am Ende mit der italienischen Sopranistin Carla Maria Izzo, dem koreanischen

Tenor Woo Kyung Kim und (3. Preis geteilt) der russischen Sopranistin Eka-
terina Morozowa wie der Wiener Sopranistin Kristiane Kaiser ein Gewin-
ner-Quartett vorzustellen, das dem Wettbewerb Sinn und Berechtigung
nachwies. Ob das ausreichte, eine Fortsetzung abzusichern?

Die unmittelbare Konsequenz des Wettbewerbs nach „innen" ist durchaus
spektakulär, ein Superlativ des „Zufalls": Es „trifft sich", daß jemand das
2001-Final-Konzert begeistert und hochmotiviert verläßt, der eine Villa in
Dresdens feinster „Weißer Hirsch"-Lage erworben hat – und dafür eigentlich noch gar keine adäquate Verwendung hat. – Kay Ulrich Schwarz, Ver-
mögensverwalter. Die Entscheidung fällt spontan: Dort über der Elbe wird
ein zu gründendes „Internationales Forum für die Förderung junger Künstler" einziehen, ein gemeinnütziges Verbund-System nach der Devise „Ich
kenne jemanden, der kennt jemanden" – ein Informations- und Aktions-
Geflecht, in dem Menschen mit dem notwendigen Know-How... andere
Zeitgenossen, die über ein angemessenes Kapital verfügen, auf junge
Künstler aufmerksam machen mit dem Ziel, daß diese jenen helfen, „von
der einen Seite des Flusses auf die andere zu kommen". Beispielsweise
durch kleine Hauskonzerte an ersten Adressen, die dem/der jungen
Musiker/in zwar noch nicht viel „einbringen", bei denen aber vielleicht
ein Jahres-Stipendium abfällt, eine Weiterempfehlung, am Ende ein Einstieg in eine künstlerische Laufbahn-Wirklichkeit.

Gedacht ist dabei nicht so sehr an die eh schon automatisch mit Angeboten
bedachten *winners*, sondern an jene, die zuvor bei den Auditions unter
„heimischen" Bedingungen noch hervorragend aussehen, von weither
angereist kommen, aber die Schärfe der Konkurrenz nicht erahnen; die nur
Fünfte wurden und mit leeren Händen nach Hause fahren müssen – nicht
weil sie so „schlecht" waren, sondern weil sie dem Druck nicht standhalten
konnten; weil sie ein halbes Jahr zu früh kamen; weil – siehe Ivo Pogore-
lich 1980 beim Warschauer Chopin-Wettbewerb – die Jury die innovative

Nonkonformität eines Kandidaten nicht anzuerkennen geruhte. Angehende Künstler also, denen man helfend erklären kann und darf, warum sie woran noch arbeiten sollten, damit …

Das müßte eigentlich jede engagierte Künstler-Agentur in gleicher Weise leisten. Aber hier sperrt sich deren in der Regel nicht einmal verhohlene Abhängigkeit von Marketing-Zwängen und Profit-Orientierung: Agenturen sind – Halten zu Gnaden! – weder Mäzene noch Sponsoren. Ihr Ethos heißt weder Wohltätigkeit noch Menschenfreundlichkeit. Allenfalls über eine Mischkalkulation leisten sie sich die Alimentation eines aufstrebenden Talents – vermittels der Gewinne aus lukrativen Geschäften mit selbstgängigen Stars. Agenturen wählen nach dem Prinzip der Verkaufbarkeit, und sie sind vor allem an der steilen Karriere einer Supernova interessiert – und tragen oft genug an deren frühem Ende mit Schuld („verheizen" nennt der drastische Fachjargon diese Variante von „Förderung").

Gerade dies sucht das junge Team zu vermeiden – und von der „kleinen" Hauskonzert-Idee kommt man schnell ab. Das Team freilich beginnt zu wachsen, an Formen wie vor allem an Inhalten. Es trifft sich a), daß mit dem Ministerpräsidenten Kurt Biedenkopf auch ein Staatsminister für Wirtschaft (und sonstiges) das Kabinett verläßt, der, von Kindesbeinen an ein Musik-Enthusiast, schon in seiner früheren Funktion als Bürgermeister und Stadtkämmerer in Neumünster seine stets innovative planende und akquirierende Energie in die diversen Gremien des Schleswig-Holstein Musikfestivals einfließen ließ. Nun ermutigt Kajo Schommer die Forum-Crew hartnäckig zu kühnen Initiativen: „Seid viel radikaler, geht einen Schritt weiter! Und macht das zusammen mit der Wirtschaft!" Er weiß, wie festgefahren in Behörden wie Konzernen Traditionen und Routine sein können, wie langwierig Umdenk-Prozesse sind, ehe neue Prioritäten gesetzt werden. Aber er kann dem Team auch Strategie und

Taktik vermitteln. Es dauert nicht lange, und wie weiland der Hamburger Staatsopernintendant Rolf Liebermann und sein Verwaltungsdirektor Herbert Paris international bekannt wurden als die „Dammtor Brothers", dürfen wir heute (Hans-Joachim Frey ist seit 2003 zum Operndirektor an der Semperoper aufgestiegen) wieder von einer Doppelspitze, Frey & Schommer sprechen. Inzwischen ist daraus ein Vorstandstrio geworden: Hinzu gekommen ist der bekannte Personalberater Dr. Jürgen B. Mülder, Vice Chairman Heidrick & Struggles, Unternehmensberatung.

Es trifft sich b), daß ein einflußreicher Dresdner Banker zu diesem *brain trust* stößt; c) daß das Trio mit einem der großzügigsten Mäzene weit und breit zusammenkommt und dessen offenes Ohr (und offene Hand) gewinnt; d) daß ein 1935 mit seinen Eltern aus Dresden nach New York exilierter Wirtschaftsfachmann von den ambitionierten „Forum"-Aktivitäten erfährt und in emphatischer Verbundenheit zu seiner Heimatstadt sich entschließt, die Geschäftsstelle mit einem jährlichen Fixum zu alimentieren; e) daß in manche der superben neuen Dresdner Büro-Etagen nicht mehr die alten Computer, Kopiergeräte und Schreibtische samt Materialen einziehen, sondern einiges davon in die Villa in der Hermann-Prell-Strasse wechselt – „Sachspenden" heißt das in der Terminologie des Finanzamtes.

Der Think-Tank hat inzwischen neue Anregungen gesammelt, lotet etwa die Möglichkeit einer Parallele aus zu jenen hocheffektiven *boards of trustees*, die allen (bekanntlich kaum öffentlich subventionierten) kulturellen Institutionen in den USA zwischen Kindergarten, Universität und Forschungslabor, jedem Hospital, Museum, Sinfonieorchester oder Opernhaus die zum Überleben und Arbeiten notwendigen finanziellen Mittel zu sichern suchen – Gremien, denen anzugehören auf der anderen Seite des Atlantik eine Ehre und eine Verpflichtung bedeutet. Ob bei einem sündhaft teuren Bankett oder in einer Telefon-Aktion, ob durch eine Erbschaftsstiftung oder zu einem „runden" Geburtstag: *fund raising* wird „drüben" niemand, passiv, als Belästigung oder gar, aktiv, als peinliche, als zumindest unangenehme Inanspruchnahme empfinden. Ist es doch der natürlichste Weg, aus einer Not – eines amerikanischen Kultur-Instituts (im weitesten Sinne) – eine Tugend zu machen. Diese Konsequenz des Kantischen kategorischen Imperativs eint selbst die Demokraten mit den Republikanern.

In der Bundesrepublik, so zeigt sich immer wieder, stehen der Effizienz eines derartigen „Unter-den-Arm-Greifen-Gremiums" derzeit noch diverse Steuer-Vorschriften im Wege, und alle Vorstöße, Appelle, Symposien und Leitartikel, die eine Änderung fordern, Gegenrechnungen anstellen, Modelle entwickeln zu einer effektiveren steuerlichen Berücksichtigung von Spenden, die in die Kultur fließen – alles das mußte bislang abprallen an den Kameralisten. Über die Gründe und deren Haltbarkeit mehr im Verlauf dieses Buches.

Die (Platonische) „Idee" – so das Prinzip – entfaltet ihre „Potenz", ihren (Schopenhauerschen) „Willen". Das drängt vorwärts, drängt nach außen. Ein „Forum für die Förderung junger Künstler" ist damit ein zu enges Gehäuse geworden. Der Blick über den Tellerrand hinaus entdeckt einen neuen Horizont: Das Förderungs-Ziel als der gemeinnützige Ansatz des „e. V." bleibt – aber um dem Ziel näher zu kommen, bedarf es einer tiefer und vor allem nachhaltiger greifenden Strategie. „International" war das Forum von Anfang an, nun wird es umgewidmet: „für Kultur und Wirtschaft". Nicht umgekehrt. Die der Not gehorchende und daher gebetsmühlenartig wiederholte, aber angesichts anderer existenzieller Probleme in den Chefetagen der Industrie wie der Dienstleister obsolet gewordene Frage „Was kann die Wirtschaft für die Kultur tun?" wird konzeptionell in entgegengesetzter Richtung gestellt. Nicht dem atavistischen Gebetsruf der Römer folgend: „Do, ut des – Ich gebe, damit du gibst", sondern in der klaren Erkenntnis, daß eine prosperierende Wirtschaft letztlich eine in ihrer

Kultur sich konstituierende und manifestierende, eine humane und ihrer Werte bewußte Gesellschaft voraussetzt.

Das neue Ziel verlangt nach neuer Arbeits-Systematik – und das Prinzip des Öffentlichen Rechts nach einer „Verfassung". So entsteht eine für Laien fast undurchschaubare, für die Experten aber „wasserdichte" Konstruktion einer Doppelstruktur. Zunächst verwandelt sich der „harte Kern" in ein „Präsidium", wo darüber das Forum „gedacht" wird, wo Entscheidungen gefällt werden. Dazu entsteht einerseits darüber andererseits darunter eine zweite Ebene, ein „Vertretungsvorstand", der „im Sinne des § 26 Abs. 2 BGB" die „Geschäfte führt", ein Kreis von Engagierten, die „ausschwirren und aktiv das Gedachte, Geplante und Beschlossene verwirklichen". Daneben dann die deutsche Variante jenes *board of trustees*, ein „Kuratorium": nicht nur *very important*, sondern *most honorable persons*, Minister und Bürgermeister, Präsidenten, Professoren und, *last but not least*, prominente Künstler – gewissermaßen eine Zweite Kammer. Diese Herrschaften sind durchaus mehr und wichtiger, als die wörtliche Übersetzung – „Träger von Sorgerecht und -Pflicht" oder „Vormund" – andeutet: Sie stehen durch ihre Person und Funktion ein für die Reputation ihres „Mündels", garantieren die Seriosität seines Tun und seiner Absichten. Sie sollen / dürfen / können aber auch als Katalysatoren wirken, die – chemisch gesprochen – die Verbindungen konvergenter Elemente beschleunigen, Theorie und Praxis, Geist und Macht, hier ganz konkret: Kultur und Wirtschaft.

Daneben unterscheidet die Satzung (in der neuesten Fassung vom März 2005) zwischen „ordentlichen" und „außerordentlichen" Mitgliedern – ein Schelm, der etwas Böses dabei denkt, obwohl die zahlenmäßig begrenzten Außerordentlichen auch außerordentlich mehr leisten müssen (und etwas mehr entscheiden dürfen). Daneben die (vornehmlich durch Sachleistungen) „fördernden" und die (mit Gott und der Welt telefonierenden, mailenden, faxenden, SiMSenden, eben dem Vereinszweck dienlich) „korrespondierenden" Mitglieder. Da die Mitgliedschaft (wie zu allen, nun ja, elitären Vereinigungen) nicht zum Gotteslohn zu haben ist, darf sie als „Blümchen im Knopfloch" verinnerlicht getragen werden.

Es trifft sich – wieder einmal der „Zufall" –, daß die öffentliche Inauguration, die Vorstellung der neuen „Idee", die Manifestation des neuen „Willens" zusammenzulegen ist mit einem an sich bereits aufsehenerregenden Event: mit dem Finale und der Preisverleihung der Competizione dell' Opera 2002, die von Latonia Moore, einer Sopranistin aus Houston, Texas, gewonnen wird (Banu Böke, Sopranistin an der Kölner Oper, holt sich den 2., Hyoung-Kyoo Kang, ein Bariton aus Südkorea, den 3. Preis). Ms. Moore – dies nur am Rande als dokumentierendes Zeichen für den Standard des Wettbewerbs – ist inzwischen als Micaela („Carmen"), Despina („Così"), Marguerite (Gounods „Faust"), Mimi („La Bohème"), Donna Elvira („Don Giovanni"), in Mozarts wie in Verdis „Requiem" oder Mahlers 2. Sinfonie in Europa wie Nordamerika gefragt; an der Dresdner Semperoper wird sie in Kürze Liu, Mimi und Butterfly singen.

Es trifft sich aber auch, daß zur Zeit des Wettbewerbs 2002 die Rektoren der deutschen Musikhochschulen in Dresden konferieren. Was liegt näher, als dort vorstellig zu werden und die „Idee" des neuen Forums, den „Willen" kundzutun, zu erläutern, zu „promovieren". Die Präsentation kann auf der Haben-Seite verbucht werden. Die ersten Kontakte „funktionieren". Aber „Nachbohren" ist immer noch notwendig – übertriebene Vorsicht, Eifersucht, Eigenbrötelei, minderes bis mangelhaftes Ethos, möglicherweise auch Einsicht in Defizite der eigenen künstlerischen Produktion blockieren das eigentlich natürliche Feedback durch die Ausbildungsinstitute. Aber da findet sich – gelenkter Zufall? – eine engagierte Dame, die das ganze Hochschulnetz zu beobachten sich zur Aufgabe macht; die erfährt, wann da wer seine/ihre Prüfung macht, einen Auftritt hat, etwas

Außergewöhnliches plant oder Außerordentliches zeigen wird. Das Ausland, merkwürdig, ist da weit weniger restriktiv, denkt mit, arbeitet mit. Vielleicht, weil dort die Karriere-Chancen für junge Musiker weit geringer sind. Und der Weizen trennt sich draußen, bei heftigerem Wind, von der Spreu weit besser und schneller. Die Kontakte jedenfalls mit den USA, Mexiko und England, mit Russland und Tschechien sind stabil und wirken – die Kooperationen zu Hause könnten noch ausgeweitet und verstärkt werden. Sind hierzulande die Kunstbeamten, ist die ganze „Kultur" in der Sattheit lässiger, bequemer, routinierter geworden? Ist das „heilige Feuer" ausgebrannt? Oder haben die PISA-Analysten vergessen, die Auswirkungen der rasant gegen Null konvergierenden Kunst-Unterrichte zu dokumentieren?

Es trifft sich schließlich, daß Europas größtes Luft- und Raumfahrtunternehmen EADS sein 2000 gegründetes Kunstförderungsprogramm, das zunächst auf Bildende Kunst konzentriert war, auf gesamteuropäischer Basis auf Musik ausweiten will – und der Tochterbetrieb EADS-EFW in Dresden ansässig ist. Für das Jahr 2004 wird der Opernwettbewerb unter dem Logo „Air Art" ausgelobt. Er wird von einem rumänischen Countertenor (Florin Cezar Ouatu) gewonnen (die Koreanerin Eun-Ae Kim erhält den 2., die aus Darmstadt stammende Sopranistin Eleonore Marguerre den 3. sowie den Publikums-Preis). Inzwischen sind die Planungen für 2006 längst angelaufen.

Wieder die Frage, ob es „Idee", „Wille" oder „Zufall" ist, daß ein schnell intensiv werdender Kontakt zustande kommt mit Arkadi Zenzipér, einem 1985 aus Leningrad / St. Petersburg nach Dresden gekommenen Pianisten, heute Professor an der Dresdner Hochschule für Musik; Gründer eines Trios (Flöte-Cello-Klavier) „Dresden-Berlin-St. Petersburg" (1989); Gründer einer „Schubertiade" (1993) in Schnackenburg an der Elbe –

Kammermusik vom Feinsten, von Mittags bis spät in die Nacht, gespielt von deutschen, russischen, polnischen, tschechischen Spitzenmusikern, eigentlich für sich selber, aus reiner Lust am Miteinander-Musizieren; aber wer zuhören will, ist herzlich willkommen. Seit 2001 ist „Arik" Intendant eines Festivals „dreiklang" mit Spielstätten rund um das Dreiländereck Deutschland-Polen-Tschechien.

Mitte 2002 vermag Arkadi Zenzipér die Dresdner zu überzeugen, daß ein ehedem in seiner Geburtsstadt St. Petersburg existierender, aber über Jahrzehnte vergessener, also ohne Probleme umzusiedelnder Klavierwettbewerb die florierende Competizione dell' Opera sinnvoll ergänzen könnte. Der damalige (1890) Wettbewerbs-Gründer Anton G(rigorjewitsch) Rubinstein beherrschte in seinen Tagen einen Platz an der Spitze der Phalanx brillanter Tastenvirtuosen, vor allem auch durch einen offenbar außergewöhnlichen Klangfarbenreichtum und eine seitdem berühmt gewordene und beispielhafte Anschlagsnuancierung. Sein späterer Kollege Assafjew bemerkt über ihn: „Ohne Rubinstein hätte man bei uns nicht gewußt, wie man für Klavier zu schreiben hat." Auf seinen europaweiten Tourneen mit den legendären „Historischen Klavierkonzerten" konzertierte Rubinstein stets auch in Sachsen, nahm sogar gegen Ende seines Lebens in Dresden Quartier – des „Klimas" wegen, wie die Biographen vermerken.

Wieder Auswahl-Auditions weltweit, wieder Ausscheidungs-Durchgänge in Dresden vor einer renommierten Experten-Jury, ein Semifinale für die sechs Besten, ein Final-Konzert der drei Allerbesten. Das Niveau der gerade 18 und 21 Jahre alten Gewinner auf Platz 1 und 2 (Rachmaninow-Konzerte II und III) dokumentiert ein CD-Live-Mitschnitt, der vielen Vergleichen, selbst mit Studio-Produktionen berühmter Solisten, Orchester und Dirigenten standhält.

Last, but not least ein drittes „Gipfeltreffen", das sich zunächst wieder dem „Zufall" verdankt: Ende 2001 zieht die Familie Frey in Dresden um. Der Nachmieter führt die Geschäfte einer der spektakulärsten neuen Industrieansiedelungen mitten in Dresden: der „Gläsernen Manufaktur" der Volkswagen AG. Feierlich-festliche Eröffnung dieser „Phaeton"-Gynäkologie mit Bundeskanzler, Ministerpräsident und Wirtschaftsminister, anschliessend Nachfeier im kleinen privaten Kreis, „Forum" neben Manufakteuren, Gedankenaustausch über „Visionen": Am Ende des Abends ist eine neue „Idee" geboren. So ungewöhnlich wie – typisch Forum – zukunftweisend: ein Kompositionswettbewerb. Ungewöhnlich wegen der speziellen Bedingung, daß das zu komponierende neue Werk, auf welche Weise auch immer, eine thematische, ideelle, formale oder materiale Beziehung zum Geschehen im Produktionsgebäude an der Dresdner Lenné-Straße erhält und erkennen lassen soll. Zukunftweisend wegen der Anregung, sowohl kritisch als auch innovativ über aktuelle Fragen- und Problemkomplexe nachzudenken, die unsere menschliche Befindlichkeit ganz wesentlich berühren und bestimmen. Etwa unser Verhältnis zur Arbeit: Wie und wo arbeiten wir mit welchem Engagement, wie bestimmt unsere Arbeit unsere ganze Existenz. Wie viel Flexibilität verlangt ein globales Produktionsnetz von uns, wie viel Mobilität sind wir einzusetzen bereit. Oder die „Segnungen" des technischen Fortschritts zwischen Digitalisierung und Ökologie, zwischen *shareholder's value* und Arbeitslosen-Management. Oder die Synästhesie von Musik und Architektur, also von Transparenz und Dichte, von Statik und Bewegung, von Zeit und Raum. Musik kann zwar selber keine Lösungen darstellen und propagieren. Kreativ gefundene Klänge und Farben hingegen, Linien wie deren Rhythmen und Proportionen – musikalische Chiffren also können durchaus als künstlerische Analogien rationale wie emotionale Erkenntnisse vermitteln.

Die Volkswagen AG hat, verständlicherweise, ihren Schwerpunkt „etwas anders" gesetzt: Als „Kommunikationsprojekt" ressortiert der Wettbewerb näher zum „Marketing" – ein „Blümchen im Knopfloch". Daß es eine der

edelsten Rosen-Züchtungen werden wird, ist weder hier noch dort voraus-
zusehen.

Anders als bei den „reproduzierenden" Gesangs- und Klavier-Wettbe-
werben mischt sich für diese „kreative" Variante in die spontane Begeisterung freilich auch vorsichtige Skepsis. Benötigt, wer sich eine neue
Komposition von der Seele schreiben muß, die Beglaubigung seines inneren Zwanges wie seiner kreativen Phantasie, seines technischen Könnens
wie der strukturellen Gestaltungskraft durch einen der vorderen Preise
eines Wettbewerbes? Muß er/sie zum Selbstbeweis ein für ihn hier und
jetzt gar nicht „nötiges" Orchesterstück schreiben, nämlich für einen
bestimmten, einmaligen und kaum analog anderswo vorzufindenden
Raum? Steht der geistige wie der materielle Aufwand dafür, eine solche
„Eintagsfliege" zu züchten – denn wer wird schon und wo das Stück „nach-
spielen"? „Lohnt" es sich, dafür aus Amerika oder Japan, Russland oder
Südafrika, ja selbst aus Leipzig anzureisen, um den Ort des Geschehen-
Sollens und seine räumlichen wie klanglichen Dimensionen zu studieren;
die aufführungstechnischen Bedingungen und die elektroakustischen Fea-
tures; die doch gewiss ablenkenden Einblicke in die – auch während der
Proben, Ausscheidungs-Durchgänge und Final-Konzerte selbstverständlich fortlaufende – Automobil-Produktion; die Kompetenz der in Aussicht
genommenen Ausführenden? Oder wird dieser hautnahe Kontakt mit einer
„digit-high-tech"-Umgebung, in der Super-Luxus-Limousinen gefertigt
werden, ein neues soziales Ethos beflügeln, das sich dann in einer künstlerischen Leistung adäquat ausformuliert?

Gleichviel: 180 Anmeldungen. Und ein bißchen „Wille" (= Entfaltung): Da
hatte bei den Dresdner Festspielen eine junge Dame sich ungeheuer engagiert, war inzwischen an die Landesbühnen Radebeul als Chefdisponentin
gegangen, fühlte sich aber stets dem Forum verpflichtet, ist an neuen
Klangwerken interessiert – Uta-Christine Deppermann wird „Projektlei-

terin" beim Kompositionswettbewerb. 63 Teilnehmer an einem Workshop
über die angebotenen Grenz-Bedingungen. 47 eingesandte Partituren.
Dann 15 Juroren, Experten wieder aus diversen Bereichen, die sechs
Werke auswählen. Zwei Semifinals. Ein Finale mit den drei möglicherweise innovativsten Stücken: „Diaphaneity" (1. Preis) von Matthias Ockert
findet faszinierende klangliche Analogien für die Transparenz der
„Gläsernen Manufaktur", „L'usine imaginaire" (2.) von Bernd Redmann
versteht sich weniger als mystische Reflexion (wie etwa die „Versunkene
Kathedrale" von Debussy), sondern spielt mit Klängen im Raum, mit realen
Klängen in einem virtuellen, nämlich elektronisch „erweiterten" wie
„eingeschränkten" Raum. „Stahlseele" (3.) der Spanierin Christina Pascual
reflektiert menschliche Befindlichkeiten zwischen der Rationalität von
Architektur und Ökonomie und der Emotionalität im Fadenkreuz dieser
divergierenden Zwänge und transferiert solcherart Parameter in musikalische Phänomene.

Inzwischen hat die Denkfabrik sich nicht ausgeruht. Die bislang zwar
mehrdimensionale, aber doch monoästhetisch auf die Musik gerichtete
„Förderung junger Künstler" soll schon bald auf eine zweite Schiene
gesetzt werden. Im Spannungsbereich zwischen Weihe und „Wiedereröff-
nung" der Frauenkirche („Gott") und Dresdner Stadtjubiläum 2006 („die
Welt") soll ein „Canaletto Kunstpreis" ausgeschrieben werden. Wie vor
rund 250 Jahren der Dresdner Hofmaler mit seinen Stadtansichten von
Dresden zugleich das soziale Leben festhielt, gewissermaßen soziale Ereig-
nisbilder lieferte, soll jetzt in allen verfügbaren Ausdrucksformen – Instal-
lation, Malerei, Fotografie, Video und Gebrauchsgrafik – der „zeitgenössische Blick auf Dresden bzw. auf die Stadt im Allgemeinen gerichtet werden
und dabei insbesondere den sozialen Aspekt beleuchten". Kaum vorstellbar,
daß dieser Wettbewerb nicht ähnlich erfolgreich sein – und die Förderung
junger Bildender Künstler von Dresden aus ganz neue Impulse und damit
eine neue Qualität erhalten wird.

2. Stufe:
„Interesseloses Wohlgefallen"
oder: Vermittlung in einem Schein-Antagonismus zwischen Kultur
und Wirtschaft im Denkzentrum Villa Tiberius

Noch einmal zurück zu Platons „Idee" und Schopenhauers „Wille" (dem letztlich nie vollständig zu befriedigenden Daseinsdrang). Schon 1993 hatten Initiatoren wie Absolventen des Hamburger Studiengangs „Kulturmanagement" nach amerikanischem Vorbild einen auf „Nachhaltigkeit" bedachten „eingetragenen Verein" gegründet. Dessen Titel war seinerzeit kryptisch. Heute, da wir computerhörig ständig mit einer solchen elektronischen „Bus-Verbindung zum effektiven und schnellen Informationsaustausch" umgehen, ist er uns selbstverständlich: „Netzwerk". Ein solches „Informations- und Kontaktforum" wollte auch die Dresdner Villa Tiberius von Anfang an sein. Jetzt stabilisiert sich das Gefüge.

Mit der partiellen Umwandlung des Dresdner Wettbewerb-Träger-Vereins in ein „Forum für Kultur und Wirtschaft" im Dezember 2002 gewinnt sich das dortige „Netzwerk" zugleich eine zweite – und wie sich schnell herausstellen wird – extensiv konkrete Ebene. Die ursprüngliche Idee der (nicht eigentlich verwirklichten) „Hauskonzerte" wird ausgeweitet und umgewidmet in ein komplexeres Veranstaltungs-Konzept mit eben dem Schwerpunkt „Information durch Kontakte", gemäß der prinzipiellen Erkenntnis, daß, vulgo, „eine Hand die andere wäscht". Freilich wäre auch der Ausdruck „vertrauensbildende Maßnahme" nicht falsch. Denn selbst oder gerade im Spannungsfeld von Kultur und Wirtschaft gilt die klassische Erkenntnis, daß man nur lieben kann, was man kennt. Der Grad der Informiertheit über Inhalt und Form der Aktivitäten der „anderen Seite" aber und damit die Vertrautheit wie die Wertschätzung halten sich auf beiden Seiten – vorsichtig formuliert und all der Ausnahmen eingedenk, die dann schließlich doch nur die Regel bestätigen – in ziemlich engen Grenzen. Und so sind die Urteile, was denn wohl „schön" sei, zwischen Kulturlern und Wirtschaftlern nur in seltenen Fällen kongruent.

1790 hatte Immanuel Kant in seiner „Kritik der Urteilskraft" eine Bedingung dafür vorausgesetzt, damit einem sinnlich wahrgenommenen oder rational erkannten Objekt dieses Attribut „schön" zuerkannt werden könne. Schönheit ist für ihn – und dieses „Urteil" ist kein „a priori", sondern mit der Qualität oder Form einer Empfindung verbunden und damit nur historisch nachzuvollziehen – relevant zu oder abgeleitet von der Beschaffenheit der Natur, insofern diese das Gefühl des „Erhabenen" auslöst. Im Sinne der Kunst ist, für Kant, „schön", was mit „interesselosem" Wohlgefallen betrachtet (gehört, gelesen) wird, rein um seiner selbst willen also, ohne zweckhafte Absicht: kein „Haben-Wollen", keine Nervosität über Gewinnaussichten, nichts mit den letztlich außerkünstlerischen Ritualen höfischer Repräsentation oder kultischer Gottesverehrung. Voraussetzung einer solchen Kunstrezeption ist, wieder für Kant, der „Geschmack".

Über den freilich, sagt der Volksmund, kann man, sollte man aber nicht streiten. Gleichviel gibt Kant uns zu denken: Er sieht den „Geschmack" an als ein „Beurteilungsvermögen". Spätestens hier sind wir wieder beim Forum. Denn um kaum weniger als um die Vermittlung dieser auf der Einsicht, auf Wissen, auf Information basierenden Fähigkeit zur Beurteilung im weitesten Sinne dreht es sich bei den neuen Initiativen.

Zunächst in den „eigenen vier Wänden". In regelmäßigen Abständen findet sich seit dem 27. November 2002 in der Villa Tiberius hoch über der Elbe, mit Blick auf das abendliche Dresden, ein – wenn man denn so will – elitärer, fast schon clubartiger Zirkel aus, natürlich, Kultur und Wirtschaft, um – fernab von politischer Parteilichkeit oder ästhetischer Polarisierung –

wechselseitig „Information" auszutauschen. Keine Fortbildungs-Seminare über Konsequenzen der EU-Erweiterung, die Modifizierung des Drei-Prozent-Stabilitätspakts oder von Hartz IV – und keine künstlerische Proselyten-Bekehrung eines verkappten Spätromantikers zum Zwölfton- oder Elektronik-Enthusiasten. Weder Appelle gegen neofaschistische Tendenzen oder bürokratische Antidiskriminations-Paragraphen noch für die Erhaltung eines gefährdeten Drei-Sparten-Theaters in einem alten/neuen Bundesland oder des dreistufigen Schulsystem statt der an Skandinavien sich orientierenden integrierten Gesamtschule.

Über alle fachlichen Schranken hinweg treffen sich Kulturschaffende und Banker, kirchliche Hierarchen und Medien-Sklaven, Mitglieder der politischen Legislative wie Exekutive und Wissenschaftler unterschiedlicher Fakultäten und Institutionen. Vornehmlich sind sie gekommen, um den „Redner des Abends" zu hören (und die Veröffentlichung dieser „Vorträge" ist der eigentliche Zweck dieses Buches). Auf dem Wege einer Art Umweg-Rentabilität aber, gewissermaßen durch ein „Trojanisches Pferd" werden die Anwesenden mit einem weiteren Aspekt des Abends konfrontiert. Denn der ursprüngliche Charakter und Garant der Gemeinnützigkeit ist dem Forum verpflichtend geblieben: die Förderung junger Künstler. Und so beginnt ein jeder Abend mit der moderierten Präsentation eines oder mehrerer vielversprechender Musiker-Talente, eine Viertelstunde, *mas o menos*, die die künstlerische Potenz erkennen läßt. Das soll weniger bewundernden oder auch nur höflichen Applaus bewirken, bedeutet keine „Umrahmung", sondern „Information": Schaut und hört sie euch an, sie sind gut, sie haben etwas „drauf" – aber wir müssen uns um sie kümmern, ihnen weiterhelfen. Beim nächsten Event in eurer Firma oder bei einem aufwendiger zu feiernden privaten Ereignis: Denkt an die jungen Künstler, erinnert euch, wie sie euch gefallen haben, holt sie zu euch, zeigt sie euren Gästen, setzt eine Kaskade in Bewegung!

Künstlerische Qualität, solchermaßen adäquat programmiert, eingeführt und proportioniert, erzwingt sich Aufmerksamkeit, Stille – Bereitschaft, zuzuhören. Der / die Redner / in weiß die so entstandene Atmosphäre anschließend zu schätzen. Fünfundvierzig Minuten Konzentration auf ein Thema. Gelegentlich mit Variation durch einen Ko-Referenten. Auf jeden Fall eine Diskussion – genauer: ihr Beginn. Denn zunächst noch einmal die jungen Künstler – weder Kuschel-Klassik noch barocke Ohrwürmer, sondern eher Außergewöhnliches, aber Aufmerksamkeit Erzeugendes. Kreativität und Intimität – das sind Ziel und Methode. Die Diskussion entsteht eigentlich erst jetzt – „zu Butterbrot und Wein" hieß es in hamburgischem understatement früher beim ZEIT-Verleger Gerd Bucerius.

Das „Trojanische Pferd" gibt keine griechischen Krieger frei, sondern weckt Interesse. Wer da kommt, um Top-Leute aus Politik und Wirtschaft (und junge Musiker) zu hören und mit ihnen zu plaudern, wer seine Erwartungen auch bestätigt sieht, ist beim nächsten Mal wieder dabei – und irgendwann hält er / sie / deren Firma es für selbstverständlich, diesem (Elite-)Verein auch in aller Form beizutreten. Und wer mit Kunst und Kultur bislang wenig bis nichts „am Hut" hatte, vermag nach etlichen Malen nicht mehr zu sagen, seit wann sie / er (und schließlich auch deren Firma) sich plötzlich für Kultur und Kunst interessiert und sogar engagiert.

Die Information geht halt manchmal auch ungewöhnlichere Wege. Oder: Sie macht sich auf den Weg.

3. Stufe:
„Müssen wir das wissen?
oder: Vermittlung der „Forum"-Idee nach draußen, national wie
international

Längst nämlich verläßt das Forum gelegentlich sein Stand-Domizil in der Villa Tiberius, zeigt sich mit seiner Thematik draußen – selbstverständlich sind jedes Mal auch die jungen Künstler dabei. Im Zentrum der Stadt zunächst, in den großen Hotels; in Hellerau; dann in Leipzig, im Gewandhaus; in den Kunstsammlungen Chemnitz; im Hamburger NewLivingHome; bei der Ruhrkohle in Essen und Görlitz, den Finalisten in der Bewerbung zur Kulturhauptstadt 2010; demnächst in Prag, London und München. Im Zusammenhang mit den Auditions für die Wettbewerbe organisiert das Forum „Kultur- und Wirtschaftsreisen". So treffen – eben wieder aus Kultur und Wirtschaft besetzte – Delegationen sowohl politische Gremien wie Wirtschafts-Theoretiker und -Praktiker in Los Angeles, New York, London, St. Petersburg oder Prag. Bilaterale Gespräche, über die national unterschiedlichen Paradigmen in der Schnittmenge von Kunst- und Kultur-Theorien und ökonomischer Praxis, über jeweilige Möglichkeiten synergetischer Effekte, über die ambivalenten Zielsetzungen hier wie dort. Hier zahlt sich die Zusammenarbeit mit dem engagierten Präsidiumsmitglied Prinz Alexander von Sachsen, der gleichzeitig als Sonderbeauftragter des Freistaates Sachsen tätig ist, sehr aus.

Auf der Basis des Gehörten und Gesagten mag dann immer wieder neu nach einer konkreten Antwort gesucht werden auf die zentrale „Forum"-Frage, die sich wie ein Motto liest: „Was kann die Kultur für die Wirtschaft leisten?" Eine fast hybride Frage, vor Selbstbewußtsein scheinbar strotzend. Braucht nicht, seit es sie gibt, die Kultur die Stützung durch die Wirtschaft? Woher nahmen, um in Sachsen zu bleiben, Friedrich I. 1409 die

Mittel für die Gründung einer Universität in Leipzig oder Moritz 1548 für die heutige Staatskapelle? Wer bezahlte mitten im Dreißigjährigen Krieg dem Komponisten Heinrich Schütz die (leider verschollene) Oper „Daphne"? Die regierenden Serenissimi? Und wer füllte denen die Repräsentationssäckel? Aus welcher Quelle wurden die (nach)revolutionären Töpfe gespeist, aus denen das Musiktheater von Richard Wagner und Richard Strauß ermöglicht wurde, bevor es seinen Weg von Dresden in die ganze Welt nahm?

Wir dürfen noch tiefer bohren: Warum bloß meint ein Musiker, wir müßten ihm zuhören? Woher weiß der Dichter, was er uns in seinem Roman erzählt? Ahnte der Maler, daß wir aus seiner Figuren- oder Farbenwahl, aus den „kontrapostischen" Struktur-Korrelationen zwischen oben und unten, links und rechts auf seine Befindlichkeit schließen – und uns eventuell gründlich irren? Warum, liebe(r) postmoderne(r) Komponist(in), steht hier Fis und nicht G oder F? Und warum liegt es in der Klarinette und nicht in der Oboe? Müssen wir das wissen? Sollen wir danach fragen? Wären das „wichtige" Informationen? Hat die „Wirtschaft" keine dringlicheren Sorgen? Aber es geht nicht um vordergründige oder periphere Prioritäten.

Kunst, sagt der Volksmund, komme von „Können" (die kalauernde Alternative mit dem „Wollen" dürfen wir ignorieren). Einer, der es besser wußte, der Komponist Arnold Schönberg, formulierte als sein Credo: „Kunst kommt von Müssen". In der Tat: Wann und wo immer ein Maler, Schriftsteller oder Komponist, vielleicht auch ein Philosoph sein „Werk" begann: Er/Sie wurde von einer letztlich unbeantwortbaren, gleichviel für ihn/sie existenziellen Frage umgetrieben. Ihr/sein „Werk" ist einer von vielen Versuchen einer Antwort. Und die Antwort ist zunächst selber wieder ein Rätsel, eine Gleichung mit unendlich vielen Unbekannten – für uns, die wir zuhören. Mathematiker wissen, daß Gleichungen mit mehr als einer Unbekannten mehr als einer Gleichung zur Lösung bedürfen. Ähnliches gilt für die Kunst: Je mehr Information, desto leichter die Lösung, will sagen: desto vertrauter mit dem Werk. Heißt das auch: desto mehr Liebe zur Kunst? Zur Hoch-Kultur?

Ist das bereits – oder: allein – „Kultur"? Man muß kein Alt-Achtundsechziger sein oder Hunderte von Dissertationen gelesen haben, um den Begriff längst unendlich viel weiter zu fassen. Geläufig ist eine Formulierung von Max Fuchs in seinem Resümee eines Symposions „Zur Theorie des Kulturmanagements", in dem er Kultur bezeichnete als „ein Normen- und Wertesystem, das der Mensch schafft und das ihm hilft, Wirklichkeit zu erfahren und zu verarbeiten, und das Maßstäbe für sein Handeln setzt". Was kann ein solches „Normen- und Wertesystem" für die Wirtschaft leisten? Welche Legislative setzt das zu Leistende fest – und welche Exekutive führt es aus? Vor allem – wir sind gebrannte Kinder –: Welche Judikative wacht über die Einhaltung und die Konkordanz mit der Praxis? Wer übernimmt die Propheten-Rolle des Verkünders? Und wer spielt – „Faust" – den Mephisto?

Schlägt hier und jetzt die Stunde eines „Kulturmanagers"? Hermann Rauhe, Gründer des Hamburger Studienganges und Kurator des Dresdner Forums, hat einmal zu umreißen versucht, welche anderen „Berufe" in diesen Titel eingeflossen sein könnten: „Kommunikatoren, ‚Übersetzer', Brückenbauer, Koordinatoren, Integratoren, Katalysatoren, Ermöglicher, Gestalter und vielleicht auch kulturell verantwortliche ‚Unternehmer'". An anderer Stelle nennt er sie „Kulturanwälte", an „Normen, Werte, Regeln, Gesetze gebunden", aber auch „Rechtsanwälte", alldieweil jeder Mensch das Recht habe, „am kulturellen Leben der Gemeinschaft teilzunehmen", also „sich der Künste zu erfreuen". Karl Richter, Autor einer „Monographie eines Berufes" (eben des Kulturmanagers), zählt die von ihm im Feldversuch wissenschaftlich für diese Aufgabe als „notwendig" ermittelten Tugenden auf: zwischen „Aktivität" und „Zielstrebigkeit" sind es noch

fünfundfünfzig weitere. Peter Jonas würde denen auch noch die „Vorstel-
lungskraft mit der Gabe, packende Utopien und Visionen als ‚Vorfelder der
Wirklichkeit' zu entwickeln" hinzufügen. Franz Willnauer schließlich,
sowohl ehemaliger Generalsekretär der Salzburger Festspiele als auch
Geschäftsführer des Kulturkreises der deutschen Wirtschaft im BDI: „Für
ein professionelles Management (nicht nur) im Kunstbereich kommt den
auf Ordnung, Planmäßigkeit und Konsequenz ausgerichteten menschli-
chen Eigenschaften zumindest gleich große Bedeutung zu wie den auf
Intuition und Improvisation beruhenden." Gesucht wird, scheint es, ein
Übermensch. Die Quadratur des Kreises. Oder die Stecknadel im Heuhau-
fen.

Gesucht wird aber auch die Methode – der wenn schon nicht allein selig
machende – so doch zunächst einmal effektive und dann auf Dauer erfolg-
versprechende Weg.

Luigi Nono, einer der einflußreichsten europäischen Promotoren des musikalischen Fortschritts – Anfang der fünfziger Jahre mit „seriellen" Instru-
mentalstücken, in den sechziger Jahren mit elektronischer Musik, vor
allem mit seinen humanistisch-pazifistischen Protest-Opern „Intolleranza"
(1960) und „Al gran sole carico d'amore" (1972–1975), nicht zuletzt mit
der „Entdeckung" der kleinsten und feinsten Nuancen sowohl in dem
Streichquartett „Fragmente – Stille. An Diotima" (1980) als auch in „Pro-
meteo" (1984), einer oratorienartigen „tragedia dell'ascolto"- Luigi Nono
also, der Zeit seines Lebens auf der Suche war, schrieb über eben diese
Suche 1987–89 einen dreiteiligen Zyklus „Caminantes" („die Gehenden,
Reisenden"). Die einzelnen Titel verraten etwas über Nonos Weg-Suche
und -Funde: 1987 „No hay caminos, hay que caminar" („Es gibt keinen
Weg, man muß losgehen"), für sieben instrumentale und vokale Gruppen;
1989 „„Hay que caminar' soñando" („Man muß gehen – und dabei träumen") – für zwei Violinen.

Es gibt keinen (bestimmten, keinen sicheren) Weg – man muß sich einfach trauen, loszugehen, mit einer „Witterung" für den Kurs. Einen Anfang, einen bis dato noch nicht widerlegten Ansatz zu einem Weg hat das Dresdner Forum, gewissermaßen eine diversifizierte und trotzdem einmütige Kulturmanagement-Sozietät, offenbar gefunden. Die Autoren der im Folgenden veröffentlichten Vorträge haben versucht, uns mit ihren Informationen zugleich Denkanstöße zu geben. Das Träumen wird uns nicht schwer fallen. Nur Utopien spielen in einer idealisierten Kommunität in einem fiktiven, in Raum und Zeit der Tatsächlichkeit entrückten „Nirgendwo" – und erfüllen sich, auch das gehört zur Definition, nie. Bleiben wir also wenigstens mit einem Bein immer in der Wirklichkeit.

PROF. DR. JULIAN NIDA-RÜMELIN

Kulturstaatsminister a.D., Lehrstuhl für Politische Theorie und
Philosophie an der LMU München

*Julian Nida-Rümelin, geb. 1954 in München; Studium Philosophie, Physik, Mathematik,
Politikwissenschaft in München und Tübingen; 1983 Promotion; 1989 Habilitation;
1991–93 Professor für Ethik in den Biowissenschaften, Tübingen; 1993–2003 für Philosophie, Göttingen, Gastprofessor in den USA; seit 2004 Ordinarius für politische Theorie
und Philosophie, München; 1998-2000 Kulturreferent der Landeshauptstadt München,
2001–02 Kulturstaatsminister; seit 2004 Kuratoriumsvorsitzender des Deutschen Studien-
preises; Mitglied der Berlin-Brandenburgischen wie der Europäischen Akademie der
Wissenschaften*

Brücken schlagen zwischen Wirtschaft und Kultur –
ein philosophischer Beitrag

Brücken schlagen zwischen Wirtschaft und Kultur – dieser Leitsatz des
Internationalen Forums für Kultur und Wirtschaft hat aus der Beurteilung
des Philosophen einen besonderen Symbolwert, ist doch Dresden als die
Basis dieser Initiative eine Stadt, die sich in einer ganz außergewöhnlichen
Weise über Kultur definiert.

I

Zum Einstieg in die Frage nach der künftigen kulturellen Gestaltung in
diesem Land, der Rolle von Wirtschaft, Staat und Bürgerschaft empfiehlt
es sich, ein wenig Distanz zu gewinnen von unserer aktuellen kulturpolitischen Situation mit ihren Finanzierungsproblemen und sich die Frage zu
stellen: Was treibt uns eigentlich an? Was motiviert uns? Bereits die
zentralen philosophischen Grundpositionen von Platon und Aristoteles
verdeutlichen das Spannungsverhältnis zwischen dem harten, philosophischen kunstkritischen Objektivismus (bei Platon) und der lebensweltli-
chen, an der jeweiligen Kultur orientierten Ziviltheologie (bei Aristoteles).
Nach Platon ergibt sich das gelungene richtige Leben aus einer intellektuellen Einsicht. Die ist – sehr grob vereinfacht – nur über den mühseligen
Weg der Ausbildung, auch der philosophischen Ausbildung, zu erreichen,
bis man am Ende das erfaßt, was das Wahre, das Schöne und das Gute ausmacht. Hingegen ist Aristoteles der Auffassung, das gute Leben bestimme
sich in jeder Polis entsprechend den jeweiligen Lebensbedingungen unterschiedlich oder – anders ausgedrückt – nach der Kultur dieser jeweiligen
Polis. Diese Gegensätze haben sich bis heute erhalten. Meines Erachtens ist
Aristoteles näher bei der Wahrheit als Platon.

Insbesondere wenn wir politisch gestalten, uns in der Wirtschaft engagieren oder in kulturellen Einrichtungen Verantwortung tragen, dann stellen sich die Fragen: Was ist der eigentliche Sinn des Lebens? Was macht den Menschen aus? Was ist das Besondere des Menschen? Er ist ein soziales Wesen, er ist angewiesen auf soziale Kontakte, er ist ein biologisches Wesen insofern, als er Prägungen von der Geburt her mitbringt. Aber er ist in erster Linie ein kulturelles Wesen. Und man könnte sogar sagen, es ist sein definitorisches Merkmal, ein kulturelles Wesen zu sein. Er ist auch ein ökonomisches Wesen. Er hat Bedürfnisse, die er befriedigen möchte. Aber primär bestimmt meine eigene Lebensform das, was mir sinnvoll erscheint, was mir erstrebenswert erscheint, in welcher Form ich zusammenleben möchte mit anderen Personen, welche Tätigkeiten ich um ihrer selbst willen praktiziere und welche ich nur praktiziere, um anderes zu erreichen. Das heißt also: Der Mensch ist primär ein kulturelles Wesen und sekundär alles andere. Das macht den Menschen eigentlich aus.

II

Ich will versuchen, im Folgenden das Verhältnis von Wirtschaft und Kultur ein wenig genauer zu bestimmen – und auch vielleicht auf die Fragen einzugehen, wer für wen da ist und wer für wen etwas leisten kann. Und wenn wir genau hinsehen, ist dieses Verhältnis in der Tat ziemlich komplex. Betrachten wir zunächst die alltägliche Praxis in unserem wirtschaftlichen Leben. Wir sprechen miteinander, wir vereinbaren bestimmte Dinge miteinander, wir telefonieren viel, ohne daß jemand dabei sitzt und Protokolle darüber anfertigt. Allein schon die Kommunikation setzt voraus, daß wir uns im Großen und Ganzen einig sind, wir wissen, wem wir vertrauen können und wem nicht: ohne Vertrauensbasis keine verläßliche Kommunikation. Die Vorstellung, daß Menschen, ausschließlich von bestimmten Interessen getrieben, zum Beispiel ihr

Gehalt zu erhöhen oder Gewinn zu machen, erfolgreich wirtschaftlich gestalten können, geht an der Lebensrealität weit vorbei.

Menschen sind dann erfolgreich, wenn sie zumindest einen wesentlichen Teil ihrer Tätigkeit aus Interesse an der Sache machen, weil sie diese gut machen wollen und nicht, weil sie damit etwas anderes erreichen möchten. Dies hängt mit Selbstachtung zusammen, wir können unser Verhalten nicht umfassend instrumentalisieren ohne uns selbst zu verlieren, die eigene Identität, unsere Selbstachtung. Und sie kommunizieren im günstigen Fall und interagieren mit anderen aus einer einzigen Haltung heraus, nämlich der Achtung, des Respekts, des Vertrauens.

Das ist weit weniger idealistisch, als es zunächst klingt. Der amerikanische Philosoph Donald Davidson hat – sprachphilosophisch gut begründbar – beobachtet, daß wir, um zu streiten, uns über fast alles Übrige einig sein müssen. Sonst können wir nicht streiten, sonst verstehen wir uns schlicht nicht, sonst wissen wir gar nicht, was der andere meint. Erst wenn wir uns über fast alles Übrige einig sind, können wir in bestimmten Punkten unterschiedlicher Auffassung sein und darüber streiten. Und so ist das auch mit Kommunikation, Interaktion, Kooperation: Es setzt voraus, daß eine gemeinsame Basis an Interessen da ist, daß wir andere Menschen wahrnehmen als solche, die in ähnlicher Weise bestimmt sind von bestimmten Zielen, daß wir uns auf gemeinsame Projekte einigen können und dergleichen mehr. Vor diesem Hintergrund ist wirtschaftliches Handeln und wirtschaftlicher Erfolg abhängig von gemeinsamen akzeptierten Werten und Normen in unserer Gesellschaft. Ohne diese gemeinsame normative Basis wäre erfolgreiches Wirtschaften gar nicht möglich. Deswegen ist der Erfolg einer Ökonomie abhängig von Faktoren, die meist in ökonomischen Lehrbüchern gar nicht oder nur am Rande vorkommen.

Die tatsächlichen Dimensionen meiner These möchte ich an dem extremen Beispiel der deutschen Nachkriegszeit verdeutlichen. Die materiellen Werte waren zu einem sehr hohen Prozentsatz zerstört. Kapital war zu einem sehr hohen Prozentsatz vernichtet. Was aber nicht vernichtet war, war zum einen Know-How und Bildung und zum weiteren unsere Erfahrungen, daß wir, wenn wir uns anstrengen, etwas erreichen können. Und dann genügte die Unterstützung unter anderem der USA, um aus dieser kulturellen Basis einen wirtschaftlichen Erfolg zu zimmern, der auch im Rückblick beeindruckend ist und der sich so nicht in anderen Regionen der Welt wiederholen ließ. Das heißt also, ...

... wirtschaftlicher Erfolg ist abhängig von kulturellen Grundlagen und Bildungsvoraussetzungen, die sich nicht von selbst einstellen, die sich oft erst über Generationen hinweg verankern müssen und bei denen meiner Auffassung nach nicht nur Wissen eine Rolle spielt, sondern Sensibilität, Empathie und die Fähigkeit, auf jemand anderen einzugehen, zu verstehen, was der andere eigentlich will, ...

... sich in unterschiedlichen kulturellen Umgebungen neu zu orientieren. Das gilt besonders für eine internationale Wirtschaft, bei der wir mit ganz unterschiedlichen Mentalitäten und Kulturhintergründen konfrontiert sind, das heißt mit Persönlichkeiten, die, altmodisch gesprochen, bestimmte Tugenden entwickelt haben, Tugenden der Rücksichtnahme, des Einfühlungsvermögens, der Beständigkeit, der Verläßlichkeit, der Wahrhaftigkeit, des Vertrauens – übrigens ist bei Aristoteles Freundschaft kein

Zustand, sondern eine Tugend, die entwickelt werden muß. Das ist das Material, auf dessen Grundlage sich überhaupt erst eine wirtschaftlich prosperierende Gesellschaft entwickeln läßt. Und wenn wir das ernst nehmen, wenn wir also den Menschen als ein kulturelles Wesen verstehen, wenn wir akzeptieren, daß es Werthaltungen, daß es Normen sind, die die Basis wirtschaftlichen Handelns darstellen, dann weckt das auch die Bereitschaft der Wirtschaft, das zu fördern, was Voraussetzung für den Erfolg ist.

Wenn wir einen Schritt weiter gehen, erkennen wir, daß sich in Europa ein Spannungsverhältnis entwickelt hat zwischen dem Staat auf der einen und der Wirtschaft auf der anderen Seite. Vor allem in Deutschland hat dieses Spannungsverhältnis einen zentralen Grundsatz bereits weitgehend ausgeblendet: Demokratie definiert sich nicht primär über staatliche Aktionen und nicht einmal primär über wirtschaftliche Interaktion, sondern Demokratie lebt davon, daß sich Bürgerinnen und Bürger engagieren, sich mit ihrem Gemeinwesen identifizieren, in dem sie leben und Herausforderungen begegnen. Erst langsam tritt diese Leitlinie wieder stärker in unser Bewußtsein – die Elbe-Flut 2002 in Sachsen war ein eindrückliches Beispiel dafür.

Das heißt, eine Bürgergesellschaft, eine zivile Gesellschaft setzt etwas voraus, was der Staat nicht verordnen kann und die Wirtschaft nicht kaufen kann, nämlich die Bereitschaft, sich persönlich einzubringen, mit anderen zu kooperieren – über die persönlichen Interessen hinaus. Einige Soziologen versuchen seit einigen Jahren diese, im Grunde selbstverständliche Erkenntnis umzusetzen, indem sie die Rolle des sogenannten sozialen und kulturellen Kapitals in unserer Gesellschaft analysieren und die Voraussetzungen dieses aufzubauen diskutieren. Robert Putnam als einer der bekanntesten Vertreter dieser Lehre zeigt dies am Beispiel von Italien auf. Er erklärt den Unterschied zwischen dem wirtschaftlichen

Erfolg im Norden und dem relativen Misserfolg im Süden mit dem Fehlen von „social capital" im Süden, weil dort Solidarität über die Familie hinaus unter anderem aus Gründen der jahrhundertelangen Fremdherrschaft kaum existiert. Soziales und kulturelles Kapital werden nämlich in erster Linie in Friedenszeiten akkumuliert. Auch das hat Robert Putnam am Beispiel der relativ langen Friedensperiode im Deutschland des 19. Jahrhunderts belegt, die nur durch kleinere Kriege unterbrochen war. Während dieser Phase ist eine bemerkenswerte Stiftungskultur entstanden, die es zuvor nicht gegeben hat. In den Turbulenzen des ersten Weltkrieges, den darauf folgenden Wirtschaftskrisen, der NS-Diktatur und des zweiten Weltkrieges ist sie zugrunde gegangen. Und sie hat sich auch danach nicht mehr etablieren können.

Die Idee der zivilen Gesellschaft setzt also voraus, daß es mehr gibt als Staat und Wirtschaft – das, was jetzt meist als zivilgesellschaftliches Engagement eingefordert wird. Im Grunde bedeutet das nichts anderes, als daß sich Bürgerinnen und Bürger definieren als Teil eines gemeinen Wesens, etwas, das sie als Gemeinwesen teilen und das sie nur gemeinsam gestalten können. Die staatlichen Institutionen der Demokratie sollten meiner Auffassung nach diese Bereitschaft der Bürgerinnen und Bürger zu kooperieren, dieses Gemeinwesen zu tragen, nicht ersetzen, sondern stützen und fördern. Interessanterweise entsteht oder manifestiert sich bürgerschaftliches Engagement gerade in Krisenzeiten, in denen die Menschen ihr Vertrauen in die Obrigkeit verloren haben und sich unmittelbar gefordert fühlen. Insofern ist es besonders merkwürdig, daß es in Deutschland bisher nicht hinreichend gelungen ist, die etatistische Grundorientierung der Menschen im Bereich der Kultur zu durchbrechen – nämlich die Vorstellung, daß der Staat für alles verantwortlich sei, und das persönliche Engagement des Einzelnen eigentlich nicht gefordert sei. Das ist allein deshalb ein merkwürdiges Phänomen, weil wir in Deutschland auch mit der starken Rolle der Kommunen eine der reichsten Kulturlandschaften der

Welt haben, gemeinsam mit Frankreich und Österreich sogar die vielfältigste und reichste Kulturlandschaft der Welt.

III

In den nächsten Jahrzehnten wird es also vorrangig darum gehen, den
Staat als Kulturstaat in der Verantwortung zu halten. Generell zeigt die
Kulturstatistik, daß es in Deutschland ein Nord-Süd-Gefälle zu Gunsten
des katholischen Südens gibt, zu Ungunsten des protestantischen Nordens.
Und es gibt ein Ost-West-Gefälle zu Gunsten des Ostens, zu Ungunsten des
Westens. Letzteres ist angesichts der sonstigen wirtschaftlichen Lage
und Verteilung in Deutschland ein interessantes Phänomen. Das Selbstverständnis als Kulturstaat bedarf der weiteren Stärkung, die kulturelle
Infrastruktur des Abbaus der Heterogenität. Während in Nordrhein-
Westfalen der Kulturetat des gesamten Bundeslandes kleiner als der einer
größeren Stadt ist – dort ist fast alles auf die Kommunen konzentriert – hat
in Sachsen und Bayern das Land historisch bedingt eine stärkere Staatstradition. Übrigens ist Sachsen in der Hinsicht Vorreiter mit einem Landesgesetz, dem Kulturraumgesetz, mit dem sich der Freistaat immerhin
deutlicher als andere Länder verpflichtet, und hat bereits im deutschen
Vergleich bei den Kulturausgaben pro Kopf eine führende Position. Die
Stärkung des Kulturstaates beinhaltet, daß auf der einen Seite das, was die
öffentliche Hand leistet, nicht mehr freiwillig ist, nicht mehr etwas ist,
was wir auch lassen können oder sogar lassen müssen, wenn die finanziellen Mittel nicht mehr ausreichen. Auf der anderen Seite müssen wir uns in
der Bürgerschaft und in der Wirtschaft verdeutlichen, daß wir alle von
dem kulturellen Reichtum unseres Landes profitieren und daß die Verlagerung der gesamten Verantwortung auf staatliche Institutionen eine
Engführung ist, die wir uns auf Dauer meines Erachtens nicht leisten
können.

Ich möchte versuchen, die enge Wechselbeziehung zwischen Wirtschaft und Kultur mit einem Exkurs zu verdeutlichen. Neben dem bereits erwähnten Menschenbild, den Werten, der Kooperation ist der Aspekt der Innovation in unserer Gesellschaft von wesentlicher Bedeutung. Es gibt seit der europäischen Aufklärung im Grunde nur zwei Motoren, die die Geschichte der Moderne vorantreiben: Der eine ist das große Kreativitätspotential der wissenschaftlichen Erkenntnis, der andere das große Kreativitätspotential der Kunst. Von diesen beiden Motoren gehen Veränderungen aus. Es ändern sich Sichtweisen. Es verändern sich die Möglichkeiten, mit unserer Welt auf dem Gebiet der Wissenschaft, insbesondere der Naturwissenschaft und der Technik umzugehen. Diese beiden Motoren, diese beiden Kreativitätspotentiale sichern die tief in unserer Gesellschaft verankerte Dynamik, die nicht nur in einem oberflächlichen Sinne wie ein Hamsterrad ist, und die Hoffnung, es könnte im humanen Sinne einen Erfolg geben. Das ist nicht auf staatliche Institutionen delegierbar. Das geht weit über das hinaus, was für die Gesellschaft insgesamt relevant ist. Es ist faszinierend zu sehen, wie gerade die moderne Kunst, nachdem sie sich im Laufe des 19. Jahrhunderts, ebenso wie zuvor die Wissenschaft, die Autonomie erkämpft hatte, sich dann in Teilbereichen von der Lebenswelt entfernte – scheinbar der Preis dieser errungenen Autonomie - nun wieder in die Lebenswelt der Bürgerinnen und Bürger eintritt, z.B. als Kunst im öffentlichen Raum, als narrative und funktionale Kunst, in der Verbindung mit Design und Mode. Dennoch besteht die Gefahr, daß die Rezeption der zeitgenössischen Kunst sich auf allzu wenige Informierte beschränkt. Das gilt für zeitgenössische Musikkompositionen und für die bildende Kunst gleichermaßen und auch für einen guten Teil der Wissenschaft.

Ich plädiere dafür, daß wir Brücken schlagen zwischen Lebenswelt und Kunst, Lebenswelt und Wissenschaft, aber ohne die Autonomie, die die große Errungenschaft des Humanismus und der europäischen Aufklärung ist, zu gefährden. Eine Atmosphäre, die kulturfreundlich und wissenschaftsfreundlich ist, kann dazu beitragen, aus Respekt vor diesen besonderen Leistungen, die Kunst und die Wissenschaft nicht zu instrumentalisieren, sie dennoch zu fördern und sich dafür einzusetzen. Das betrifft umgekehrt auch die Künstler und die Wissenschaftler. Sie sind gefordert, das, was sie erforschen bzw. entwickeln, zugänglich zu machen. In der Vergangenheit verweigerten sie sich allzu oft diesem Anspruch, aber gegenwärtig hat es den Anschein, als wollten viele, vor allem jüngere Künstlerinnen und Künstler, das größere Auditorium, die Verständlichkeit, die Lesbarkeit ihrer Kunst. Da liegt gerade für die bildende Kunst eine besondere Chance. Gleichermaßen gibt es in der Wissenschaft eine Tendenz zur Public Science. Es ist sehr wichtig, daß man eben nicht nur forscht und das der DFG mitteilt und neue Fördermittel beantragt, sondern daß man gelegentlich vor ein Publikum tritt und erläutert, was und zu welchem Behufe man hier eigentlich die ganze Zeit arbeitet, was für Einsichten damit verbunden sind, was auch für die weitere gesellschaftliche Entwicklung bedeutungsvoll sein könnte.

Wenn nun diese Verbindungslinien zwischen Kunst und Lebenswelt, Wissenschaft und Lebenswelt vertieft werden und wenn deutlich wird, daß die Wirtschaft Teil unserer gesellschaftlichen Entwicklungsdynamik ist, daß sie ein Interesse daran hat, daß diese Entwicklungsdynamik nicht zum Erliegen kommt, dann können wir Netzwerke bauen, regelmäßige Begegnungsmöglichkeiten und Begegnungen schaffen, bei Bürgerinnen und Bürgern und Unternehmen Interesse wecken zum Beispiel für ein Projekt oder für die Leute, daß sie sich stärker engagieren wollen und dadurch die Förderung junger Kunst ermöglichen. Es muß daher unser Ziel sein, die Separierung – Staat, Wirtschaft, Bürgerschaft, Kultur und Wissenschaft als isolierte Bereiche – abzubauen und damit zu einer zivileren, einer humaneren Gesellschaft beizutragen – einer Gesellschaft, die sich bewußt ist, welche Verantwortung sie für ihre weitere Entwicklung hat.

Das Internationale Forum für Kultur und Wirtschaft hat sich den Aufbau von innovativer Kulturförderung zum Ziel gesetzt. Deswegen möchte ich mit vier Leitlinien schließen, die ich für wichtig und notwendig erachte, damit dieses Verhältnis nicht in ein Verhältnis der Instrumentalisierung umschlägt.

1) Die erste Leitlinie habe ich schon genannt. Sie hat zum Inhalt, daß wir mit dem Engagement der Wirtschaft für die Kultur Brücken schlagen zwischen Lebenswelt und dem, was im Englischen als „Art World" bezeichnet wird, also der Welt der Kunst mit ihren Institutionen, mit ihren Zeitschriften, mit ihren spezifischen Formen, sich zu verständigen.

2) Mein zweiter Leitsatz heißt Nachhaltigkeit statt „Sahnehäubchen". Es gibt in der Wirtschaft eine Versuchung, gerade weil sich der Staat in Deutschland, in Österreich, in Frankreich so breit engagiert, bei der Kulturförderung herausragende Akzente zu fokussieren – bösartig formuliert: ein „Sahnehäubchen" aufzusetzen. Wir brauchen jedoch vielmehr eine Haltung, die dieses Kreativitätspotential nachhaltig sichert. Das heißt zum Beispiel vielversprechende junge Künstlerinnen und Künstler zu fördern, von denen nachher nicht zwangsläufig alle berühmt werden, Projekte zu fördern, die für die kommunale Kulturentwicklung wichtig sind, auch wenn sie vielleicht nicht so spektakulär sind.

3) Mit meinem dritten, möglicherweise umstrittenen Leitsatz möchte ich bewußt den Aspekt der Innovation im Sinne dieser beiden Motoren, der Kreativität und der gesellschaftlichen Dynamik, betonen. Mir scheint insgesamt, wenn wir uns die kulturelle Landschaft anschauen, ein Missverhältnis zugunsten des Repertoires und zu Ungunsten der Innovation im weitesten Sinne zu bestehen. Diejenigen Kunstrichtungen, diejenigen

Kunstprojekte, die nicht an Vertrautes anknüpfen, haben es nämlich bislang in der Regel sowohl auf dem Markt als auch in den großen staatlichen
Institutionen ziemlich schwer.

4) Meinen vierten Leitsatz habe ich auch schon in Grundzügen dargestellt:
eine Haltung des Respekts vor der Autonomie der Kunst. Diese Errungenschaft der bürgerlichen Gesellschaft ist ein ausnehmend hohes Gut und
niemand sollte in die Phasen der Kulturgeschichte, in der Kunst und Kul-
turprojekte bei aller oft beeindruckenden ästhetischen Form primär doch
unter politischen oder klerikalen Interessen oder unter Repräsentations-
interessen standen, zurückfallen.

Das Internationale Forum für Kultur und Wirtschaft beschreitet einen sehr
eigenen Weg, der nicht der Weg des üblichen Sponsorings, auch nicht der
des Mäzenatentums ist, sondern der des Netzwerkes, und der nicht ganz
zufällig gewählte Ort Dresden ist dafür ein gutes Omen.

*Diesem Text liegt ein Vortrag zugrunde, der am 07.01.2003 in der Villa Tiberius gehalten
wurde. Aus der Förderkartei des Forums für junge, hochbegabte Künstler stellte sich bei
dieser Veranstaltung Dominik Greger, geb. 1980, vor, der seit 2000 an der Hochschule für
Musik „Franz Liszt" in Weimar studiert und Preisträger des „Internationalen Sperger
Musikwettbewerbs" sowie Semifinalist des „ARD-Musikwettbewerbs" ist.*

DR. HEIKO LANGE

Executive Vice President,
Airline Personnel Director's Conference (APCD)

Heiko Lange, geb. 1938 in Breslau; Studium der Anglistik, Sport, Philosophie, Soziologie, Pädagogik in Bonn, Köln, Graz; Promotion; 1965 Referent beim Institut der Deutschen Wirtschaft, Köln; 1966 zu Standard Elektrik Lorenz, Stuttgart; 1972–79 Personaldirektor Geschäftsbereich „Private Nachrichten und Datentechnik Deutschland"; 1980 Personaldirektor bei „Business and Systems & Communications Groupe Europe ITT", Brüssel; 1981 Vorstandsmitglied der Porsche AG; 1986 Vorstandsmitglied für das Personalressort, Deutsche Lufthansa AG, Köln

Gedanken zu einer Ethik in der Wirtschaft

Zur Klarheit der Begriffe:
Georg Misch: „Es ist philosophisches Geschäft, das scheinbar Selbstverständliche zur Klarheit des Bewußtseins zu erheben."

Fragen

Was ist Zeit?
Augustinus: „Was ist die Zeit? Was ist mir ein vertrauteres Wort als die
Zeit. Immer wissen wir beim Reden, was wir meinen. So lange mich nie-
mand danach fragt, ist es mir, als wüßte ich es."

Was ist Kultur?
Ähnlich ist es mit der Kultur. Man weiß es, solange man es nicht hinterfragt. Die großen Kulturbereiche sind Staaten / Nationen, Wissenschaft,
Religion, Wirtschaft, Technik, Sprache und Kunst. „Kultur ist das Ergebnis
des Zusammenlebens der Menschen, Kultur ist das Kreative, das die Menschen in der Gemeinschaft schaffen." (Lange: Kultur des Dienens)

Was ist Ethik?
Ethik wird in verschiedenen Kulturen unterschiedlich definiert. „Business
Ethics" in den USA ist etwas anderes als „Ethik in der Wirtschaft" bei uns.

Aussagen

Dalai Lama über Ethik in der Wirtschaft:
„Möglichst viele Menschen glücklich machen." Auf die Frage von westlichen Wirtschaftsmanagern nach wirtschaftlichen Zwängen und individuellen Bedürfnissen: „Wie viele Menschen darf ich unglücklich machen, um

viele glücklich zu machen, z.B. bei Kündigungen?" erwidert der Dalai Lama: „Ethik ist, daß wir in unseren Gedanken und in unserem Lebensstil Disziplin walten lassen und Einfühlungsvermögen. Man entwickelt in sich das gleiche Mitgefühl für alle Menschen wie für eine sehr nahe stehende Person. Man darf andere Menschen nicht als Feinde betrachten, sondern als Freunde."

In der Bibel steht geschrieben:
„Liebe Deinen Nächsten wie Dich selbst."

Immanuel Kant:
Das oberste Begründungsprinzip der Moral ist der „Kategorische Imperativ".

Die Beurteilung des Verhaltens auf der Grundlage moralischer, ethischer und sittlicher Werte: Moralische Beurteilung heißt, wie weit die Handlung einer Person die Absichten anderer Personen fördert oder behindert.

Ethik ist die Frage
· nach dem höchsten Gut
· dem richtigen Handeln
· der Freiheit des Willens, wobei Freiheit immer auch Verantwortung
  bedeutet.

Sören Kirkegaard:
„Entweder/Oder". Er definiert den Riß, den die Gesellschaft Mitte des 19. Jahrhundert's erfaßt hatte: „Wo Hegel noch die Fortsetzung und Erfüllung des aufklärerischen Vernunftprogramms gesehen hatte, forderte man später Freiheit, es wurde zum Jahrhundert des Aufbruchs."

· Politik gegen Poetik
· Wahrheit gegen Schönheit
· Wissenschaft gegen Kunst
· Ethik gegen Ästhetik

Joachim Koch:
In der zweiten Hälfte des 19. Jahrhunderts waren Literatur, Musik und Malerei Provokateure geltender Ethik.

Michel Tourniers (1988):
„Der Politiker will die Ordnung – der Künstler Ordnung sprengen."

Joachim Koch:
„Weder – Noch" im Gegensatz zu „Entweder / Oder".

Die Dogmen der Menschheit

Mittelalter – Religion:
· Sie definierte Politik und Wissenschaft, Philosophie und Kunst.
· Sie definierte das Leben, die christliche Soziallehre.
· Sie war das ethische Dogma.

Aufklärung – Philosophie und Ethik:
Der Mensch ist hineingestellt in die großen geschichtlichen Mächte:
· Familie,
· Recht,
· Beruf,
· Staat,
· Gesellschaft.

Gegenwart – Ökonomie:
In der Mitte des 19. Jahrhunderts feierte das Industriezeitalter seinen Durchbruch. Die Märkte wurden international, die Ökonomie machte sich selbständig.

Es wurde zum Jahrhundert
· der demokratischen Verfassungen,
· der politischen Revolutionen,
· des Aufbruchs in der Kunst,
· der Moderne.

Während die Philosophie den Staat als oberste Instanz auf Basis der Vernunft etablieren wollte, ist die Ökonomie den umgekehrten Weg gegangen. Anstatt wie im klassischen Modell ein Unternehmen in Staatsbesitz übergehen zu lassen, hat sie das Unternehmen selbst zum Staat gemacht.

Bedeutung der Ethik in der Ökonomie:
„Die Gemeinschaft braucht gemeinsame Werte."

Fragen:
· Was sind ethische Werte, Regeln, Dogmen heute?
· Kann die Ökonomie wirklich ethische Orientierung geben wie früher die Religion oder Philosophie?
· Sind in Religion und Philosophie weiterhin die Orientierung für eine Ethik in der Wirtschaft zu finden?

Ghandi's Beschreibung der sieben sozialen Krankheiten, die im 20. Jahrhundert die Welt bedrohen:
· Dem Wissen fehlt Charakter.
· Der Wissenschaft fehlt Menschlichkeit.
· Dem Wohlstand fehlt Arbeit.

· Dem Geschäft fehlt Moral.
· Der Politik fehlen Prinzipien.
· Dem Vergnügen fehlt Gewissen.
· Der Verehrung fehlt Selbstaufopferung.
Er zeigt damit den Werteverfall im 20. Jahrhundert auf.

Dogmatiker der Neuzeit:
Politische Gruppen z.B. Umweltschützer, religiöse Gruppen, Verbände,
Gewerkschaften usw.?

Rudolf Kötter (Erlangen):
„Es besteht in einer funktionierenden Marktwirtschaft für Unternehmens-
ethik kein Spielraum, wenn der Wettbewerb vollständig ist."
Nichts ist aber nur schwarz oder nur weiß.

Die Religionen geben (auch heute) Orientierung.

Buddhismus – Die vier edlen Wahrheiten
· Leid
· Ursache des Leids
· Beendigung des Leids
· Weg zur Beendigung des Leids.
Im Mittelpunkt steht, die Menschen möglichst glücklich machen. Glück ist
immer nur ein vorübergehender Zustand.

Islam – Koran

Christentum – Die zehn Gebote
Sie geben Orientierung für das soziale Zusammenleben, für die Abwen-
dung von Egoismus. Sie sind Kampf gegen Destrudo, Einsatz für Freiheit
und Gleichheit.

Frage:

„Jedem das Gleiche" oder „Jedem das Seine"?

Thesen:

Das Naturgesetz „Der Stärkere hat mehr Macht" bedeutet auch mehr Verantwortung.

„Macht Euch die Erde untertan" heißt nicht „Unterdrückt die Erde", sondern es heißt „Übernehmt Verantwortung für die Erde, die Kreatur, die Umwelt, die anvertrauten Menschen."

Das Grundgesetz:

„Die Würde des Menschen ist unantastbar."

Wir reden heute von Freiheit und Gerechtigkeit. Das kreiert Anspruch. Der andere, vor allem der vermeintlich Stärkere, soll sich ethisch verhalten: Unternehmer, Staat, aber auch Krankenkasse, Arbeitslosenversicherung, also die Gemeinschaft. Es kann keine Freiheit ohne Verantwortung geben.

Die Wirtschaftswirklichkeit:

Der Anspruch der Ethik geht in zwei Richtungen:

·die Ethik in weiterem Sinne, die auf die ganze Wohlfahrt gerichtet ist,

·die Ethik im engeren Sinne, innerhalb des Unternehmens selbst.

Im globalen Wirtschaftssystem gibt es viele Stakeholder:

· Aktionäre,

· Kunden,

· Mitarbeiter,
· Lieferanten,
· Gewerkschaften,
· Umweltschützer,
· Politiker usw.
Die Forderung nach ethischem Verhalten muß bilateral verbindlich
wirken.

Notwendigkeit von global oder systemintern gültigen Kodices:
Moralisches Handeln gilt dem Miteinander, ist also Dialog.

Diese Kodices müssen
· meßbar sein
· öffentlich sein,
· meistens vereinbart werden,
· unterschiedliche Wertesysteme harmonisieren, z.B. Menschenrechte in
  China und der westlichen Welt.

Es geht darum,
· das Bewußtsein zu schärfen innerhalb des Unternehmens wie in der
  Öffentlichkeit,
· nach und nach Einvernehmen herzustellen,
· gemeinsame, sanktionsfähige Werte zu definieren.

Partner der Unternehmen
· im Innenverhältnis: der Betriebsrat
· im Außenverhältnis: Verbände, Kammern, globale Initiativgruppen bis
  hin zur UNO.

1. Fazit:

Bei der Diskussion dieser Themen erübrigt sich schnell die Frage, ob Ethik in einer funktionierenden Marktwirtschaft Platz hat. Ohne Akzeptanz nach innen und nach außen in der Öffentlichkeit wird ein Unternehmen kaum Erfolg haben. Die Prioritäten müssen deutlich sein.

Beispiel für Ethik nach innen:

Das „Lufthansa-Dreieck" zeigt die Prioritäten:
· die Ausgewogenheit gegenüber Aktionären, Kunden, Mitarbeitern,
· die Verpflichtung gegenüber einer kritischen Öffentlichkeit.

Die Unternehmensstrategie ist in allen Teilunternehmen und Töchtern daran orientiert:
· Die Aktionäre wollen ihr investiertes Geld sichern und mehren.
· Die Kunden wollen gute Dienstleistung und ehrliche Produkte.
· Dem Machbaren werden die Grenzen der Ethik gesetzt.

Werbung: Qualität ist eingehaltenes Versprechen.

Die herausragende Bedeutung des Unternehmen-Mitarbeiter-Themas:
Es geht um
· Glaubwürdigkeit,
· Motivation,
· Zusammenleben in großen Organisationen,
· Mobbing,
· Verteilungskampf usw.,

· den Menschen als Mittelpunkt oder der Mensch als Mittel. – Punkt. ...?
· den Geist und Stil des Hauses (Zürn),
· die Identifikation der Mitarbeiter mit dem Unternehmen, gegenüber den
  Kunden,
· Gerechtigkeit den Mitarbeitern gegenüber,
· Belohnung von Leistung,
· Vorbildhaftigkeit der Führungskräfte.

Das Erfordernis gemeinsamer Werte im Betrieb
Forderungen an Mitarbeiter:
· Persönliche und soziale Kompetenz,
· Selbständigkeit und Offenheit,
· Lern- und Leistungsbereitschaft,
· Zuverlässigkeit und Gemeinsinn,
· Verantwortungsbereitschaft und Rücksichtnahme (BDA).

Schaffung der Voraussetzungen durch die Gesellschaft:
Generelle Wertelandschaft

Schaffung der Voraussetzungen durch die Unternehmen:
Interne Wertelandschaft

Bedarf an guter Kommunikation:
Motivation kommt durch Verständnis für
· die Rolle des Unternehmens,
· die Rolle der Kollegen,
· der eigenen Rolle im Unternehmen.

Bedarf an Orientierung:
Orientierungslosigkeit schafft Angst.

Unternehmensgrundsätze und Führungsgrundsätze:
Die Mitarbeiter müssen wissen, was
· sie von der Führung erwarten können,
· die Führung von ihnen erwartet.

Auch Solidarität beruht auf Gegenseitigkeit, z.B. Glaubwürdigkeit des
Managements bei zu hohen Einkommen

Beispiele für Ethik nach außen:

Für das Unternehmen: Es geht um Glaubwürdigkeit.
· Kommunikation
· Investor Relations
· Customer Relations
· Public Relations

Für die gesamte Wirtschaft:
Im globalen Wettbewerb ist Deutschland allein als Maßstab für Ethik nicht
mehr ausreichend, global gültige gemeinsame ethische Grundsätze sind
geboten.
· Transparency International
  · Code of Ethics
· International Chamber of Commerce
  · Code of Conduct,
  · Diskriminierung
  · Kinderarbeit
  · Umweltschutz
·„Global Compact" – 10 Prinzipien der Vereinten Nationen für „Good
  Practices" in der Wirtschaft
  · Schutz der Menschenrechte
  · Einhaltung der Sozialnormen

· Beachtung der Umweltstandards
· Anerkennung der Anti-Korruptions-Konvention
· EU-Corporate Social Responsibility
  · Allgemeine Grundsätze ethischen Verhaltens
  · Grundsätze der Sozialpolitik
  · Grundsätze zum Umweltschutz
  · Einhaltung von lokalen und nationalen Gesetzen
  · Gesellschaftliches und philanthropes Engagement vor Ort
· Corporate Governance
  · Schutz der (Klein)-Aktionäre

Trotz intensiver Bemühungen bleibt viel zu tun.
Kulturelle Unterschiede erschweren die Umsetzung.

K.-W. Dahm
In Krisenzeiten zeigt sich, wer ethische und moralische Ziele nachhaltig
einhält.

Laß Dich nicht erwischen
· Moral nach Vorschrift
· Orientierung an den Gesetzen, ohne über deren Sinn lange nach-
  zudenken
Goldene Regel
· Moral auf Gegenseitigkeit
· Orientierung an der Einsicht: „Gegenseitige Abhängigkeit bei Akzep-
  tanz der Interessenvielfalt"

Verantwortliches Handeln
· Moral in Verantwortung
· Orientierung an Prinzipien, die allgemein für richtig befunden werden

2. Fazit:

Ohne Wirtschaftlichkeit schaffen wir es nicht und ohne Menschlichkeit ertragen wir es nicht.

Ergänzend zu den Bedürfnissen der Ethik haben die ästhetischen Bedürfnisse der Menschen im Betrieb einen gewichtigen Stellenwert.

Der Mensch, hinein verwoben in hoch differenzierte und hoch organisierte Kultur- und Zivilisationsmächte im Unternehmen und in der Gesellschaft und zu Leistung an ihnen aufgerufen, will und muß sich in diesem Gesamtleben selbst bewahren oder wiedergewinnen.

Fredmund Malik:
„Gute Unternehmer müssen versuchen, wie Künstler schöpferisch neue Horizonte zu erschließen und neue Maßstäbe zu setzen."

Wirtschaftswoche:
„Kunst hilft, neben der nüchternen Logik und dem praktischen Wissen auch die kreative Wahrnehmung als geistige Kraft zu nutzen."

Wer sich dessen bewußt ist, weiß, daß die Kunst etwas für die Wirtschaft und das Unternehmen tun kann, bereits in der Ausbildung, Gemüt und Phantasie zu entwickeln, aber auch im betrieblichen Alltag, im Marketing usw.

Zitate:

Ludwig Georg Braun (DIHK):
„Ein Akt des humanistischen Widerstandes gegen Gleichförmigkeit und Gleichgültigkeit."

Reinhold Würth:
„Die ästhetische Atmosphäre regt die Arbeitskräfte an und das Unternehmen gewinnt das Plus an Vitalität, das zu überdurchschnittlicher Performance befähigt."

3. Fazit:

Die Wirtschaft tut etwas für die Kunst und Kultur aus
· altruistischen,
· ökonomischen
Gründen.

Kultur und Kunst sind im pädagogischen Sinne Stakeholder. Sie stellen Forderungen. Sie sind für die Akzeptanz der Unternehmen bedeutsam. Sie sind – im Kreise derer, die im permanenten Dialog mit den Unternehmen sind – ein Teil des gesellschaftlichen Gefüges, in das Unternehmen, Führung und Mitarbeiter eingebunden sind.

Damit sind sie auch eine Facette der Dogmen im wirtschaftsethischen Komplex, manchmal begleitend, manchmal provokativ und manchmal auch sehr kritisch.

Tourniers' Aussage mutiert zu: Das Unternehmen braucht die Ordnung, die Kunst will sie geistig sprengen.

Wie Ruhe und Bewegung, Ratio und Emotio, Ordnung und Chaos zwei Seiten derselben Medaille sind, so kann aus diesem Gegensatz auch die Balance entstehen zu Kreativität und Menschlichkeit in der Wirtschaft.

Diesem Text liegt ein Vortrag zugrunde, der am 25.06.2003 in der Villa Tiberius gehalten wurde. Bei dieser Veranstaltung des Internationalen Forums spielte das Dresdner Barockorchester, das 1991 mit Orchestermusikern aus Staatskapelle und Philharmonie Dresden gegründet wurde.

KNUT TESKE

Leiter Axel-Springer Journalistenschule

Knut Teske, geb. 1942 in Lüneburg; Studium der Rechtswissenschaft in Frankfurt, Berlin, Mainz, Bonn; 1971–74 Abgeordnetenassistent Bundestag, Bonn; 1974–76 Referent für Großkredite, Kreissparkasse Köln; 1976 Volontär, Redakteur DIE WELT; 1984 Ressortleiter „Aus aller Welt"; 1986–93 Leiter Hamburg-Redaktion; 1993 Chef-Reporter, dann Leiter „Hauptstadt-Redaktion; 2001 der Redaktion „Reportagen"; Lehrauftrag im Studiengang „Kulturmanagement", Musikhochschule Hamburg; Moderator der TV-Talkshow „MDR-Club", Halle; seit 2002 Leiter der Axel-Springer Journalistenschule

Welche Rolle spielen die Medien im Wechselspiel von Kultur und Wirtschaft?

[...] Ich muß Ihnen, meine Damen und Herren, nicht erzählen, wie Sie die Wirtschaft für sich einnehmen. Das wissen Sie natürlich selbst, sonst wenden Sie sich an die Huntzingers dieser Welt; die machen Ihnen das schon schmackhaft. Ich bin Journalist. Journalisten sehen die Dinge grundsätzlich anders. Da das meistens kontraproduktiv ist zu dem, was sich die PR-Giganten in und von der Öffentlichkeit wünschen, könnte ich mir vorstellen, daß das nachher in der Diskussion zum Thema wird. Ich habe nichts gegen PR. Im Gegenteil: mir hat die Auseinandersetzung mit ihr immer Spaß gemacht. Es ist eine Art Schachspiel um die Wahrheit mit den Methoden der Verschleierung bzw. der Enthüllung, ein Fintieren um die Pole „Vormachen" und „Durchschauen".

Zurück zum Thema. Bei der „Verkaufe" der Kultur fasziniert mich etwas Anderes mehr: Was sie, die Kultur, eher vermeiden sollte, weil es inadäquat oder ineffizient ist, was sie vermeiden sollte, um sich nicht zu überschätzen, und was sie aus ihrer Stärke heraus forcieren müsste. Natürlich hat Kultur schnöde fiskalische Rechte, sollte diese aber nicht zu schrill einfordern – was sich die Berliner Opern auf diesem Sektor lange geleistet haben an Forderungen, zugleich aber an schöpferischer Mitarbeit beim unvermeidlichen Sparkurs verweigerten, war lächerlich und ärgerlich, anmaßend und realitätsfern. Solche Weltklasse, die dieser Divenhaftigkeit entspräche, haben sie einfach nicht, die drei Opernhäuser, jedenfalls nicht jede von ihnen und nicht zu allen Zeiten.

Die Kultur – welche meine ich eigentlich? Die von Leonhard Bernstein zur Musik „Es gibt keine U- oder E-Musik; es gibt nur gute oder schlechte"? Genau die meine ich grundsätzlich. Aber ich kann mich auch mit Rolf

Liebermanns Einschränkung anfreunden: „Wenn wir über Kultur reden", so Liebermann, „meinen wir nicht die sozio-ökologische Hinterhofkultur", die damals unter Dohnanyi, sagen wir es rund heraus, gepflegt wurde, wobei der Begriff „Pflege" angesichts des oft nicht nur künstlerisch zweifelhaften Gesamteindrucks der meisten Künstler – Lebenskünstler vielleicht – reichlich paradox anmutet. Die Kultur, die damals gefordert war und gefördert wurde – beispielsweise in Schweineblut kopulierende Paare in einer so harmlosen Stadt wie Braunschweig – sollte den „gesamtgesellschaftlichen Begründungszusammenhang" herstellen. Ich fasse es bis heute nicht, mit welcher Ernsthaftigkeit das deutsche Feuilleton damals darauf reagierte.

Diese jungen ungebändigten Kunstrevolutionäre sollen sich erst einmal per Armut, Demut und äußerlicher Bescheidenheit durchsetzen, ehe sie die Hand aufhalten und glauben, etwas für die Allgemeinheit leisten zu können. Es gibt Parallelen: Die deutsche Sprinter-Misere ist u. a. deshalb so anhaltend, weil die talentierten jungen Leute zu früh mit ihrem zu früh gestellten PKW zufrieden sind. Die dürstet es nicht mehr nach internationalen Erfolgen. Die sind nicht mehr heiß. Die reizt es nicht, ihr Talent wirklich auszuloten. Die wollen sich nicht zerreißen. Die haben weniger Berufsethos als jener arme berüchtigte Finanzobersekretär, der in solchen Fällen immer als blutleeres Beispiel herhalten muß. Diese Spezies Künstler oder Sprinter imponiert mir überhaupt nicht. Wer das Wagnis eingeht, das Risiko eingeht, sein Hobby zum Beruf zu machen, muß vorleisten, dafür ist es ja ein Hobby.

Dabei habe ich nichts gegen „Vitamin B" – Beziehungen – oder „Netzwerke", wie es heute heißt. Aber dieses spezielle Vitamin muß man sich erst erarbeiten, erleisten, erspielen, erklampfen, ersprinten. Sonst ist es Nepotismus, eine häßliche Form der Zusammenarbeit – einer Demokratie unwürdig. Wer gut ist, soll gefördert werden – wie Sie es hier machen mit den jungen Talenten. Oder wie es viele gemacht haben mit dem jungen Richard von Weizsäcker. Ich kenne keinen Menschen, der sich mit einem besser funktionierenden Netzwerk umgeben hätte als das frühere Staatsoberhaupt. Aber er hat es auch verstanden, damit umzugehen. Er hat Karriere gemacht und damit die Hoffnungen seiner Förderer erfüllt. Sämtliche Investitionen – ein Begriff, den man heute ja durchaus im Zusammenhang mit dem Wort „Kultur" in Verbindung bringen darf, ohne länger – von einigen Feuilletons abgesehen – verprügelt zu werden – sämtliche Investitionen also haben sich erfüllt – wenigstens für den Freiherrn. Vitamin B für den, der es verdient.

Also: Vorleistung ist nötig. Sie ist Grundlage jeglicher Erwartung. Und sie muß bewiesen werden. Kultur an sich heißt ja noch gar nichts. Wie sich jeder Journalist nennen kann, kann sich auch jeder Künstler nennen. Und ehe man mit „seiner Kunst" der Wirtschaft „weiche Standortvorteile" bietet – von denen ich glaube, daß es sich dabei längst um „harte" handelt –, sollte sein schöpferisches Talent unbedingt unter Beweis gestellt worden sein. Dazu gehört der unbedingte Wille, dieses Talent zur Vollendung zu führen – ohne Rücksicht auf die Vorteile, auf Anerkennung, Reichtum und Auszeichnung – ein ganz hartes Brot. Aber wer das Besondere will, muß das Spezifische ertragen: der Priester das Zölibat, der Marathon-Mann die Einsamkeit des Langstreckenläufers, der Künstler den Zweifel an seinem Können. Verzeihen Sie mir die Abschweifung. Aber so viel Rigorosität muß sein.

Ich treffe das Thema „Was kann die Kultur für die Wirtschaft leisten?" sicherlich besser, wenn ich folgenden Satz zitiere: „Jedes Kunst- und Kulturobjekt ist auch ein Wirtschaftsprojekt." Der typische Satz eines PR-Profis. Glauben würde ich ihn nicht – abgesehen davon, daß er ernst genommen bedeuten würde, Kunst und Kultur wären im Sinne jedes merkantilen Ziels manipulierbar. Doch schon hier liegt des Pudels Kern. Wer glaubt, daß jedes Kunstobjekt vermittelbar wäre oder sich – umgekehrt – die Wirtschaft nach jedem Kunstwerk richtete, irrt fürstlich. Da seien schon die Medien vor. Unverständliches läuft bei ihnen Gefahr, schonungsloser Kritik preisgegeben zu werden. Nicht jede Form der Kunst eignet sich als Transmissionsriemen. Nicht einmal jede gute Form passt zu allem – ein ambitionierter Irrtum. Wir von der WELT z. B. haben schon mal die Zusammenarbeit mit einem exzellenten, aber überscharfen Kabarettisten verweigert. „Sperrige Kunst" hat sowieso keine Chance. Von ihr weiß Hermann Rauhe - und der kennt wirklich jeden Weg nach Rom –, daß sie „fast nie Sponsoren findet." Der sperrige, der elitäre Künstler, der sich nicht beugen will, und – vorerst – nur eines wirklich beherrscht – gleichgültig ob voller Überzeugung oder aus Hybris – nämlich am Geschmack des Publikums vorbeizukünstlern, darf zwar immer noch auf den Nachruhm hoffen – auf den gegenwärtigen Mammon indes kaum. Ist er zufrieden mit der Hoffnung auf den Nachruhm oder in der Lage, seine Eitelkeit entsprechend zu zähmen oder genügt ihm das anspruchslose Leben tatsächlich, kann er ein künstlerisch durchaus wertvolles Leben in seiner Tonne führen. Diogenes soll der Überlieferung nach darin nicht unglücklich gewesen sein. Sokrates war aus bekannten Gründen froh, kein Zuhause zu haben und auch die Peripatetiker brauchten nichts als ihren gedankenschweren Gehweg.

Seien wir ehrlich: Auftragskunst – und ein bisschen geht es bei diesem Thema ja auch darum – gab es immer: Mozart hätte nicht ohne überleben können und künstlerische Hurerei gehörte auch dazu - hat auch Charme. Die Künstler dagegen, die sich gerne sträuben, haben vielfach etwas Lächerliches oder sogar Unangenehmes an sich. Nicht weil sie – um Ihnen ein namentliches Beispiel nicht schuldig zu bleiben – Hrdlicka heißen und sich in Talkshows bei linken, so genannten „Intellektuellen" Liebkind machen mit dem politischen Blödsinn, den sie reden, sondern weil sie aus vorgeblich künstlerischen Gründen Verträge brechen, ihre Werke wie das Hamburger Soldaten-Mahnmal am Dammtorbahnhof nicht vollenden, dessen ungeachtet aber auch nicht aufhören, siebenstellige Honorar-Nachforderungen anzumahnen, weil sie zur Zusammenarbeit unfähig sind, diese Unfähigkeit aber als geniusbedingte Überlegenheit postulieren, weil – summa summarum – ihre Eitelkeit manische Züge trägt. Das wahre Genie macht es anders. Leonard Bernstein kümmerte sich einen feuchten Kehricht um Dinge wie Geld, Termine und Flugpreise, hatte aber mit Harry Kraut einen Profi an seiner Seite, mit dem es sich arbeiten ließ. Der Begriff des „verkannten Genies", aus dem viele Künstler in völliger Verkennung der Realitäten noch immer Honig saugen wollen, hat sich leider der Wandlung ins Pejorative nicht entziehen können. Mit dieser Einstufung, mit der sich heute vor allem in Berlin - ich denke nur ans „Tacheles" und andere in der Nähe gelegenen kulturellen Hochburgen der „Off-Kultur" - etliche Künstler insgeheim immer noch schmücken, kann man sich als Mann von Stolz eigentlich nur noch erschießen. Sämtliche artverwandten Berufe übrigens wie Architekten, Dekorateure, Modemacher, Schreiner und Bauunternehmer, aber auch Anwälte, Journalisten und Schönheitschirurgen – von Politikern ganz zu schweigen – wissen ein bisschen Hurerei zu schätzen. Wir sind doch nicht verrückt.

Daß sich Kunst vermarkten lässt, ist eine Binsenweisheit. Kunst ist längst Geschäft, ein Geschäftszweig wie jeder andere auch, gesteuert durch Angebot und Nachfrage. Nur heißt es hier nicht Kauf und Verkauf – jedenfalls nicht in allen Sparten. Es stehen sich also nicht unbedingt Käufer bzw. Verkäufer gegenüber, sondern Anbieter und Sponsoren. Aber es funktioniert nach den gleichen Marktmechanismen – mit der Folge: In der Krise läuft es schlechter. Um so mehr gilt das „do ut des" – „Ich gebe dir etwas, damit du mir etwas gibst". Das ist in den derzeit schlechten Zeiten immer seltener Geld auf der anderen Seite. An Bedeutung gewinnt der gute alte Tauschhandel – nur daß der Rückfall in die merkantile Steinzeit heute vornehmer „Kompensationsgeschäft" genannt wird und die Kultur – welch Vorteil – statt Konfektionsware Maßanzüge zu liefern in der Lage ist. Keine Grenzen sind dabei der Phantasie gesetzt. Welche Zusammenarbeit möglich ist, beweisen gerade Autounternehmen. So kooperieren in Berlin Opel und die Kunstakademie – wobei natürlich hier wiederum der Show oder dem Schaum Tor und Tür geöffnet sind.

In welchem Verhältnis zueinander stehen nun Kunst und Sponsoring? In einem relativ problemlosen – was die Vermarktung der Leuchttürme betrifft – der „Bigs" der Kultur – und weil das inzwischen anerkanntes Faktum ist, scheue ich mich, darüber zu reden – Journalisten betrachten die Dinge, wie gesagt, sowieso anders. – Was sie, die „Bigs" der Kultur, die Leuchttürme, für die Wirtschaft leisten können, ist hinlänglich erprobt und beschrieben. Sie verbessern die Standorte. Eine kulturgeschichtlich durchtränkte Stadt wie Dresden lockt wie Honig, solange sie nicht von einer abartigen Parteienkoalition regiert wird – werden solche Städte aber in aller Regel nicht. Ausnahme: Bologna, aber mit Begründung, außerdem Italien. Und Berlin natürlich, auch das, das vernünftige Wahlverhalten, ist ja indirekt Beweis für die uferlose Wirksamkeit lebender Kultur.

Zu den „Bigs" gehört auch Ihr Objekt – die Semperoper. Naiv, wie ich war, habe ich bei Sponsoren an den Willy Brandt-Satz gedacht: „Es wächst zusammen, was zusammen gehört." Also: Mercedes und Semper. Lufthansa und Semper, Harald Schmidt und Semper und nicht Stefan Raab, Jessye Norman und nicht Verona Feldbusch. Nie wäre ich auf die Idee gekommen, Radeberger und Semper beim Pils am selben Tresen zu treffen. Leicht hat es auch die Frauenkirche; sie spricht gleich 40 Millionen Frauen an und eine fast gleich hohe Zahl überwiegend schuldbewußter Ehemänner, die ihr kulturelles Defizit ihren Frauen gegenüber in Form eines modernen Ablasses, einer kräftigen Spende, kompensieren können, womit ich Herrn Güttlers Bemühungen keineswegs schmälern will. Es geht nichts ohne Initiative.

Kunst und Sponsor müssen zusammenpassen – glaubte ich, bis ich durch Ihre Thekenverbindung mit einem bis dahin recht unbekannten Pils eines Besseren belehrt wurde. Das eröffnet natürlich neue Wege. Da könnten sich George Bizets Werke von der Kamps-Bäckerei sponsern lassen, der Freischütz mit Kettners Zielfernrohren oder der Mitternachtstraum von Mücken-Autan. Überhaupt Bizet: Carmen – auch „Kufen-Carmen" genannt, die sich Generationen von Eiskunstläufern schon als „Musiklieferantin" angedient hat – einmal Adidas fragen. Auf den berühmten und in meinen Unterlagen immer wieder erwähnten „Image-Transfer" kommt es bei den Leuchttürmen offenbar nicht an – passé die Kernfrage: „Wer passt zu wem?" Antwort 1: Radeberger Pils zu Semperoper. Zwei ungleiche Brüder, habe ich mich gefragt, zwei Ertrinkende gar, die sich gegenseitig retten? Antwort 2: Für Leuchttürme reicht es, im TV zu sehen zu sein – mit wem ist egal.

Eine derartige Privilegierung hat auch ihren Preis. Wer so auftreten kann wie Sie, hat Verpflichtungen – Verpflichtungen, wie sie Freiherr Loeffelholz von Colberg in einer grandiosen Rede über die Rolle der Kultur angesprochen hat. Die Verpflichtung, ein „geistiges Gegengewicht" zu bilden zu den wachsenden Globalisierungsprozessen, in denen die Wirtschaft zum Selbstzweck zu verkommen scheine, zur puren Wertabschöpfung, in denen der „shareholder value" zur Ordnungsmacht aufzusteigen und der verantwortungsbewusste Manager zum „Gewinnmaximierungsfunktionär" – so der Präsident des Sächsischen Kultursenats – abzusteigen drohe. Eine komplizierte Verpflichtung – eine lohnende. Klimatisch zu wirken – das bei der Wichtigkeit des Klimaschutzes – und das noch global, sollte zu Ihren ganz großen, gleichsam naturgegebenen

Aufgaben gehören. Und Sie haben gute Argumente auf Ihrer Seite. Der Erhalt der Kultur ist mehr als Artenschutz, auch wenn etliche Theater auf die „Rote Liste" gehörten. Ein Land ohne Kultur ist – ohne Widerspruch – der Barbarei ausgeliefert. Und Sie haben darüber hinaus auch ein ökonomisches Argument auf Ihrer Seite. Ihre volkswirtschaftlich in Anspruch genommene Leistung erreicht jedes Jahr locker einen zweistelligen Milliardenbetrag. Egal wo das Geld herkommt: Der Bedarf ist da – nicht nur Ihrer, der Ihrer Fans, Zuhörer, Zuschauer etc.

Ein weiteres Argument: Wie das IFO-Institut vor ein paar Jahren festgestellt hat, schafft jede Million – damals noch in DM – die öffentlichen Kultureinrichtungen zur Verfügung gestellt wird, 1,4 Millionen Mark in der Gesamtwirtschaft, sichert 100 geförderte Arbeitsplätze, 150 Arbeitsplätze in der Gesamtwirtschaft. Diese Relation wird heute schlechter geworden sein, aber nicht umgekehrt. Viel schlimmer ist seither die Hysterie der Deutschen geworden, aber das ist ein anderes Thema.

Müsste man zum Beispiel die Theater- und Opernlandschaft in ihrer Gesamtheit in Deutschland in kurzer Frist neu erschaffen – so eine interessante Spekulation vor nunmehr 14 Jahren –, dann wäre dafür nach einer Schätzung von Fohrbeck und Wiesand („Von der Industriegesellschaft zur Kulturgesellschaft?") aus dem Jahre 1989 ein Betrag von rund 350 Milliarden Mark nötig gewesen – 1989 wohlgemerkt. Das ist ein Pfund und ein Argument dafür, daß es sich bei Kunst und Kultur nicht nur um die Salatbeilage der Wirtschaft handelt, sondern um ein eigenständiges Ganzes. Weiter: Im Zeitraum von 1978 bis 1990 hat sich die Zahl der Künstler und in den Kulturberufen Beschäftigten von 162.300 auf 215.600 gesteigert – eine veritable Großstadt voller hungriger, kreativer Künstler – das muß man sich einmal vorstellen, möchte man aber nicht drin leben. Und doch ist das was. Was mich daran stört, sind die veralteten Zahlen – 1990, 1989. Es gibt keine neueren. Ihr Versäumnis? Ihr Versäumnis!

Wenn Sie mehr Einfluß auf die Wirtschaft gewinnen wollen, der Ihnen, wie Sie meinen, zusteht, müssen Sie für zeitnähere Argumente sorgen. Sie dürfen nicht alles dem Staat überlassen. Um Ihre Belange müssen Sie sich schon selber kümmern. Das sind doch alles Zahlen, Daten, Fakten, die für sich sprechen – und für Sie.

Der Nachteil der kulturellen Föderation in Deutschland ist der Fluch der Zersplitterung, unter dem Sie im Hinblick auf Ihre Lobby leiden – die Verfügbarkeit aktueller Zahlen usw. Dem dürfen Sie sich aber nicht geschlagen geben. Liefern Sie neue Zahlen; vielleicht sind sie noch besser geworden. Durchforsten Sie die deutsche Kulturlandschaft nach bemerkenswerten volkswirtschaftlich relevanten Daten und Sie werden sie finden – auch wenn es nie so weit kommen wird, wie Loeffelholz sich das wünscht. Nach seiner Vorstellung sollte die finanzielle Basis der Kultur vergleichbar geregelt werden wie die Rechtspflege in unserem Land. Das werden Sie nie schaffen. Die Heiterkeit ihres Sektors wird der Notwendigkeit einer strikten Rechtspflege nie das Wasser reichen können. Sei es drum.

Möglich muß etwas anderes sein: Eine Debatte über die Lage der Kultur zu entfachen – weit über fiskalische Fragen hinaus. Ganze Bataillone deutscher Feuilletons werden Ihnen zur Seite stehen, sämtliche Politikspalten offen und profunde Leitartikler Schützenhilfe leisten. Wenn Sie sich aber lediglich auf die leidige Frage der Geldbeschaffung fokussieren, haben Sie schon verloren, gelten Sie schnell als nörglerisch. Es wäre auch eine zu vordergründige Strategie. Kunst konkurriert heute mit all' den anderen Verlockungen. Der natürliche Vorsprung der Kunst ist dahin. Kunst konkurriert mit Fußball und Formel 1. Das muß sie wissen.

Wenn Sie diesen Gedanken aber verinnerlichen, ohne darüber sauer zu werden, vielmehr das Selbstbewußtsein gewinnen, unter den vielen Vergnügungen eine der wichtigsten und vielseitigsten zu repräsentieren, wird sich auch die Erkenntnis wieder mehr durchsetzen, die am besten ausgerechnet von einem ehemaligen Salon-Kommunisten stammt, von Jack Lang: „Wir haben eine internationale Wirtschaftskrise?" fragte er 1983 scheinheilig, „... ein Grund mehr, der Kultur jenen Platz zu geben, der ihr gebührt – den ersten". Aber der wird nicht frei Haus geliefert. Das Kino hat es verstanden, meine Damen und Herren, es boomt stets in Krisenzeiten. Dresden mit seiner Semperoper, wie ich es tröstlicherweise sehe, auch – und sicherlich nicht nur in diesen.

Diesem Text liegt ein Vortrag zugrunde, der am 10.07.2003 in der Villa Tiberius gehalten wurde. Aus der Förderkartei des Forums für junge, hochbegabte Künstler stellte sich bei dieser Veranstaltung das „Montana Klarinettenquartett" und insbesondere der Klarinettist Georg Wettin, geb. 1980, vor, der von 1997 – 1999 Bundespreisträger des Wettbewerbs „Jugend musiziert" war und seit 2000 an der Dresdner Hochschule für Musik „Carl Maria von Weber" das Fach Klarinette studiert.

PROF. DR. GEORG MILBRADT

Ministerpräsident des Freistaates Sachsen

Georg Milbradt, geb. 1945 in Eslohe (Sauerland); Studium der Volkswirtschaft, Jura,
Mathematik in Münster; 1968 Dipl.-Volkswirt; 1973 Dr. rer. pol.; 1985 apl. Professor der
Wirtschaftswissenschaft, Münster; 1983–90 Finanzdezernent der Stadt Münster, später
auch zuständig für Wirtschaftsförderung und Liegenschaften; 1990–2001 Sächsischer
Staatsminister der Finanzen, Mitglied des Bundesrates und des Vermittlungsausschusses;
1999 stellv. Landesvorsitzender der CDU, Mitglied des Bundesvorstandes; seit 18. April 2002
Ministerpräsident des Freistaates Sachsen

Wechselbeziehungen Kultur und Wirtschaft – In wie weit kann
die Kultur für eine Investitionsentscheidung maßgeblich sein?

Mir wurde die Aufgabe gestellt, über die „Wechselbeziehungen zwischen Kultur und Wirtschaft" zu sprechen und dabei die Frage zu behan-
deln, „In wie weit die Kultur für eine Investitionsentscheidung maßgeblich
sein kann?". Ich kann bei der Behandlung des Themas die Rolle des Staates
nicht ausklammern und möchte deshalb zunächst einige Bemerkungen zur
Beziehung von Staat und Kultur machen, die mir für das Verständnis des
Themas wichtig erscheinen.

1. Kultur und Staat als Partner

Kultur und Staat sind traditionelle Partner. Das weiß man nirgends besser
als in einem Kulturland, das sich in der Tradition Augusts des Starken und
seiner Nachfolger, aber auch seiner Vorgänger – ich verweise nur beispiel-
haft auf Augusts Vater – versteht. Wir leben in einem Land, das lange Zeit
von einem Herrscherhaus regiert wurde, das sich häufig mehr um die
Kulturförderung als um Politik gekümmert hat und von Kultur offensichtlich auch mehr verstand als z.B. von der politisch lange Zeit nicht ganz
unwichtigen Kriegskunst. Man denke nur daran, daß August der Starke
dem „Soldatenkönig" im Tausch gegen Porzellanvasen „lange Kerls" für
die königliche Garde in Berlin überließ.

Aber die höfischen Zeiten sind vorbei. Wir leben in der Demokratie und
einer globalen Marktwirtschaft. Darf sich da eine Regierung überhaupt
noch mit so etwas wie der Kultur in der Politik beschäftigen? Ich meine,
wir müssen dies tun und zwar vor allem aus zwei Gründen:

1998 – darauf bezieht sich der aktuellste Kulturfinanzbericht aus dem Jahre 2000 – gaben die öffentlichen Haushalte 12,1 Milliarden DM für die Kultur und weitere 5,6 Milliarden DM für kulturnahe Bereiche aus. Bezogen auf die Ausgaben in Sachsen (1,2 Milliarden DM) wurden 0,88 Prozent des Bruttoinlandprodukts für Kulturausgaben verwendet. Das scheint nicht viel zu sein angesichts von weniger als 4 Prozent Anteil am BIP für Bildung und Wissenschaft in der Bundesrepublik. Insgesamt ist es aber doch ein nennenswerter Anteil des öffentlichen Verbrauchs. Außerdem mobilisiert Sachsen damit den bei weitem höchsten Anteil aller Länder in der Bundesrepublik. Selbst in so stark kulturgeprägten Ländern wie Baden-Württemberg und Bayern liegt der Anteil der Kulturausgaben am BIP gerade einmal bei 0,25 bzw. 0,26 Prozent. Pro Einwohner haben wir 269,20 DM für die Kultur aufgewendet und werden dabei nur von Berlin mit 305,30 DM übertroffen.

Dabei sollte man berücksichtigen: Wenn wir von öffentlichen Kulturausgaben reden, reden wir vor allem von Ausgaben der Länder und Kommunen, die den Löwenanteil zu etwa gleichen Teilen aufbringen. Der Bund ist daran lediglich mit 3,6 Prozent – überwiegend kulturnahen Ausgaben – beteiligt. In unserem sächsischen Staatshaushalt machen die reinen Kulturausgaben rund 3 Prozent der Gesamtausgaben aus. Kultur ist also ein durchaus nennenswerter Posten in unserem Budget. Ich orientiere mich dabei an einem sehr engen Kulturbegriff. Wenn ich all das einbeziehen würde, was in einem weiteren Sinne zur Pflege der Kultur beiträgt – also z. B Schule und Hochschule, Sport, öffentliche Bauten und Pflege der Natur – dann kommen wir natürlich auf ganz andere Zahlen. Wir können dieses Geld des Steuerzahlers nicht einfach ausgeben. Wir müssen auch dafür gerade stehen, daß es sinnvoll im Sinne des Gemeinwohls ausgegeben wird. Wir tragen schon wegen dieser finanziellen Dimension politische Verantwortung für die Kulturpflege im Lande.

Und noch ein weiterer, nur scheinbar formaler Grund verpflichtet uns zu einer aktiven Kulturpolitik: Nach Artikel Eins unserer Landesverfassung ist der Freistaat Sachsen „ein demokratischer, dem Schutz der natürlichen Lebensgrundlagen und der Kultur verpflichteter sozialer Rechtsstaat". Kultur ist ein wesentlicher Teil unseres Staatsverständnisses. Die Förderung der Kultur gehört zu den grundlegendsten Aufgaben des Staates, zu den Staatszielen. Nach Artikel Elf der Landesverfassung fördert das Land das kulturelle und künstlerische Schaffen: „Die Teilnahme an der Kultur in ihrer Vielfalt ... ist dem gesamten Volk zu ermöglichen. Zu diesem Zweck werden öffentlich zugängliche Museen ... Theater ... musikalische und weitere kulturelle Einrichtungen ... unterhalten".

Auch wenn manch einer es vielleicht anders will: Kultur und Staat sind aufeinander angewiesen. Die enge Symbiose, die wir bewundernd und manchmal etwas neidisch für die höfische Vergangenheit konstatieren, hat sich auch im republikanischen Verfassungsstaat weitgehend gehalten. Das bindet beide. Kultur und Staat bleiben Partner.

Auf einen bemerkenswerten Unterschied zu anderen Politikbereichen möchte ich besonders aufmerksam machen: In der Bildungspolitik zum Beispiel haben wir in der Vergangenheit ein ernsthaftes Bemühen um breite Beteiligung aller sozialen Schichten an den öffentlichen Bildungseinrichtungen erlebt: Schule aufs Land, Chancengerechtigkeit für alle, Begabungsreserven ausschöpfen. Das waren die Stichworte, mit denen der deutschen Bildungskatastrophe in den siebziger Jahren begegnet wurde. Eine ähnliche – nennen wir es einmal – Popularisierung der öffentlichen Kultureinrichtungen ist in diesem Maße nicht feststellbar. Wir haben zwar eine Schulpflicht, aber wir kennen keine auch noch so informelle Kulturpflicht – auch wenn das der eine oder andere bedauern mag. Wir wenden beträchtliche Teile unseres Kulturbudgets für Einrichtungen auf, die nur von einem geringen Teil der Bevölkerung besucht werden. Ich möchte einen etwas plakativen Vergleich ziehen: Jeder einzelne Bewohner Sachsens brachte im Jahre 2000 über seine Steuern 18,40 Euro zur Finanzierung unserer Theater und Musiktheater auf. Im gleichen Jahr wurde der Besuch der Semperoper pro Karte mit fast 100 Euro vom Freistaat Sachsen subventioniert – und das ist im Vergleich zu anderen Häusern noch wenig. Ich will jetzt hieraus nicht den Schluß ziehen, den Preis für eine Semperoperkarte um 100 Euro zu erhöhen, um die öffentliche Finanzierung zurück zu nehmen. Ich frage mich, ob hier eigentlich die Relationen zwischen öffentlicher Finanzierung und öffentlicher Nutzung wirklich ganz stimmen? Jeder gibt 18,40 Euro und wenige nehmen 100 Euro in Anspruch.

„Theaterbesucher," so hören wir vom Kulturdezernenten des Deutschen Städtetages, „– rund ein Fünftel der Bevölkerung – sind wichtige Leute, Bildungs- und Leistungsträger, der intellektuelle Mittelstand, viele haben pädagogische Berufe. Kurz: Es sind Menschen, die für die Qualität und die Prosperität einer Gesellschaft wichtig sind", so der Kulturdezernent des Deutschen Städtetages. Da kann man ihm sicherlich zustimmen. Aber was ist dieses Fünftel der Bevölkerung bereit, für seine Teilhabe an der Kultur zu leisten und was erwartet es dafür von der Allgemeinheit? Diese Frage muß doch gestellt werden. Wir unterhalten im Freistaat Sachsen wundervolle öffentliche Museen. Nach Untersuchungen des Berliner Instituts für Museumskunde erreichen Museen nur etwa die Hälfte der Bevölkerung. Nur etwa ein Drittel der Deutschen gehört zu den regelmäßigen Museumsbesuchern.

Nehme ich einmal die Zahlen, die wir jetzt für die Vorbereitung einer Museumskonzeption aufbereitet haben, dann besuchen ca. 160.000 der 4,4 Millionen Sachsen pro Jahr die Museen der Staatlichen Kunstsammlungen in Dresden. Der übergroße Anteil der ca. 1,6 Millionen Besucher – und das ist ja vor einem anderen Hintergrund, auf den ich gleich zu sprechen komme, auch gut so – kommt aus der übrigen Bundesrepublik und aus dem Ausland. Gleichzeitig haben wir aber festgestellt, daß es durchaus keinen signifikanten Zusammenhang zwischen der Höhe des Eintrittspreises und der Besucherintensität gibt: Museumsbesucher sind offensichtlich durchaus bereit, für einen Besuch auch ein angemessenes Entgelt zu entrichten. Wie weit muß angesichts solcher Erkenntnisse die öffentliche Förderung unserer Museen gehen?

Das sind Fragen an die Kultur, die heutzutage von der Politik gestellt werden müssen - Fragen, die sich ergeben aus einer seltsamen Diskrepanz zwischen dem Umfang der öffentlichen Kulturförderung und der Elitestruktur seiner Teilhaber. Natürlich gibt es noch vieles mehr, worauf sich ein lebendiger Dialog zwischen Staat und Kultur aufbauen ließe. Nicht immer haben die Verantwortlichen in der Kultur für solche Fragen die notwendige Offenheit. Während dem Staat die politische Verantwortung für die Kultur aufgegeben ist, sieht die Kultur selbst gerne in solchen Attitüden eine unzulässige Funktionalisierung der Kultur für politische Zwecke. Das ist ein falscher Eindruck - und ich glaube, daß Politik und Kultur in dieser Frage stärker ins Gespräch kommen müssen. Ich bin dazu gerne bereit.

2. Die Rolle der Wirtschaft

Natürlich sind es nicht nur die Pädagogen, die unsere öffentlichen Kultureinrichtungen nutzen. Führungskräfte der Wirtschaft sind nicht nur genauso gern gesehene Gäste, sondern auch ähnlich intensive Nutzer - zumindest unserer Theater und Musiktheater. Es scheint jedoch eine gewisse Differenzierung zu geben zwischen dem eher erbaulichen und gesellschaftlich anerkanntem Besuch von Theater- und vor allem Opernaufführungen einerseits und den eher anstrengenden und möglicherweise weniger reputierlichen Museumsbesuchen, aber diese Differenzierung will ich nicht weiter vertiefen.

Uns interessiert hier die Frage, ob die Attraktivität von Standorten aus Sicht der Wirtschaft auch vor dem Hintergrund des örtlichen Kulturangebots beurteilt wird? Von mir wird erwartet, daß ich eine Beurteilung des Zusammenhangs von Investitionsentscheidungen für einen bestimmten Standort und der Situation der Kultur an diesem Standort liefere. Das ist nicht ganz einfach, denn neben allgemeinen Einschätzungen und Vermutungen kenne ich kein ausreichendes Material, das uns diesen Zusammenhang wirklich bestätigt. Auch mag die Tatsache eine Rolle spielen, daß wir im Nachhinein gerne positive Entwicklungen im Bereich der Ansiedlungspolitik auch auf den Fundus an kulturellen Einrichtungen zurückführen.

Investitionsentscheidungen sind in ihrem Kern immer rationale, auf Fakten und Zahlen gegründete Entscheidungen. Das Institut der deutschen Wirtschaft hat im Frühjahr dieses Jahres die Wirtschaftsförderungsgesellschaften nach ihrer Einschätzung gefragt, was bei Standortentscheidungen für die Unternehmen zählt. An erster Stelle steht dabei die Verfügbarkeit von qualifizierten Arbeitskräften. Der Zustand des Straßennetzes ist wichtig ebenso wie die Arbeitskosten, die Nähe zu den Absatzmärkten der Kunden, die Zusammenarbeit zwischen Unternehmen und Behörden und die Verfügbarkeit von Gewerbeflächen. Die „Standortattraktivität für Mitarbeiter" wird in diesem Spektrum von Standortfaktoren nur nachrangig berücksichtigt. Selbst das Wohnraumangebot zählt mehr als das kulturelle Angebot. Dessen Bedeutung für Standortentscheidungen durch die Wirtschaftsförderungsgesellschaften wird einzig durch den Faktor „Überregionale Verkehrsanbindung auf Wasserstraßen" unterboten. Nur die Schifffahrt ist unwichtiger als die Kultur, wenn es um Standortentscheidungen geht? So ist jedenfalls das Fazit dieser Untersuchung, das das Institut der deutschen Wirtschaft wie folgt resümiert: „Für die Wahl eines

Investitionsortes sind also vor allem die harten Fakten relevant. Als weniger bedeutsam beurteilen die Wirtschaftsförderer so genannte weiche Faktoren – z. B. wie attraktiv ein Standort als Wohnort für die Mitarbeiter eines Unternehmens ist." Ich kann solchen Ergebnissen empirischer Untersuchungen nicht völlig widersprechen. Die Attraktivität des Wirtschaftsstandortes Sachsen wird in der Tat stark durch Arbeits- und Ansiedlungskosten und durch die „harte" Infrastruktur beeinflußt. Das wissen wir lange und daran arbeitet die Wirtschaftspolitik im Lande.

Aber ist dies die ganze Wahrheit? Wird eine solche Betrachtung der Bedeutung der Kultur aus Sicht der Wirtschaft gerecht?

Wirtschaftliche Entscheidungen, wie sehr sie auch durchrationalisiert und teilweise bis zu einem problematischen Formalisierungsgrad programmiert sein mögen, haben immer auch mit Psychologie zu tun. Nehmen wir nur den Fall, daß die so genannten harten Faktoren kein einheitliches Bild abgeben, ja daß sie vielleicht nicht einmal verläßlich erhoben werden können. Denken wir daran, daß fernab aller Kalkulationen der Expertenstäbe ein „Restrisiko" zu gewichten bleibt, über das letztlich Aufsichtsgremien, Menschen zu entscheiden haben und keine Rechenprozessoren. Dann kommen Politik und Kultur zum Zuge, da geht es um Verläßlichkeit, um Kategorien wie Vertrauen und Lebensqualität, auf die sich eine Zukunft bauen läßt, und nicht nur um nackte Zahlen. Es dürfte also weniger die augenblickliche Attraktivität von Kultureinrichtungen – der Spielplan der Semperoper, die Planung für bedeutende Sonderausstellungen in unseren Museen – Bedeutung für die Wirtschaft haben als vielmehr das geistige Fundament, das sich in ausgeprägten Kulturtraditionen und bedeutenden Kultureinrichtungen und in dem Willen zeigt, diese Traditionen zu erhalten und zu pflegen. Sichere Fundamente benötigt die Wirtschaft ebenso wie attraktive Zahlen und da ist Kultur ein nicht unwesentlicher Faktor.

Natürlich können wir uns diesen Zusammenhang auch nicht vollständig ohne den Inhalt der Kultur vorstellen. Kulturelle Avantgarde kann genauso attraktiv wirken wie feste kulturelle Traditionen. Denken wir an einen Standort wie Bilbao, der sich durch das Setzen avantgardistischer Zeichen, durch die Architektur seiner U-Bahn und seines Flughafens genauso wie durch ein mutiges Museum für moderne Kunst einen Anstrich gegeben hat, der aus dem verschlafenen Provinzstädtchen einen attraktiven Standort gemacht hat – für Besucher und für die Wirtschaft. Denken wir daran, wie ein Land wie Schleswig-Holstein sich durch ein Kultur-Event – ich erwähne dieses Beispiel natürlich nicht ohne einen intensiven Seitenblick auf meinen Kollegen Schommer – ein neues Profil gegeben hat, das sicherlich auch seine Ausstrahlung in die Wirtschaft des Landes, auch seine Attraktivität für Neuansiedlungen hat. Dabei bin ich mir eines Zusammenhangs sehr wohl bewußt: Wenn es der Wirtschaft gut geht, lebt auch die Kultur besser. Leider ist auch das Gegenteil wahr, wie wir gegenwärtig alle spüren. Ob und wenn ja, in welchem Umfang sich kulturelle Investitionen durch wirtschaftliche Folgen tatsächlich auszahlen, das ist ein Zusammenhang, der sicherlich nicht so rasch überzeugend aufgeschlüsselt werden kann, vielleicht aber auch nicht muß, denn – siehe oben – Zahlen sind nicht alles.

3. Kultur und Wirtschaft als Partner

Hieraus wird sehr schnell deutlich, daß die Kultur nicht nur eine Aufgabe und ein Partner der Politik ist, sondern daß es ganz ähnliche Beziehungen auch zwischen der Wirtschaft und der Kultur gibt. Sie sind aufeinander angewiesen. Die Wirtschaft ist gut beraten, sich der Kultur anzunehmen, nicht nur im Sinne eines Konsumierens, sondern im Sinne von Pflege, von eigenen Beiträgen zur Kultur, von Kulturförderung. Dies ist auch bei uns in Deutschland eine gute Tradition, wenn auch längst nicht in dem Umfang, wie dies in anderen Ländern verbreitet ist, in denen dem Staat von vornherein nicht die großen Lasten aufgebürdet worden sind, wie dies in letzten Jahren wachsend bei uns der Fall war.

Mäzenatentum und Kultursponsoring – beides von unterschiedlichen Antriebskräften dem gleichen Ziel verpflichtet: nämlich Kultur zu fördern – sind im Bewußtsein der Führungskräfte als Aufgabe der Wirtschaft durchaus akzeptiert. Wir sind dankbar für die Leistungen zahlreicher Stiftungen und großer Konzerne wie mittelständischer Betriebe bei der Neuformierung unserer Kulturlandschaft in den letzten Jahren. Wir benötigen diese Unterstützung auch weiterhin. Nicht allein wegen der eingeschränkten und eher abnehmenden finanziellen Leistungsfähigkeit des Staates, sondern in erster Linie um den innigen Zusammenhang zwischen Wirtschaft und Kultur deutlich zu machen und um der Absicherung der wirtschaftlichen Zukunft selbst willen.

Beispiele eines modernen Mäzenatentums finden sich in Sachsen in beeindruckenden Größenordnungen. Ich denke dabei an die Sammlung Daetz in Lichtenstein. Eine einzigartige Ausstellung von Holzbildhauerkunst aus der ganzen Welt, die gleichzeitig eine Initialzündung zur Förderung des Tourismus und des traditionellen holzverarbeitenden Handwerks in der Region ist. Herr Daetz hat nicht nur sein Privatvermögen eingesetzt, um Holzskulpturen aus aller Welt aufzukaufen und sie einer Stiftung zur Verfügung gestellt. Er hat auch nach der Wende in der Region um Flöha als Manager eine segensreiche Ansiedlungspolitik betrieben. Hier folgt also die kulturelle Investition der wirtschaftlichen auf dem Fuße. Ich denke auch an die Galerie für Zeitgenössische Kunst in Leipzig. Spiritus Rector dieser Galerie ist Arend Oetker, der die Sammlung des Förderkreises der deutschen Wirtschaft dort eingebracht und sich selbst auch persönlich erheblich engagiert hat. Der Freistaat ist als Zustifter aufgetreten und hat so die privatwirtschaftliche Investition abgesichert. Und ich denke schließlich an die Sammlung Gunzenhauser, die Chemnitz zu einem außerordentlichen Rang als Kunstmetropole verhelfen wird.

Wer sich zur wirtschaftlichen Elite zählt, sollte auch zur kulturellen Elitebildung beitragen! Ich wünsche mir, daß dies noch mehr zu einer Selbstverständlichkeit wirtschaftlichen Handelns wird. Daß z.B. bei Investitionsentscheidungen nicht nur gefragt wird: „Was finde ich an kultureller Infrastruktur vor?", sondern gleichzeitig auch überlegt wird, wie mit der Ansiedlung die kulturellen Kräfte des Standorts gestärkt und gefördert werden können. Auch aus dieser Perspektive „kann die Kultur für eine Investitionsentscheidung maßgeblich sein", wie Sie dies in der Thematik für den heutigen Abend formuliert haben.

4. Verantwortung für die Kultur

Ich habe deutlich machen wollen, daß es aus gutem Grunde eine gemeinsame Verantwortung von Wirtschaft und Politik für die Entwicklung und Förderung der Kultur in einem Lande gibt.

Wirtschaft, Kultur und Politik, das ist so etwas wie ein magisches Dreieck, das die Zukunft eines Landes ebenso prägt, wie es auf Standortentscheidungen von Investoren Einfluß nimmt. Das kann aber nicht bedeuten, daß die Verantwortung für die Kultur den Kulturverantwortlichen genommen ist. Im Gegenteil: es bedeutet in der Konsequenz, daß diejenigen, die an vorderster Stelle unsere Kultureinrichtungen prägen und gestalten selbst auch politische Verantwortung und Verantwortung für das wirtschaftliche Fortkommen in einem Lande übernehmen. Diese Last möchte ich den Kulturverantwortlichen nicht nehmen. Auf diesem Gebiet haben wir - so möchte ich meine Erfahrungen im Umgang mit Bildungs- und Kulturpolitik zusammenfassen - durchaus noch einen gewissen Nachholbedarf. Anders als die Bildung hat sich die Kultur in unserem Lande dem politischen Diskurs eher verweigert. Sie hat sich manchmal abgeschottet gegen unliebsame Fragestellungen. Sie hält sich zurück in der öffentlichen Rechenschaftslegung über Geleistetes und der kritischen Diskussion von Versäumtem, gibt sich eher selbstzufrieden als verantwortungsbereit. Deshalb frage ich: Können wir es uns heute noch erlauben, auf Rechenschaftslegung im Kulturbetrieb zu verzichten? Ich will damit nicht einer Einmischung von Wirtschaft und Politik in die inneren Angelegenheiten, die Inhalte der Kultur das Wort reden. Kultur darf sich aber nicht gegenüber Wirtschaft und Politik abschotten, nicht allein wegen der Notwendigkeit einer Rechnungslegung für verbrauchte öffentliche Gelder, sondern vor allem wegen des inneren Bedeutungszusammenhangs. Vielleicht finden wir eine Erklärung dafür auch in den inneren Zuständen der drei Bereiche Politik, Wirtschaft und Kultur im Anschluß an die politische Wende. Über den Zustand der Politik in unserem Lande erlauben Sie mir, heute Abend an dieser Stelle einmal zu schweigen. Daß wir in der Wirtschaft immer noch einen erheblichen Nachholbedarf im Vergleich zur gesamtdeutschen Entwicklung haben, ist unbestritten. Wie verhält es sich mit der Kultur? Hier können wir auf eine fast ungebrochene Tradition blicken, die Sachsen über Jahrhunderte zu einem der hervorragendsten Kulturträger im deutschsprachigen Raum gemacht hat.

40 Jahre DDR und vor allem der Krieg haben tiefe Wunden geschlagen – das ist richtig. Aber die Fundamente haben sich erhalten – ein Neuaufbau ist seit 1990 möglich. Heute wünsche ich mir etwas mehr Experimentierfreude – den Mut und den Willen, Neues zu schaffen. Die Fundamente der sächsischen Kultur sind tief gegründet und stark – nächstes Jahr werden wir in der Landesausstellung in Torgau wieder einen wichtigen Teil davon sehen können. Diese Fundamente sind stark – sie könnten mehr an Neuem und Zukunftsweisendem tragen. Die Kulturpolitik kann sich nicht darin erschöpfen, etablierte Kultur aufzuführen. Wir brauchen mehr Modernes,

mehr Experimentelles – auch wenn sich einiges davon nicht durchsetzen wird. Wir können uns die Frage stellen: Gibt es in Dresden heute so etwas wie die „Brücke"? Gehen junge Künstler heute noch nach Dresden? Werden sie von dem kulturellen Klima in der Stadt oder in Sachsen angezogen?

Aus der Wirtschaft wissen wir, daß Innovationen, Risikobereitschaft und der Mut, Neues zu wagen, unverzichtbar sind für den wirtschaftlichen Erfolg. Wer sich auf seinen Erfolgen der Vergangenheit ausruht, der wird auf dem Markt nicht lange bestehen können. Hier sehe ich eine wichtige „Brücke" zwischen Wirtschaft und Kultur – eine ideelle Brücke: Beide können von einander lernen, wie man Innovationen fruchtbar macht – wie man Avantgarde wird. Beide können sich gegenseitig befruchten.

Ich bin der Überzeugung, daß in der heraufziehenden Wissensgesellschaft Kultur eine größere Rolle als Standortfaktor spielen wird als in der traditionellen Industriegesellschaft – nicht nur als klassischer Standortfaktor, der für wissensbasierte Dienstleistungen interessant ist, sondern auch im Sinne einer gegenseitigen Befruchtung: Unsere Landeshauptstadt Dresden hat mit ihren Unternehmen und Forschungseinrichtungen in der Mikroelektronik und der Biotechnologie erhebliche wirtschaftliche Potentiale. Ich kann mir vorstellen, daß dieses wirtschaftliche Umfeld – diese wissensbasierte Unternehmenskultur – befruchtend für eine wie auch immer geartete zukünftige Kulturlandschaft sein kann – nicht nur finanziell im Sinne materieller Kulturförderung, sondern auch ideell im Sinne einer gegenseitigen Befruchtung. Hier sehe ich Wechselbeziehungen zwischen Kultur und Wirtschaft, die nicht unbedingt für eine Investitionsentscheidung „maßgeblich" sein werden, aber doch mitentscheidend sein können. Dabei wird es entscheidend darauf ankommen, daß es mehr private Initiative geben wird, die bereit ist zum Experiment, die das Risiko nicht scheut und die auf traditionellen Fundamenten Neues aufbaut.

Wir sollten uns wieder angewöhnen, die Chancen zu nutzen, die in der Suche nach dem Neuen liegen.

Diesem Text liegt ein Vortrag zugrunde, der am 09.09.2003 in der Villa Tiberius gehalten wurde. Aus der Förderkartei des Forums für junge, hochbegabte Künstler stellte sich bei dieser Veranstaltung der Konzert- und Jazzgitarrist David Sick, geb. 1977, vor, der 2002 den ersten Preis beim internationalen Wettbewerb „Open strings" in Osnabrück gewonnen hat.

PROF. MANFRED LAHNSTEIN

Bundesminister a. D., Lahnstein und Partner International
Consultants, Vorsitzender des Kuratoriums der ZEIT-Stiftung

*Manfred Lahnstein, geb. 1937 in Erkrath/Rheinland; Studium in Köln, Dipl.-Kaufmann;
1962 Referent für Arbeitnehmerbildung, Düsseldorf; 1965–67 Sekretär beim Europäischen
Gewerkschaftsbund, Brüssel; 1967–73 Kabinettchef der EG-Kommission; 1980–82 Chef des
Bundeskanzleramtes; 1982 Bundesminister der Finanzen; 1983–94 Mitglied des Vorstandes,
1994–98 des Aufsichtsrates der Bertelsmann AG; 1994 Gründung der Lahnstein & Partner
International Consultants; Präsident der Deutsch-Israelischen Gesellschaft; Mitglied im
Board of Governors, Universität Haifa; Kuratoriums-Vorsitzender der ZEIT-Stiftung*

„Cheque and Balance" oder „Checks and Balances"? –
Über die Schwierigkeiten, ethische Grundsätze für das
Wirtschaften zu formulieren

D er Vorstandsvorsitzende der Deutschen Bank und der ehemalige Vorsitzende der IG Metall müssen sich gemeinsam vor Gericht des Vorwurfes
erwehren, bei der Übernahme von Mannesmann durch Vodafone ausschei-
dende Funktionsträger mit Abfindungen und Abschlusszahlungen ver-
sorgt zu haben, die nicht nur vom Verfahren her zu hinterfragen sind,
sondern auch ihrer Höhe nach von vielen in Deutschland als „unver-
schämt" empfunden werden.

Die Anzahl ähnlich spektakulärer *Cheque and Balance*-Entgleisungen ist
groß. Bei aller Vielgestaltigkeit sind ihnen Maßlosigkeit, Egoismen und
Realitätsferne der verantwortlich Agierenden häufig gemeinsam. Die
Öffentlichkeit – durch die Medien weidlich genährt – reagiert zunehmend
sensibel, fordert im weitesten Sinne „moralisches" Verhalten der Unternehmer. Dies wurde schon vor Jahren von einem Amerikaner sarkastisch kommentiert: *„Business is usually not very good at defending itself in the battle
of ideas. This might not be surprising: If business people were good at ideas,
they would have become professors."* Gleichwohl flutet zurzeit eine neue
Woge – amorph wie schon ihre Vorgänger? – heftiger Diskussionen über
ethische Grundlagen des Wirtschaftens durch die Gesellschaft und bringt
die Unternehmer in die Defensive.

Der *Oxford Companion to Philosophy* stellt fest, daß *„The question of applying morality to business is as old as business and morality themselves"*.
Seine Definitionen von *Business Ethics*: *„... A fourth kind of activity
(4) looks at the appropriateness of applying moral language to entities
other than human beings, e.g. to corporations, corporate structures or eco-
nomic systems."* sind als Basis für eine zielgerichtete Auseinandersetzung

geeignet. In der Weltliteratur ebenso wie in den drei monotheistischen Religionssystemen ist das Verhältnis zwischen Moral und Geschäft ein zentrales Thema. Als markantes Beispiel sei das „Zinsverbot" genannt, das in erster Linie im Koran eine richtungweisende Rolle spielt: „Was immer ihr auf Zinsen verleiht, damit es sich vermehre mit dem Gut der Menschen, es vermehrt sich nicht vor Allah." (Sura 30, Vers 40) Das Misstrauen gegenüber Geld, das „arbeitet", sitzt gleichwohl allenthalben tief. Folgerichtig haben Überlegungen zur Gestaltung der wirtschaftlichen Verhältnisse das Kapital als Produktionsfaktor erst spät und kontrovers – wie an Karl Marx belegt – einbezogen. Ein Rest dieses Mißtrauens „Geschäft verdirbt die Moral" spiegelt sich auch in Deutschland bis zum heutigen Tag in den Einkünftekategorien der Einkommensteuererklärung ebenso wider wie in den Statistiken zur Verteilung des Volkseinkommens.

Seit dem 19. Jahrhundert fokussieren diese Auseinandersetzungen sowohl im Marxismus als auch in der christlichen Sozialethik die „Eigentumsfrage": Sie hat selbst in den Grundrechtekatalog der deutschen Verfassung Eingang gefunden. Artikel 14 gewährleistet das Eigentum und verpflichtet den Eigentümer zum Gemeinwohl. Artikel 15 ergänzt das Recht der Enteignung zum Zwecke der Vergesellschaftung. Die Gesetzeswerke zur Mitbestimmung und zur Vermögensbildung ergänzen die ideologische Sozialisierungsdebatte der Nachkriegszeit. Wiewohl das juristische Paradoxon der „Sollvorschrift" der „Gemeinwohlverpflichtung des Eigentums" die Unmöglichkeit artikuliert, das Postulat der „sozialen Gerechtigkeit" oder „Grundsätze einer ethisch begründeten Unternehmensführung" rechtlich zu normieren, verdeutlicht sie eine tief verankerte Überzeugung des „aufgeklärten Abendlandes", daß für richtig erachtete Grundsätze der Ethik und Moral nicht auf das individuelle Gewissen oder auf den Umgang mit dem jeweils Nächsten beschränkt werden dürfen. Der Mensch ist als „soziales Wesen" stets eingebunden in ein höheres Ordnungssystem, ein

Unternehmen oder eine gesamtwirtschaftliche Ordnung. Ethik ist immer interpersonal. Die Hamburger Verfassung von 1952 gebietet sogar ausdrücklich: „Jedermann hat die sittliche Pflicht, für das Wohl des Gemeinwesens einzutreten".

Die Grundüberzeugungen des „aufgeklärten Abendlandes" – einschließlich der katholischen Soziallehre und der evangelischen Sozialethik – stehen folgerichtig im Mittelpunkt jeder Auseinandersetzung mit Moral und Ethik. Sie definieren die Legitimität und Notwendigkeit von Konflikten, setzen das Kantische Postulat der „Würde des Menschen" als obersten und unstrittigen Grenzwert und bieten den notwendigen Schutz vor der Starrheit in sich geschlossener Moralvorstellungen. Sie schaffen die Grundlagen für eine Auseinandersetzung zwischen und einen Abgleich von unterschiedlichen Wertvorstellungen und zwar in der jeweiligen konkreten Situation im Sinne einer „Verantwortungs-", nicht einer „Gesinnungsethik".

Die Anwendung ethischer Prinzipien auf gesellschaftliche und wirtschaftliche Zusammenhänge ist per definitionem nicht zu abstrahieren. Verantwortliches, ethisch begründbares Handeln beruht auf einer ausreichenden Kenntnis derartiger Zusammenhänge sowie auf der Einsicht, daß sie einem ständigen komplexen Wandlungsprozeß unterliegen, in dem unterschiedliche Wertvorstellungen und Kulturen aus aller Welt aufeinanderprallen. Der Versuch, individual-ethische Forderungen „linear" auf die Wirtschaft oder auch nur die Unternehmen zu übertragen, kann folgerichtig systematisch nicht sehr weit führen. Eine schlüssige „Ethik des Wirtschaftens" hat keine fundierte Basis.

Der Ansatz der klassischen Betriebswirtschaftslehre, die im Betrieb ablaufenden Prozesse als Ergebnis rein rationalen Kalküls isoliert zu quantifizieren, hat lange die Erkenntnis verhindert, daß das Unternehmen ein

„soziales", jedoch keinesfalls ein „sozialpolitisches" oder gar „karitatives" Phänomen ist – oder wie es der Ökonom Peter Ulrich weiterreichend formuliert hat: „Wirtschaft ist von Anfang an eine soziale Veranstaltung". Das Unternehmen ist auf vielfache Weise gekennzeichnet durch soziale Bezüge im Inneren und eine verwirrende Vielfalt von „Außenbeziehungen". Um in diesem komplexen sozialen Geflecht, das zudem einem permanenten Veränderungsprozeß ausgesetzt ist, die ethische Dimension zu erkennen, empfiehlt sich die Orientierung am eigentlichen Unternehmensziel. Die klassischen Strategien heißen nicht *Cheque and Balance*, vulgo kurzfristige Gewinnmaximierung, sondern Kontinuität und auf Dauer angelegte Ertragskraft, die das Unternehmen nachhaltig sichern. Das Unternehmen strebt ein rationales Ziel an. Demzufolge artikuliert sich die soziale Vielfalt des Beziehungsgeflechtes in rationalen, aber verschiedenartigen Interessen. Aus dieser Perspektive wird der Gewinn in seiner Funktion als Maßstab für den gesellschaftlichen Leistungsbeitrag „kritikfest". Eine der Kernaufgaben des Unternehmers besteht also darin, mittels eines adäquaten Systems von *Checks and Balances* dynamisch den Ausgleich dieser Interessen zu betreiben, die Voraussetzungen für permanente Entwicklungsimpulse zu schaffen, ohne im Hinblick auf Einzelinteressen disruptiv zu wirken.

Recht und Rechtsprechung haben sich dieses Interessenausgleichs im Innen- und Außenverhältnis des Unternehmens vielfältig angenommen: Handelsrecht, Arbeitsrecht, Wirtschaftsstrafrecht etc. Das Konkursrecht versucht sogar, eine Rangfolge für die einzelnen Interessen zu finden. Sie stützen sich grundsätzlich auf ethische Überlegungen, gleichwohl ist auch hier eine Auflösung in bloß funktionale Beziehungen ebenso wenig hinreichend wie die „lineare" Übertragung allgemeiner ethischer Prinzipien auf den Unternehmenszusammenhang. Wenn das System notwendiger *Checks and Balances* aus der Balance gerät, öffnet sich Raum für Partikularinteressen einseitig zu Lasten anderer Interessen. Das aber stigmatisiert nicht das

Unternehmen oder das „Geschäft" an sich als unmoralisch, sondern eben diejenigen, die eine derartige Einseitigkeit anstreben, zulassen oder zu verantworten haben.

Der vor diesem gedanklichen Hintergrund von Götz Briefs entwickelte Begriff der „Grenzmoral" bedeutet, daß derjenige Unternehmer am erfolgreichsten ist, der sich dem Grenzwert des jeweils Unmoralischen am stärksten annähert, so daß sich die Grenzen des gerade noch Moralischen kontinuierlich nach unten verschieben. Die Definition der Grenze zwischen dem gerade noch Moralischen und dem schon Unmoralischen und ihrer Dynamik gelingt auch bei dieser – nicht unumstrittenen – These nicht und die lineare Übertragung individual-ethischer Prinzipien greift wiederum zu kurz. Die Ansätze, unter dem Titel *Corporate Citizenship* dieser Tendenz Einhalt zu gebieten und Grenzen zu definieren, unterscheiden sich nur geringfügig von den längst bekannten Postulaten der „ethischen Unternehmensführung". Die Präzisierung des Begriffs *Corporate Governance* hingegen als *„the formation and stewardship of the rules that regulate the corporate realm"* ist zielführender – zum Beispiel über die praktikable Ausformung des „Deutschen Corporate Governance Kodex". Dieser Kodex wendet sich in erster Linie an börsennotierte Aktiengesellschaften. Er „...verdeutlicht die Rechte der Aktionäre, die der Gesellschaft das erforderliche Eigenkapital zur Verfügung stellen und das unternehmerische Risiko tragen", präzisiert das Innenverhältnis Vorstand – Aufsichtsrat – Aktionäre. Die fehlende Berücksichtigung der Interessen der übrigen *stakeholders* beeinträchtigen jedoch seine konkrete Wirksamkeit ebenso wie die vage Ausgestaltung der einzelnen Ziele:

· Vorstand und Aufsichtsrat beachten die Regeln ordnungsgemäßer
  Unternehmensführung.

„... schließt die Gesellschaft für Vorstand und Aufsichtsrat eine

D&O-Versicherung ab, so soll ein angemessener Selbstbehalt vereinbart werden. ..."

· Der Vorstand ... ist an das Unternehmensinteresse gebunden und der Steigerung des nachhaltigen Unternehmenswertes verpflichtet. Hier wird – in Analogie zur Praxis in den USA – ein Vergütungssystem für den Vorstand einschließlich der Information von Hauptversammlung und Öffentlichkeit angeregt. Der Vorsitzende des Aufsichtsrates sollte nicht den Vorsitz im *Audit Committee* haben. Im Aufsichtsrat sollten nicht mehr als zwei ehemalige Vorstandsmitglieder vertreten sein.

· Verbesserte Transparenz soll erreicht werden durch die zeitnahe Publizierung aller Fakten, die den Börsenkurs erheblich beeinflussen könnten, sowie relevanter Änderungen in den Stimmrechtsstrukturen. Schließlich sollen Aktionäre nicht schlechter informiert werden als Analysten.

Diese – zweifelsohne vernünftigen – Versuche, den Prinzipien einer „ethischen Unternehmensführung" über einen Verhaltenskodex näher zu kommen, offenbaren, daß moralische Pflichten für die Unternehmensverfassung – in Analogie zur Staatsverfassung – nicht kodifizierbar sind. Auf dieser Grundlage und der Erkenntnis, daß das Unternehmen als „soziales Phänomen" der Brennpunkt divergierender Interessen ist, die unter den Oberzielen der Kontinuität und Entwicklungsfähigkeit zum Ausgleich gebracht werden müssen, rückt die Konzentration auf die Verbesserung des Systems der *Checks and Balances* in den Vordergrund.

Ein solches System von *Checks and Balances* gestaltet sich demzufolge außerordentlich komplex. Die folgenden Thesen dienen daher als Einstieg:
· Der Wertzuwachs eines Unternehmens kommt ... auch dem Gemeinwesen (zugute).

· Unternehmen ... sind deshalb daran interessiert, an der Gestaltung der Rahmenbedingungen mitzuwirken.

· Subsidiarität ist Lebensquell unternehmerischen Erfolgs sowie bürgerlicher Eigenverantwortung und Lebensgestaltung. ... erfordert Selbstbeschränkung des Staates.

· Wettbewerb ist ein wirksames Instrument bei der Suche nach der besten Lösung.

(Jürgen Friedrich Strube, vormaliger Vorstandsvorsitzender der BASF)

· (Sind) Vorstellungen von der „Verantwortung" der Unternehmen für das Gemeinwohl ... realistisch? Der Wettbewerb schlägt unerbittlich zu, was zur „Ausbeutung der Moral" führen könnte.

· Am wichtigsten sind also klug geschnittene Regeln.

· Die Demarkationslinie zwischen unsittlichem und sittlichem Handeln verläuft ... zwischen einer Verfolgung der eigenen Gewinninteressen auf Kosten anderer und einem Streben nach „Mehrwert", bei dem auch die anderen „mehr Wert" erzielen.

(Karl Homann, katholischer Sozialphilosoph)

· Die Übernahme moralischer Verantwortung durch ein Unternehmen ist immer vom Scheitern der Überforderung bedroht.

· Wir sollten deshalb von einem etwas nüchternerem Verantwortungs-begriff ausgehen. Er müßte einbegreifen: Verantwortung als Produkt von Zurechnung, ... der *Good Governance*, ... der Erzwingung.

(Professor Josef Wieland, Witten-Herdecke)

Zusätzlich wirken die betriebliche Mitbestimmung und Vermögensbildung als Eckpfeiler eines vernünftigen Interessenausgleichs im Unternehmen. Ein ausreichend praktikables Fundament im Sinne einer ethischen Unternehmensführung ist somit erkennbar, die Konkretisierung aussichts-reich. Dem Erfordernis der Vorbildfunktion des Unternehmers wird aus diesem Denkansatz heraus jedoch nicht entsprochen. Dazu gibt es von zwei „alten weisen Männern" – Hans Merkle und Helmut Schmidt –

pragmatische Lösungen. Für sie gibt es „... Dinge, die tut man einfach nicht" und sie halten „... zu einigen herausragenden Managern ... privat ... deutlich erkennbaren Abstand ...".

Der „Mannesmann-Prozeß" fungiert in dieser Logik als Lehrstück. Hans Leyendecker (DIE ZEIT) kommentiert: „... (Ackermanns) Satz, Deutschland sei das einzige Land, wo die Leute, die Werte schaffen, vor Gericht kommen", ... drückte Verachtung aus – auch gegenüber denen, die für kleines Geld schuften und Werte schaffen. ... Es ist die Arroganz der Macht. ... war ihre (Essers und der Anderen) Wirklichkeit so weit von der Wirklichkeit der Anderen entfernt, daß sie sich ungefährdet wähnten? ...". Wenn schon Ackermann mit der Geste des Imperators auftritt, der allen bedeutet, wie piefig und provinziell sie unter ihm sind, kann es mit der neuen Deutschland AG nichts werden.

Diese Erkenntnisse münden in zwei zentrale Überlegungen: Zum einen sind die „Tugenden der Mäßigung und des Gemeinsinns" für nachhaltigen unternehmerischen Erfolg wesentlich. Vor allen Dingen fungieren jedoch Markt und Leistungswettbewerb erfolgreich als Sanktionsmechanismen zur Bekämpfung unternehmerischer Gier, Unbescheidenheit oder Megalomanie. Als Kehrseite von Sanktionen wird das Vorbild unternehmerischer Vernunft, Mäßigung und Korrektheit prämiert. Sie entfalten Signalwirkung und schaffen Transparenz. Die gesellschaftliche Geltung spielt eine gewichtige Rolle. Sie entspringt in der Regel der Hochachtung, nicht dem Voyeurismus. Wiewohl Politik und Medien für beide Prozesse über ihre haltungsprägende Wirkung gleichermaßen von großer Bedeutung sind, betreiben sie genau das, was sie den Unternehmern immer wieder vorwerfen – nämlich eine kurzfristige und rücksichtslose Ergebnisoptimierung. Die permanente Weiterentwicklung von „Checks and Balances", das Herausarbeiten negativer und positiver Mechanismen – einschließlich der

ständigen Mahnung an Politik und Medien –, schafft die Rahmenbedingungen, um den verantwortungslosen Umgang mit „and Balance" wirksam zu sanktionieren.

*Diesem Text liegt ein Vortrag zugrunde, der am 15.03.2004 in der Villa Tiberius gehalten
wurde. Aus der Förderkartei des Forums für junge, hochbegabte Künstler stellte sich bei
dieser Veranstaltung das Ensemble EOS vor, mit Stephanie Winker (Flöte), Johannes Moser
(Cello), Danielle Riegel (Harfe), Manon Gerhardt (Viola) und Erez Ofer (Violine), die alle
Preisträger bedeutender Wettbewerbe und auch solistisch bei erstrangigen Orchestern tätig
sind.*

UWE-KARSTEN HEYE

Generalkonsul der Bundesrepublik Deutschland in New York

Uwe-Karsten Heye, geb. 1940 in Reichenberg (heute Tschechien); 1960–63 Redakteur
„Mainzer Allgemeine Zeitung“; 1963 „United Press International“ Bonn; 1968 Korrespondent
der „Süddeutschen Zeitung“; 1974–79 Pressereferent und Reden-Verfasser beim damaligen
SPD-Vorsitzenden Willy Brandt; 80er Jahre freier Autor für ARD/ZDF; 1984 Redakteur bei
„Kennzeichen D“; 1990 Pressesprecher der niedersächsischen Landesregierung; 1998–2002
Regierungssprecher; Chef des Presse- und Informationsamtes der Bundesregierung; seit 2003
Generalkonsul der Bundesrepublik Deutschland in New York

Wahlkampf in den USA

Das europäisch-amerikanische Verhältnis ist kompliziert, es ist auch kompliziert, weil die amerikanische Wirklichkeit sehr kompliziert ist. Und ich muß ehrlich gestehen, je länger ich dort lebe, um so weniger verstehe ich sie. Es ist schon merkwürdig, in einem Land zu leben – und davon handelt auch der Wahlkampf, insoweit weiche ich auch nicht von meinem Thema ab –, dessen öffentliche Infrastruktur von Amerikanern selbst als Dritte-Welt-Land-würdig bezeichnet wird und zwar in fast allen Bereichen: ob es um den Schienenverkehr geht oder ramponierte Brücken oder schreckenerregend durch Schlaglöcher zerstörte Straßen, um verheerend aussehende Bahnhöfe, um öffentliche Einrichtungen, wie Schulen und Universitäten – soweit diese öffentlich sind und nicht privat. Sobald es privat ist, ist alles aufs Feinste gerichtet. Aber dort als Student oder Schüler sein zu können, kostet soviel Geld, daß sich das nur eine Minderheit leisten kann. So reproduzieren sich in Amerika oben und unten immer auf eine interessante Weise. Manchmal hat man sogar den Eindruck, in den USA gebe es eine rasante „Sowjetisierung". Ich denke da z.B. an die Tatsache, daß man in kein Restaurant gehen kann und sich einfach an einen Tisch setzen kann, wie man das in Deutschland gewöhnt ist – zumindest früher in Westdeutschland. Immer wenn ich damals in die DDR kam und in ein leeres Restaurant blickte, wurde mir vorne mitgeteilt, es sei leider kein Platz, es sei alles besetzt und ich guckte ... häh? ... ist doch alles leer hier – „Ist alles belegt und reserviert." Also, das kann einem in Amerika auch passieren. Vieles andere auch – es wird z.B. gerne Schlange gestanden und man hat sich daran gewöhnt, daß jeden Tag der Strom ausfallen kann. Das Niveau der öffentlichen Einrichtungen würde hier zur Revolution führen, in Amerika nicht. Man hat sich daran gewöhnt. Das ist so und man hofft darauf, daß man trotz aller Widrigkeiten, die einem im Alltag so begegnen, den Weg vom Tellerwäscher zum Millionär allemal schaffen wird. Und das ist es eigentlich, was dieses Amerika zusammenhält – diese Hoffnung, der Wille und der Optimismus für sich selbst: „Man wird es schaffen."

Das ist eine interessante Psychologie. Als der große Stromausfall in New York war, passierte etwas sehr Merkwürdiges: Als allen klar war – über die nicht verkabelten Radios und Kofferradios – daß es kein Terror-Anschlag war, der hinter diesem Totalausfall steckte, ging eine große Party los. Die Erleichterung war groß, denn Stromausfall war man ja gewöhnt. Und das passiert ja nun schon einmal – jeden Tag irgendwo in Teilen oder größeren Teilen Amerikas. Etwa 50 Millionen Amerikaner waren über mehr als über 48 Stunden ohne Licht und damit auch ohne Kühlschrank und ohne Eis – und das mitten im New Yorker Sommer – und wer einen New Yorker Sommer schon einmal erlebt hat, weiß, daß man nur noch ein Wassertropfen ist, weil es sehr heiß und es sehr feucht ist in dieser Zeit, der weiß was es bedeutet. Interessant war, daß sich in den Geschäften im Nu die Auslagen veränderten: Es wurden Taschenlampen angeboten, von einer Sekunde zur nächsten. Woher die kamen, ist mir ein Rätsel. Ich weiß es nicht. Aber sie waren da.

Und damit komme ich auf etwas, das hier vielfach unterschätzt, nicht wirklich wahrgenommen, nie wirklich innerlich genau bemustert wurde: was dieser 11. September in Amerika nämlich wirklich für eine Bedeutung hatte. Uns ist nicht fremd – und in Dresden muß ich das nicht deutlich machen – was das heißt, im eigenen Lande auf eine schreckliche Weise zertrümmert und zerstört zu werden. In Amerika war das die erste Erfahrung dieser Art. Es gab keinen Krieg, der in das eigene Land hinein getragen wurde, wenn ich einmal von dem Unabhängigkeitskrieg und dem Sezessionskrieg zwischen dem Norden und Süden absehe. Es gab keine Situation dieser Art. Das kannte man nicht und auf einmal wurde man getroffen.

Das ist eine tiefe Verwundung gewesen, deren psychologische Breitenwirkung immer noch nicht ganz erfaßt ist, selbst in Amerika nicht ganz erfaßt ist. Vor diesem Hintergrund wird nun Wahlkampf gemacht und es besteht die stete Sorge, daß – die Strecke ist ja noch lang bis zum 2. November – möglicherweise wieder irgend ein – hoffentlich nicht – Terroranschlag die Wahl so oder so bestimmen könnte. Das wird in den Medien zwar hinter vorgehaltener Hand, aber unmissverständlich diskutiert.

Ich steige so in mein Thema ein, um deutlich zu machen, daß die Psychologie dieses Wahlkampfes etwas ist, was es in Amerika so noch nicht gegeben hat. Das ist kein normaler Wahlkampf, will ich damit sagen.

Wie steht es im Moment? Der Wahlkampf beginnt. Er wird nicht, glaube ich, zu den Wahlkämpfen gehören, auf die Amerika im Nachhinein gern zurückblicken wird. Ich glaube, daß er sehr persönlich gehalten und gefärbt sein wird. Das läßt sich schon absehen. Der Wahlkampfstil der Republikaner ist ganz gezielt auf die Persönlichkeit des Herausforderers gerichtet – ihn als zwiespältig und entscheidungsunfähig darzustellen. Das gehört, wenn Sie so wollen, dazu. Ich fürchte, daß sich das noch verschärfen wird und daß das Klima im Lande entsprechend polarisiert bleibt. Es geht nach allem, was man sehen kann, eine tiefe Spaltung durch das Land. An der Ostküste und Teilen der Westküste gibt es eine große Skepsis gegenüber der amtierenden Bundesregierung. In Washington und in den Südstaaten gibt es eine sich neu formierende Milieubildung, die sehr konservativ-religiös geprägt ist.

Daher möchte ich der Mediokratie noch die Theokratie hinzufügen. Ich habe in keinem Land der Welt so viele Gotteshinweise gefunden wie in Amerika. In einer jeden Rede eines jeden Politikers muß irgendeine Art von religiösem Bekenntnis enthalten sein. Es ist ein laizistisches Land und dennoch geprägt von Religiosität. Daß der Präsident seine morgendliche Runde im Oval Office, seine Frühstücksrunde, mit einem Gebet beginnt und das natürlich auch die Öffentlichkeit wissen läßt, zielt auf den religiös gebundenen Teil der amerikanischen Bevölkerung, für den Kirche und Glaubensbekenntnis, vor allem christliches Glaubensbekenntnis von allergrößter Bedeutung ist.

Daran wird immer wieder deutlich, daß Amerika in seiner kulturellen Vielfalt die Antithese zu Europa geworden ist. Alles was hier in Europa an religiösen Minderheiten und anderen Gruppierungen unterdrückt wurde, hat irgendwann den Ausweg, die Flucht nach Amerika gesucht und gefunden. Und all das spiegelt sich da wieder.

Das Beste und manchmal das Verrückteste aus Europa ist in Amerika gelandet und prägt dieses Land in seinen Widersprüchen, in seiner Vielfalt, in all dem, was man da im Alltag erleben kann.

Die Ostküste ist europäischer, New York ist auch irgendwie eine europäische Stadt, lebt von europäischer Kultur. Das hängt zu einem gewissen Teil auch damit zusammen, daß es Adolf Hitler gelungen ist, den größten *brain drain* aller Zeiten nach Amerika zu bewerkstelligen und die, die hier nicht zu Opfern wurden, zu Flüchtlingen zu machen und in New York die Dame „Liberty" begrüßen zu lassen. Und diese Flüchtlinge haben dieses Land in einer unendlich interessanten Weise zu dem gemacht, was es heute ist. Speziell in der Wissenschaft und Kultur gibt es jedenfalls Inseln, die von einer erstaunlichen Tiefe und Intensität sind und dazu gehört natürlich New York. Das prägt diese Stadt, macht sie spannend, läßt auch zu, daß eine Zeitung wie die New York Times etwas tut, das ich mir in

Deutschland nicht vorstellen kann. Sie bittet bei ihren Lesern um Entschuldigung für die Berichterstattung im Vorfeld des Irak-Krieges und die Chefredaktion einer der rentabelsten und besten Zeitungen Amerikas, teilt mit, daß sie ... ich will nicht sagen ... hereingefallen sind auf die Informationen der Bundesregierung, was die Begründung für den Irakkrieg angeht ... aber daß sie sie geglaubt haben. Das ist ein interessanter Vorgang. Ich erwähne ihn, weil damit deutlich wird, daß ein Klimawechsel stattfindet – bei gleichzeitiger Polarisierung in der Gesellschaft – ein Klimawechsel in der Gestalt, daß es einzelne Medien gibt – unter anderem auch zum Beispiel die CNN, wenn auch nicht so ausgeprägt wie die New York Times – die sich in eindeutiger Opposition zur herrschenden Bundesregierung bewegen. Sie machen deutlich, daß der Verlust an Glaubwürdigkeit, der über und durch den Irakkrieg, ja nicht nur in Amerika stattgefunden hat – wenn ich das richtig beobachtet habe, in Europa nicht weniger – dazuführen sollte, daß eine Mehrheit von Amerikanern sich eine neue Regierung suchen sollte.

Das ist der Kern des Wahlkampfes. Gelingt das oder gelingt das nicht, einen amtierenden Präsidenten, der Zustimmungsraten von bis zu 85 Prozent auf dem Höhepunkt seiner Popularität im amerikanischen Wahlvolk hatte, gelingt es, einen solchen Präsidenten abzulösen? Mittlerweile erodiert diese Zustimmung. Sie liegt jetzt bei etwa 45 Prozent. Kundige Amerikaner sagen, wann immer ein Präsident im Sommer vor einer Wahl in dieser Größenordnung mangelnde Zustimmung – Schröder wäre froh, wenn er 45 Prozent hätte –, also nicht die Mehrheit hat, daß ein solcher Präsident, eine zweite Wahl nicht erreichen wird. Das ist Mutmaßung, aber es spricht einiges dafür, daß der amtierende Präsident die Wahl verlieren kann. Der Herausforderer kann sie nicht gewinnen, aber wenn der Amtierende verliert, dann ist er Präsident.

Ich glaube, unter dieser Psychologie muß man das betrachten. Das Amt des Präsidenten ist mehr als ein Präsidentenamt. Es ist eine Institution in der Person des Präsidenten. In der Person des amerikanischen Präsidenten sieht der Durchschnittsamerikaner alle Güte und Werte der amerikanischen Verfassung repräsentiert – das ist eine Gestalt, die man nicht mit Kritik überzieht. Daß sich das jetzt ändert, das hängt auch damit zusammen, daß sich die Amerikaner fragen, wieso konnte im Sommer vorigen Jahres auf dem Flugzeugträger der amtierende Präsident „mission completed" – „Der Krieg ist gewonnen" sagen und seitdem 700 Soldaten und Soldatinnen im Irak ihr Leben lassen. Mittlerweile addiert sich das auf über 800 tote amerikanische GIs. Und das ist der Humus, auf dem sich die wachsende Kritik an der amtierenden Bundesregierung festmacht.

[...] Ich glaube, daß hinter all dem, was wir an außenpolitischen Fragestellungen in diesem Wahlkampfgeschehen sehen und das sich zumindest nicht vor unseren Augen aus Europa verbirgt, eine innere Identitätskrise der USA steht. Die hat zu tun mit dem „American Way of Life". Es gibt drei Debatten, die zurzeit jenseits des Irak-Kriegs geführt werden: Die eine hat etwas mit Schwulen- und Lesbenehen zu tun – ein hoch gehandeltes Thema. Die zweite Debatte hängt zusammen mit dem ramponierten Schulwesen in Amerika – darauf habe ich vorhin schon hingewiesen. Gleichzeitig wird eine heftige Debatte geführt, die Steuern noch weiter zu senken. Wie das öffentliche Schulwesen bei gleichzeitig sinkenden Steuern verbessert werden kann, das wird nicht bzw. selten zusammen gesehen. Und die dritte Debatte ist die öffentliche Infrastruktur. Von daher wird sich die Frage stellen, wie lange die Republikaner ihre Vorstellung verfolgen, die Steuern weiter zu senken, entsprechend die öffentlichen Ausgaben weiter zu reduzieren und damit alles gleichzeitig zu eliminieren, was Staatlichkeit im Sinne eines Mindestmaßes an sozialer Gerechtigkeit und eines Mindestmaßes an sozialer Sicherheit sicher stellt. Mehr als 20 Millionen Amerikaner sind nicht in der Lage, so etwas wie eine Krankenkasse zu finanzieren – 20 Millionen plus Familienmitglieder. Da kommt eine große Zahl zusammen. Das sind alles wesentliche Elemente einer ihrer selbst unsicher werdenden Gesellschaft, die nicht weiß, welchen Weg sie gehen soll. [...]

Diesem Text liegt ein Vortrag zugrunde, der am 15.06.2004 in der Villa Tiberius gehalten wurde. Aus der Förderkartei des Forums für junge, hochbegabte Künstler stellte sich bei dieser Veranstaltung die Pianistin Lydia Gorstein, geb. 1983 in Moskau, vor, die bereits vier erste Preise bei Steinwaywettbewerben in Berlin erspielte und Preisträgerin des internationalen Lions-Wettbewerbs ist.

PROF. RAINER BURCHARDT

Chefredakteur Deutschlandradio

Rainer Burchardt, geb. 1945; Studium der Germanistik, Soziologie, Politologie in Kiel; 1970–94 Redakteur und Autor bei unterschiedlichen Medien „Lübecker Nachrichten", „Sonntagsblatt", „Vorwärts", „DIE ZEIT"; Korrespondent für WDR/NDR London, Brüssel, Bonn, für ARD in Genf; Sprecher des SPD-Bundesvorstandes; seit 1994 Chefredakteur Deutschlandfunk, Köln; seit 2000 Lehrauftrag, Professor (Kulturmanagement), Bremen und FH Kiel; Beiratsmitglied der Bundesakademie für Sicherheitspolitik; Mitglied Humboldt Gesellschaft und des „Royal Institute of Foreign Affairs"

Medienkommunikation in den USA –
Acht Thesen auf dem Weg zur globalen Mediokratie

Auf die Frage eines Kollegen, wie er eine Kandidatendebatte um die US-Präsidentschaft beurteile, antwortete ein politischer Beobachter, das könne er so genau nicht sagen, denn er sei direkt im Studio dabei gewesen und habe die Diskussion nicht (am Bildschirm) verfolgen können ... Diese Anekdote ist ebenso alt wie bezeichnend. Selbst wenn sie Kolportage sein sollte, so ist sie gut erfunden. Denn sie umschreibt im Grunde genommen, das bis auf den heutigen Tag geltende Grundgesetz der amerikanischen Medienkommunikation, das da lautet – und damit bin ich bei meiner ersten These:

Nicht das Ereignis, sondern dessen mediale Umsetzung gilt.

Der Medienwissenschaftler Peter Glotz schreibt in seinem Buch über Kulturkämpfe im digitalen Kapitalismus: „Information ist die neue Münze im internationalen Geschäft und die Vereinigten Staaten sind besser positioniert als jedes andere Land, seine Stärken ... durch Informationen zu vervielfältigen." Dieses sei, so Glotz, auch im Hinblick auf die neuen Informationstechnologien von zentraler Bedeutung für Politik und Wirtschaft. In der so genannten „guten alten Zeit", als sprichwörtlich noch alles gewissermaßen mit der Hand gemacht wurde, nannte man das „Medienwenden".

Der amerikanische Medienforscher Marshall McLuhan kreierte den Begriff der „Gutenberg-Galaxis". Gemeint ist damit die Erfindung der beweglichen Lettern und die Umstellung einer Weinpresse auf die Druckpresse durch das deutsche Genie Johannes Gutenberg im 15. Jahrhundert.

Eine weitere Medienwende wurde mit der Erfindung des Strich-Punkt-Alphabets durch Samuel Morse, vulgo das Morsealphabet, eingeleitet. Das war der entscheidende Durchbruch auf dem Weg zur digitalen Codierung.

Damit bin ich bei meiner zweiten These:

Die Digitalisierung bereitet den Weg von einer Informations- in eine Wissensgesellschaft

Das ist allerdings ein nicht unproblematischer Vorgang, denn hier trennen sich die Wege. Der tiefe Graben heißt *digital divide.* Die Trennlinie verläuft zwischen Alt und Jung, Reich und Arm, Klug und Ungebildet. Es gibt nicht wenige Medienwissenschaftler, wie etwa Paul Virilio, Jean Baudrillard oder Vilem Vlusser, die den *digital divide* als das eigentliche gesellschaftspolitische Problem unserer Tage ansehen. Durch das „virtuelle globale Dorf" läuft eine sehr konkrete Mauer, die nicht nur die Menschen, sondern auch Gesellschaften trennt. Im supranationalen Bereich wird schon von einem digitalen Neokolonialismus unter Führung der USA gesprochen.

Im individuellen Sektor sind Problembegriffe wie digitaler Overkill, Vereinzelung im Cyberspace oder Suchmaschinen als Suchtmaschinen keineswegs theoretische Formeln. Neil Postman, der kürzlich verstorbene Medienkritiker, hat anläßlich des Gutenberg-Jubiläums vor ein paar Jahren in Mainz von einem Treffen mit seinem Lieblingsfeind Bill Gates erzählt: Er habe Gates gefragt, welches eigentlich die Probleme dieser Menschheit waren, damit man unbedingt Microsoft erfinden mußte. Und bevor Gates antworten konnte, fügte Postman hinzu, was Gates zu tun gedenke, um die echten Probleme zu lösen, die er mit Microsoft geschaffen habe ... Gates soll der Trauerfeier für Postman ferngeblieben sein.

Damit komme ich zu meiner dritten These:

Wir sind in Gefahr, uns zu Tode zu informieren

Postman hatte schon in den 70er Jahren mit seinem medien- und kulturkritischen Rundumschlag unter dem Titel „Wir amüsieren uns zu Tode" gegen das Fernsehen für internationale Furore gesorgt. Seiner Einschätzung zufolge bereitete das Fernsehen vor allen Dingen in den USA den Weg in eine virtuelle und damit manipulierbare und volksverdummende Scheinrealität. Heute laufen wir Gefahr, uns zu Tode zu informieren bzw. desinformieren zu lassen.

Gerade die so genannten Neuen Medien und deren von Politik und Wirtschaft benutzte Maschinerie als Manipulations- und Marketingsystem birgt ebenso große Chancen wie Risiken. Die Digitalisierung schafft eine Beschleunigung und unbegrenzte Vielfalt praktisch rund um die Uhr und weltweit. Doch dieses Medium, das gerade in den Augen amerikanischer Wissenschaftler wie Lester Thurow vom Massachusetts Institute of Technologie eine gewinnbringende Wissenspyramide aufbaut, kann eben genauso antiaufklärerisch wirken. Vulgär gesprochen: Im globalen Dorf verbreitet sich bisweilen das strenge Aroma der vom Infomüll gebildeten Misthaufen. Schon vor mehr als dreißig Jahren hatte Jürgen Habermas, etwas weniger drastisch, beim Thema „Strukturwandel der Öffentlichkeit" vor einer neuen Unübersichtlichkeit gewarnt.

Meine vierte These also lautet:

Die digitale Medienwende gefährdet die Aufklärung

Ein amerikanischer Kollege hat einmal einen genialen Satz für diese uns alle betreffende Entwicklung formuliert: Weltveränderer wie Marx, Engels oder Lenin würden vor Neid erblassen, könnten sie erleben, daß Bill Gates etwas geschaffen hat, was sie vergeblich anstrebten: Nämlich den Globus mit einer einheitlichen Benutzeroberfläche zu überziehen.

So ist es und es nimmt nicht weiter Wunder, daß es eben die US-Amerikaner waren, die sich von jeher technologische Fortschritte für ihre politischen und wirtschaftlichen Absichten zunutze gemacht haben. Dabei stört es sie offensichtlich herzlich wenig, wenn aufklärerische Momente auf der Strecke bleiben. Pragmatisch wie sie sind, benutzen sie technologische Fortschritte als willkommene Kommunikationswaffen. Der Dresdner Medienwissenschaftler Wolfgang Donsbach stellt fest, daß etwa in amerikanischen Wahlkämpfen die Parteien multimedial bis an die Zähne bewaffnet seien. Diese Massenkommunikationsmittel, die wir immer noch altmodisch „Neue Medien" nennen, sind also längst feste Bestandteile im Waffenarsenal der einzig verbliebenen Weltmacht. Ich erinnere in diesem Zusammenhang nur an die Laptop-bewaffneten GIs im Irak-Krieg. Die altmodische Formel, wo noch Wissen Macht sei, gilt auch hier.

Meine fünfte These lautet deshalb:

Die nationale Gesetzgebung hat die Gefahren der technologischen Medienentwicklung nicht im Griff

Wenn wir Europäer beim Stichwort „Demokratie im Internet" relativierende Skrupel bekommen, werden im angelsächsischen Bereich und deren

Netzwerken Persönlichkeitsrechte ohne Rücksicht auf Verluste verletzt. Stichworte sind etwa der Lewinsky-Skandal, Pornographie und Gewaltdarstellungen. Dies alles wird praktisch unkontrolliert und weltweit mit großer Geschwindigkeit unter die Menschen gebracht. Ein eindeutiger Verstoß gegen den „Freedom of Informations Act". Der war als Kontrollmechanismus gedacht und ist praktisch ausgehöhlt. Allenfalls die Monopolklagen gegen Microsoft zeigen, daß in diesem Fall der Kartellgesetzgeber beginnt, wachsam zu werden. Um das Problem zu verdeutlichen: Was kann schon ein Landespressegesetz gegen eine weltweit verbreitete Falschmeldung im Internet ausrichten. Wir Europäer, als willfährige Surfer auf den Daten-Highways sind von Bill Gates und anderen faktisch auf die Funktion als Anwender oder User reduziert. Man kann uns gerade mit Blick auf die Politik auch als nützliche Idioten der Informationsgesellschaft sehen. Dabei ist es dann wohl ziemlich gleichgültig, von wem man im Wortsinne ver-"applet" wird.

Meine sechste These lautet:

Die amerikanische Medienkommunikation ist von zentraler Bedeutung für die politische Professionalisierung

In den USA sind die Medien eine, wenn nicht sogar die entscheidende Größe für das Erreichen der politischen Kommunikationsziele. Mehr noch als bei uns besteht der politische Willensbildungsprozeß in den Vereinigten Staaten in der medialen Inszenierung politischer Inhalte. Dies wird stets mit einer Person verbunden. Nicht umsonst wurde der gerade verstorbene ehemalige US-Präsident Ronald Reagan als „großer Kommunikator" bezeichnet. Das habe seinen Erfolg in zwei Präsidentschaften gekennzeichnet. Und wer bei George Bush dem Jüngeren genau hinschaut, wird auch hier eine große schauspielerische Begabung entdecken. Er schafft es, noch so banale Weisheiten und Erkenntnisse als zentrale politische Botschaften via TV unter die Leute zu bringen. Es gibt nicht wenige, die behaupten, Al Gore habe die Wahl verloren, weil er es nicht verstand, die Medien für sich zu instrumentalisieren. Er sei eben unbeholfen und uncharismatisch rübergekommen. Seine politischen Inhalte habe er wie Pralinen im Schuhkarton verkauft. In diesem Zusammenhang denke man an die Fernsehdebatte zwischen Kennedy und Nixon anno 1960. Nichts anderes als die professionelle Selbstdarstellung Kennedys im TV hat ihm den Wahlsieg und damit die Präsidentschaft eingebracht. Man könnte dies als die Geburtsstunde der Professionalisierung amerikanischer Medienkommunikation bezeichnen.

Also meine siebte These:

Die Professionalisierung des politischen Medienmarketings ersetzt Programme

Neue Berufsbilder wie „Spindoctors", also politische Medienberater, der Sektor des Polit-Marketings sowie der strukturellen und strategischen Politikkommunikation in den Neuen Medien durch Mailings und Internet-Chats sind seit Jahren unverzichtbarer Bestandteil der amerikanischen Kommunikationsgesellschaft. Ingredienzien hierfür sind genau kalkulierte Bürgernähe mit Medienbegleitung, gezielte Desinformation bzw. Denunziation des politischen Gegners und natürlich die karnevalartigen Nominierungsparteitage sowie minutiös getimte und inhaltlich geplante Auftritte von Politikern vor Kongreßausschüssen und anderen öffentlichen Gremien. Nichts wird mehr dem Zufall überlassen. Bill Clinton wußte sehr genau, warum er seine Aussage bei der Lewinsky-Befragung gewissermaßen aus seiner guten Stube im Weißen Haus per Schaltung über die Medien laufen lassen wollte: Das war ein Stück Sicherheit, aber auch Präsenz in der Machtzentrale. Wer wollte ihn dort per Absetzungsakt schon vom Hofe treiben? Zu diesen im Wortsinne Schauspielen gehören auch Bühnenauftritte des Präsidenten vor der US-Flagge mit Kriegsveteranen, auf Flugzeugträgern oder Betroffenheitsgesten vor Angehörigen von Kriegsopfern. All das ist Medienalltag der US-Politik.

Und nur ein kleiner Seitenblick auf unser Land zeigt, daß die Welle der medienpolitischen Amerikanisierung überschwappt. Nicht die Inhalte, sondern deren oberflächliche Vermarktung zählt. Marketinggerechte Präsentation nennt man das. Als Beispiele mögen etwa der Leipziger Nominierungsparteitag der SPD, die 18-Prozent-Kampagne der FDP, Go-Go-Girls oder Cheerleader bei politischen Großveranstaltungen gelten.

Die politische Willensbildung in den USA funktioniert also im Wesentlichen über Visualisierung und der damit verbunden Emotionalisierung inhaltlicher Prozesse. In diesem Zusammenhang werden Medien auch gezielt genutzt, um Nachrichten zu plazieren. So etwa, als Arnold Schwarzenegger ausgerechnet in einer Talk-Show des populären Jay Leno seine Kandidatur für Kalifornien annoncierte. Ihm waren meinungsbildende minutenlange *Standing Ovations* des gewiß nicht repräsentativen Studiopublikums sicher.

Letzte These:

Die amerikanische Medienkommunikation hat sich zu einer elektronischen Mediokratie entwickelt

Die sichere und zielgerichtete Beherrschung der Medien, vor allem Fernsehen, Internet, Radio und Zeitungen bestimmt über Macht und Ohnmacht im politischen System. Politische Pluralität bleibt auf der Strecke eines pseudoplebiszitären Ablaufs. Hieß es früher in Deutschland, die Pressefreiheit sei die Freiheit einer Handvoll vermögender Verleger, wie Paul Sethe es formulierte, so haben diese Rolle in den USA die Netzbetreiber, TV-Netzwerke und die Softwaregiganten. Das ist vermutlich systemimmanent in einem Land, in dem zwei große politische Parteien nichts anderes als Wahlkampfvereine sind.

Der Begriff „Kommunikation" im Sinne einer gemeinschaftlichen Veranstaltung verkommt also hier zu einer pseudodemokratischen Machtmaschinerie. An den Hebeln sitzen jene, die unter den Etikettenschwindel der Aufklärung genau das Gegenteil praktizieren.

Bill Gates nennt seine Beschäftigten liebevoll zynisch die Microsoft-Slaves, also Sklaven dieses Systems.

Man könnte auch auf die Idee kommen, diesen Begriff weiter zu fassen, zumindest in der US-Medienkommunikation.

Diesem Text liegt ein Vortrag zugrunde, der am 15.06.2004 in der Villa Tiberius gehalten wurde. Aus der Förderkartei des Forums für junge, hochbegabte Künstler stellte sich bei dieser Veranstaltung die Pianistin Lydia Gorstein vor (Angaben s. bei Uwe-Karsten Heye, 15.06.2004).

DR. THOMAS GOPPEL

Bayerischer Staatsminister für Wissenschaft, Forschung und Kunst

Thomas Goppel, geb. 1947 in Aschaffenburg; Studium zum Lehramt in Würzburg, München, Salzburg; 1982 Promotion; 1970–80 Dozent für Rhetorik und Verhandlungs-technik; 1982–92 stellv. Landesvorsitzender CSU-Arbeitskreis Kulturpolitik; 1991 Mitglied des CSU-Parteivorstandes; 1986–90 Bayer. Staatssekretär für Wissenschaft und Kunst; 1990–94 Bayer. Staatsminister für Bundes- und Europaangelegenheiten; 1994–98 für Landesentwicklung und Umweltfragen; seit Oktober 2003 für Wissenschaft, Forschung und Kunst; 1999–2003 Generalsekretär der CSU

Je Geld, desto Kunst?

Der erste Haushalt meiner inzwischen achtmonatigen Amtszeit – der Nachtragshaushalt 2004 – ist vor einiger Zeit vom bayerischen Parlament verabschiedet worden, die Verhandlungen für den zweiten – den Doppelhaushalt 2005/2006 – haben begonnen, mit dem Kollegen Finanzminister gehe ich im Juli zu diesem Thema ins Privatissimum. Summa summarum – auch wenn ich die Wirtschaftsteile unserer Zeitungen lese, komme ich zu keinem anderen Schluß – darf ich nicht damit rechnen, daß sich die Einnahmesituation der öffentlichen Hand auf die Schnelle verbessern wird. Was das bedeutet, habe ich bereits in den ersten Monaten dieser Legislaturperiode erlebt.

Nur wenige Stunden nach der Vereidigung des neuen Kabinetts am 14. Oktober letzten Jahres erhielten alle bayerischen Minister ein Schreiben mit der höflichen Aufforderung um die unverzügliche Vorlage von Kürzungsvorschlägen. Dieses Schreiben und seine Folgen haben die ersten sechs Monate meiner Tätigkeit als Bayerischer Staatsminister für Wissenschaft, Forschung und Kunst ganz wesentlich geprägt. Zunächst ging es mir darum, dafür zu werben, daß nicht alle Ressorts in gleicher Weise ad hoc einen bestimmten Prozentsatz einsparen müssen, weil die Personalkostenquoten sehr unterschiedlich sind. Daher brauchen nach meiner Überzeugung insbesondere auch Wissenschaft und Kunst eine spezifische Betrachtung. Dieses Vorhaben – und das kann man heute zweifellos sagen – ist gelungen. Die ursprüngliche Einsparforderung wurde für mein Ressort von zehn auf fünf Prozent reduziert. Gleichzeitig galt es, durch gezielte Prioritätensetzung dafür zu sorgen, daß es in besonders sensiblen Bereichen keinen Kahlschlag geben werde. Deshalb habe ich intern vorgegeben, die nichtstaatlichen Theater, die nichtstaatlichen Orchester und die

Musikschulen von den Kürzungen auszunehmen. Andernfalls hätten angesichts der finanziellen Situation der Kommunen mindestens drei Theater in Bayern ganz oder spartenweise zusperren müssen, mehrere Orchester wären in ihrem Bestand akut gefährdet gewesen, eine ganze Reihe von Musikschulen zwischen Aschaffenburg und Freilassing wäre gekippt. All das konnten wir vermeiden.

Wer sich daran gewöhnt hat, die Qualität von Kulturpolitik ausschließlich daran zu messen, wie viele nagelneue Museen der zuständige Ressortminister in wie vielen Jahren eröffnen kann, der wird an der Kulturpolitik der nächsten Jahre nicht viel zu loben haben. Die Anzahl wird sich in überschaubaren Grenzen halten. Nicht, daß der bayerische Kunstminister nicht auch gerne neue Museen eröffnen würde. Er hätte diesbezüglich sogar ganz konkrete Wünsche – an erster Stelle zum Beispiel den Neubau eines Ägyptischen Museums, um der nach Berlin bedeutendsten Sammlung ägyptischer Kunst in Deutschland endlich ein eigenes Gebäude zu geben. Ob das gelingen wird, hängt von der wirtschaftlichen Entwicklung der nächsten Jahre ab. Gesichert scheint derzeit allenfalls der Neubau des Museums Brandhorst. Hier gibt es bindende Verträge, und „pacta" – so wissen wir's seit Franz Josef Strauß – „sunt servanda". Gute Chancen hat nach meinem Dafürhalten auch der Neubau der Hochschule für Fernsehen und Film in München. Dabei geht es um nicht weniger als die Zukunft des Medienstandorts Bayern und der genießt bekanntlich hohe Priorität auf der Agenda der bayerischen Staatsregierung.

Letztlich werden wir aber zugeben müssen: Die expansiven Zeiten sind auch für die Kunst in Bayern erst einmal und auf absehbare Zeit vorbei. Ministerpräsident und Finanzminister haben vom Tag Eins dieser bayerischen Legislaturperiode an klar gemacht, daß in finanziellen Dingen der neue Küchenmeister Schmalhans heißt. Die Gründe hierfür sind bekannt und brauchen nicht weiter ausgeführt zu werden. Jedenfalls kann ich mir nicht vorstellen, daß der bayerische Ministerpräsident dem zweifelhaften Vorbild der Berliner Regierung folgen wird und auf Teufel komm 'raus neue Schulden macht.

Natürlich wird Bayern damit nicht aufhören, ein Kulturstaat zu sein, wie es die Verfassung fordert. Und Bayern wird auch nicht aufhören, Kunst und Wissenschaft zu fördern und dabei „insbesondere Mittel zur Unterstützung schöpferischer Künstler, Gelehrter und Schriftsteller bereitzustellen, die den Nachweis ernster künstlerischer oder kultureller Tätigkeit erbringen", wie es ebenfalls in der Verfassung heißt. Wir werden aber in den nächsten Jahren nicht mehr Geld dafür zur Verfügung haben, wie dies in den letzten Jahrzehnten mit einem gewissen Automatismus jedes Jahr der Fall war, sondern eher weniger.

Bedeutet das nun, daß wir damit auch weniger Kunst, weniger Kultur haben werden? Oder schlechtere Kunst? Werden die Theater weniger spielen und dazu noch weniger gut? Werden wir schlechtere Sänger an der Oper hören? Müssen wir uns künftig die Bühnenbilder dazu denken? Können sich die Museen überhaupt noch große Ausstellungen leisten? Oder können wir uns nur noch die Spitze leisten und müssen dafür auf die Förderung der Kultur in der Fläche verzichten – auf die Musikschulen und Liebhaber-Ensembles, auf die kleinen Festivals zwischen Chieming und Luisenburg?

Gegenfragen: Wie viele vom Staat und damit vom Steuerzahler subventionierte Orchester braucht eine Stadt von der Größe beispielsweise Münchens oder Berlins – und wie viele Theater und Museen? Ist es Naturgesetz, daß ein Orchester 130 Musiker zählt und ein Opernchor 100 Sänger? Ist nur so der Qualitätsanspruch zu erfüllen, den wir an unsere Theater und

Orchester stellen? Brauchen wir jährlich eine weltumrundende und deshalb bei den Transport- und Versicherungskosten kaum mehr zu bezahlende Ausstellung über das Gold der Ägypter, das Gold der Skythen, das Gold der Mesopotamier, das Gold der Inka, der Maya, der Azteken? Oder wäre es an der Zeit, auch einmal über Sinn und Zweck solcher Ausstellungen zu reden? Ist die Massenverschickung von Kunstwerken nicht ziemlich obsolet in einer Zeit, in der Thailand, Sri Lanka und Bali zu selbstverständlichen Urlaubszielen breiter Volksschichten geworden sind? Solche Fragen wurden in der Vergangenheit so gut wie nie gestellt. Sind sie deshalb tabu? In einer Zeit, in der auch Sozialleistungen zurückgefahren werden müssen, kommen wir nicht um die Beschäftigung mit solchen Fragen herum. Im Gegenteil:

Gerade weil wir uns bei der Förderung von Kunst und Kultur um einen breiten gesellschaftlichen Konsens bemühen, müssen wir deutlich machen, daß Kunst und Kultur als Teil dieser Gesellschaft ihren Beitrag leisten werden, wo und soweit dies erforderlich ist ...

... – so wie alle anderen eben auch – nicht weniger, aber auch nicht mehr. Übrigens finde ich es beachtlich, mit welcher Selbstverständlichkeit diese bayerische Staatsregierung die Kunstförderung gleichberechtigt neben alle anderen wichtigen Staatsaufgaben gestellt hat. Anders als anderswo wird der Kunst eben nicht mehr zugemutet als beispielsweise der Bildung oder der Gesundheitsvorsorge, obwohl – wie man zugeben muss – bei diesen freiwilligen Leistungen das Kürzen leichter möglich und der Bevölkerung zu vermitteln wäre. Die Kunst muss Opfer bringen, aber keine Sonderopfer.

Nirgendwo scheint dies unumstrittener zu sein als unter den Kultur-schaffenden selbst. Während in den letzten Wochen und Monaten so ziemlich jede von den Sparmaßnahmen betroffene gesellschaftliche Gruppierung – Studierende, Forstleute, Lehrerverbände, Bauern und Polizisten zum Beispiel – lauthals gegen die angekündigten Zumutungen demonstrierte, blieb es in der Kultur vergleichsweise ruhig. Die Künstler haben das Sparen nämlich nicht erst im Oktober 2003 entdeckt. Nur in der öffentlichen Wahrnehmung ist diese Tatsache noch nicht angekommen.

Gerade weil die Kunst die fetten Jahre schon lange hinter sich hat – außerhalb Bayerns bekanntlich noch viel länger –, verfügt sie auch auf dem Gebiet des Sparens längst über ein Know-how, das wir unter allen Umständen nutzen sollten. Wir sollten uns gemeinsam mit den Kunstleu-ten darüber unterhalten, ob die vorhandenen Strukturen sinnvoll und effi-zient sind oder ob Alternativen denkbar wären, die nicht nur effizienter, sondern möglicherweise auch noch kostengünstiger wären. Dies kann die Politik anstoßen und begleiten, sie braucht dazu aber in jedem Fall die Kooperationsbereitschaft der Betroffenen. Der Anfang ist gemacht. Wir sind seit mehreren Monaten dabei, mit allen Betroffenen darüber zu spre-chen, welche Perspektiven wir uns für die nächsten fünf bis zehn Jahre vorstellen: im Theater, bei den Museen – auch hier haben die maßgeb-lichen Leiter der staatlichen Museen und Sammlungen enorm kooperativ reagiert – und auch bei den Musikhochschulen. Die Gespräche sind einge-leitet, mit ersten Ergebnissen in Form von konkreten Handlungskonzepten rechne ich noch in diesem Jahr.

Theater, Museen und Kunsthochschulen haben hierzu drei Komplexe zu bearbeiten: die Sach- und Bewirtschaftungskosten, das Personaltableau und schließlich Strukturmaßnahmen. Natürlich geht es darum, die Bewirt-schaftungskosten zu senken, die Anzahl der Mitarbeiter wo möglich zu reduzieren und die Effizienz der Strukturen zu verbessern. Dabei mache ich aber bewusst keine Zahlenvorgaben. Das wäre schon deshalb falsch, weil niemand weiß, wo die Grenzen der jeweils individuellen Leistungs-fähigkeit liegen. Wir sollten deshalb zunächst gemeinsam Zielvorstellun-gen erarbeiten – das tun wir derzeit – und unseren Kunsteinrichtungen dann Zeitschienen anbieten, auf denen sie die vereinbarten Konzepte ver-wirklichen können.

Was ich damit zeigen möchte: Die derzeitige finanzielle Situation – und das wird meines Erachtens immer deutlicher – beinhaltet auch eine große Chance. Die Menschen wissen um die ökonomische Situation und sind bereit, Einsparungen mitzutragen. Gleichzeitig sind sie auch bereit, über Dinge neu nachzudenken, die sie früher als tradierten Besitzstand mit allen Mitteln verteidigt hätten.

So können wir jetzt – etwa bei den Museen – über Jahrzehnte organisch gewachsene Strukturen auf ihre Effizienz überprüfen und gegebenenfalls neu justieren. Und wir werden neue Prioritäten setzen. So ist es beispiels-weise nicht recht einzusehen, warum alle Musikhochschulen in Bayern das exakt gleiche Vollangebot machen müssen, wobei dies – und darin herrscht Einigkeit – in identischer Qualität gar nicht möglich ist. Es genügt meines Erachtens ein Lehrstuhl für Viola da Gamba im süddeutschen Raum. Im Gegenzug könnte ich mir gut vorstellen, daß wir noch einige Desiderate offen haben, etwa im Bereich der musikalischen Früherziehung.

Es geht also um mehr als um das Thema „Sparen". Lange Zeit spielte es überhaupt keine Rolle, wer sich um welche Segmente der Kunstförderung kümmern sollte. Die Aufgabenverteilung zwischen Kommunen, Ländern und Bund war und ist – nicht zuletzt durch das Grundgesetz – klar und offenbar für alle Zeiten geregelt. Aber diese Zeiten sind vorbei. Die finanzielle Situation der Kommunen hat dazu geführt, daß die Basis unseres kulturellen Lebens in höchstem Maße gefährdet scheint. Nur willkürlich einige Städtenamen, um die Größenordnung des Problems anzudeuten: Berlin natürlich, aber auch Köln, Weimar, Freiburg, oder in Bayern Würzburg, Hof, Augsburg. Gleichzeitig sehen sich auch viele der sechzehn deutschen Länder zu Kürzungen gezwungen, manche mehr, manche – und zu diesen zählt Bayern – weniger. In dieser ausgesprochen schwierigen Situation befleißigt sich der Bund, der im Kulturbereich bekanntlich fast keine Kompetenzen besitzt und vergleichsweise lächerlich wenig Geld für Kunst und Kultur ausgibt, einer Gutsherrenattitüde, die den Charme der Kanonenboot-Diplomatie Kaiser Wilhelms II. versprüht. Für Wohlverhalten gibt es Geld, ansonsten wird die Zusammenarbeit gekündigt. Wenn die Bundesregierung jetzt das Mitwirkungsabkommen an der Kulturstiftung der Länder gekündigt hat, damit sie den Acht-Millionen-Euro-Beitrag des Bundes auf die Mühlen der müde dahin dümpelnden Bundeskulturstiftung umleiten kann, so bleibt aus unserer Sicht zu sagen: Spätestens nach den Wahlen 2006 wird dies rückgängig gemacht werden. Die Kulturpolitik des Bundes fügt sich harmonisch in den Schrottplatz gescheiterter Reformvorhaben, den diese Bundesregierung angesammelt hat. Das ändert gleichwohl nichts daran, daß wir uns über die Aufgabenverteilung im Bereich der Kulturförderung Gedanken machen müssen und machen werden.

Relativ ruhig geworden ist es um die Frage der Rechtsformen Staatsbetrieb – Stiftung – GmbH: Jahrelang schien die Zukunft unserer Kulturinstitutionen von dieser Frage abzuhängen. In Berlin konnte man am Beispiel der drei Opernhäuser verfolgen, welche Hoffnungen damit verknüpft werden. Auf Seiten der Politiker zielen diese Hoffnungen meist auf Spareffekte. Nur: Wer genauer hinsieht, wird feststellen, daß allein durch die Rechtsform noch kein Cent gewonnen ist. Letztlich beruht die Attraktivität von „GmbH & Co." für Intendanten und Orchesterchefs auf der Chance, von der beengenden Leine der staatlichen Kameralistik gelassen zu werden und in der Selbstständigkeit flexibler agieren zu können. Dies ist allerdings auch in den traditionellen Formen weitgehend möglich, wie unsere bayerischen Staatstheater mit großem Erfolg beweisen. Anderen Zwängen wird man auch in anderen Geschäftsformen nicht entgehen, weder sinken die Produktionskosten noch entgeht man dadurch den leidigen Tarifproblemen.

Noch eine gerne geäußerte Hoffnung sehe ich eher skeptisch: die Sponsorengelder aus der Wirtschaft. Natürlich wünschen wir uns alle mehr privates Engagement im Kulturbereich. Die Erfahrung lehrt allerdings, daß solches Geld in der Regel einzelnen Events zu Gute kommt und fast nie dem institutionellen Betrieb, der einen Großteil der Kosten ausmacht. Es werden sich immer Sponsoren finden für eine spektakuläre Sonderausstellung oder die Festival-Produktion einer Oper mit Starbesetzung. Einen Fall, in dem die Wirtschaft den laufenden Betrieb eines Museums oder einer Oper mitfinanziert, kenne ich aber kaum. Im Übrigen haben wir natürlich das Problem, daß gerade dann, wenn die öffentlichen Hände auf Grund zurückgehender Steuereinnahmen besonders klamm sind, auch der Motor Wirtschaft stottert. Schließlich hängt das eine mit dem anderen unmittelbar zusammen. Dies hat zur Folge, daß privates Geld dann am schwersten zu bekommen ist, wenn wir es am nötigsten bräuchten. Um nicht falsch verstanden zu werden: Wir brauchen die Sponsoren und Mäzene der Wirtschaft für die Kultur. Wenn dies überwiegend einzelnen Events zufließt, so ist auch dagegen nichts einzuwenden. Immerhin kann sich der Staat dann in diesem Bereich zu Gunsten des laufenden Betriebs entlasten. Aber: Die Wirtschaft kann das Engagement des Staates für die Kultur nur komplementär unterstützen, sie kann es nicht ersetzen.

Dies hat zur Folge, daß privates Geld dann am schwersten zu bekommen ist, wenn wir es am nötigsten bräuchten. [...] Die Wirtschaft kann das Engagement des Staates für die Kultur nur komplementär unterstützen, sie kann es nicht ersetzen.

Bleibt das Thema, das die Öffentlichkeit naturgemäß immer am meisten interessiert: das der Personalien. Hier frage ich mich, ob es grundsätzlich immer die beeindruckenden Namen arrivierter Stars sein müssen. Wir alle lieben Stars – Schauspieler, Sänger, Tänzer, Regisseure, Intendanten und Ausstellungsmacher. Das Problem ist dabei: Diese Künstler sind in ihrer Entwicklung fertig, wir wissen, was wir erwarten können. Dies wiederum ist natürlich einer der Gründe, warum wir sie lieben. Dennoch sollten wir auch – meinetwegen in wohl dosierter Form – Entwicklungen zulassen. Die Möglichkeit, solche künstlerischen Entwicklungen verfolgen zu können, halte ich für außerordentlich reizvoll, gelegentliches Scheitern inbegriffen. Dieses Risiko gehört zur Kunst wie zum Leben. Ein lebendiger Kulturstaat muss es gelegentlich eingehen.

Diesem Text liegt ein Vortrag zugrunde, der am 08.07.2004 im Gewandhaus zu Leipzig gehalten wurde. Aus der Förderkartei des Forums für junge, hochbegabte Künstler stellten sich bei dieser Veranstaltung die Pianistinnen Mona und Rica Bard vor, die seit 1990 als Klavierduo spielen und Preisträgerinnen mehrerer Wettbewerbe wie dem Bundeswettbewerb „Jugend musiziert" und beim „Concorso Internazionale di Musica da Camera „Palma d'Oro" 2001 in Finale Ligure/Italien sind.

PROF. DR. CHRISTOPH STÖLZL

Vizepräsident des Berliner Abgeordnetenhauses

Christoph Stölzl, geb. 1944 in Westheim b. Augsburg; Studium der Geschichte, Soziologie, Literaturwissenschaft in München und Saarbrücken; 1970 Promotion; 1987 Professor; 1974–76 Mitarbeiter am Bayerischen Nationalmuseum; 1976–80 Assistent Universität München; 1980–87 Direktor Münchner Stadtmuseum; 1987–99 Generaldirektor Deutsches Historisches Museum; 1999–2000 stellv. Chefredakteur/Feuilletonchef „Die Welt";
2000–01 Berliner Senator für Wissenschaft, Forschung und Kultur; 2001 Vizepräsident des Abgeordnetenhauses; Honorarprofessor FU Berlin (Kultur- und Medienmanagement)

Bürgergesellschaft und Kultur

Bürgergesellschaft als Ready Made

In der Kunstgeschichte gibt es den Begriff des ready made: man findet etwas vor und schreibt nur noch seinen Namen drunter. Angewendet auf heute: Da unser Thema „Bürgergesellschaft und Kultur" hier bereits in Gestalt lebendiger Menschen versammelt ist, könnten wir uns auch zu einem Gruppenbild aufstellen, das ganze zur Performance und damit zur Kunst erklären, signieren – fertig ist das ready made und schon könnten wir zum geselligen Teil des Abends übergehen!

In Dresden, der geschichtsgesättigten Stadt, ist es nie falsch, mit einer historischen Anekdote zu beginnen. Erinnern wir uns an die Konferenz von Pillnitz: Anfang der 1790er Jahre beschlossen da die deutschen Monarchien, ins revolutionäre Frankreich einzumarschieren, weil man dort schlecht umging mit König und Königin. Und einer, der dabei war, in Schlamm und Regen in der Champagne, das war der Weimarer Hofdichter Goethe. Er hat die berühmte Kanonade von Valmy miterlebt und nachher seinen Gefährten ein – inzwischen geflügeltes – Wort gesagt „Von hier und heute geht eine neue Epoche der Weltgeschichte aus und ihr könnt sagen, Ihr seid dabei gewesen."

Abschied vom „Vater Staat"

Dieses „ihr könnt sagen, ihr seid dabei gewesen" gilt für uns Zeitgenossen auch: wir sind Zeugen der großen, jetzt noch vielen Menschen unheimliche, am Ende aber hoffentlich produktiven Krise der bundesrepublikanischen Gesellschaft. Und täuschen wir uns nicht, es geht nicht um ein paar

Prozente hinauf oder hinunter auf der Lohnsteuerkarte. Das würde dieses Land spielend meistern. Es geht um die ganz entscheidende Frage, ob die Deutschen sich vom „Vater Staat" lösen können? Denn seit der Ära Bismarck haben sie durch sämtliche Katastrophen und sozialen Verwerfungen des letzten Jahrhunderts hindurch (Krieg, Inflation, Diktatur, Krieg, Flucht, Vertreibung, deutsche Teilung) eines nie verloren: den Glauben an einen starken, fürsorglichen Staat, der mit mächtiger Hand das Leben ordnet. Rentenversicherung, Lastenausgleich, Eigenheimzulage, Bundesangestelltentarif, Beamtenrecht, Staatsfinanzierung von Bildung und Kultur – geht das immer so weiter, soll es so weitergehen, oder muß sich alles wandeln, weil auch die überkommene Arbeitsgesellschaft und ihr Generationenvertrag sich revolutionär verwandeln?

Landauf landab wird diskutiert: Können wir 85 Millionen Menschen dazu bringen, über einen (gar nicht mal so großen) Graben zu springen? Drüben ist die Zukunft, ein bißchen neblig, niemand weiß, wo es da hingeht. Es ist leider keine ordentlich ausgeschilderte Brücke da, mit Fußgängerweg und Fahrrad- oder Autospur. Es winkt auch von drüben niemand mit Blumen in der Hand. Wie lande ich da nach dem Sprung?

Deutschland ist, aus guten Gründen, vor allem eine „Sozialnation". Vorbei die Zeiten der wehenden Fahnen und des Staatsenthusiasmus. Eine skeptische Nation sind wir, und in unserem Wappen steht unsichtbar geschrieben: Vorsicht! Alles mal langsam! Behutsam, behutsam!". Aber den großen Sprung muß diese Nation der Bedenkenträger dennoch tun, es bleibt ihr nichts anderes übrig – aus demographischen Gründen, aus Globalisierungsgründen, aus Gründen des technologischen Wandels. Und dabei wird eine Frage zentral werden, die Frage, wer sind wir? Was können wir? Wer so fragt, der ist schon bei der Kultur gelandet. Kultur hat in dieser Krise eine ganz außerordentliche Rolle, weil sie ein symbolisches Spielfeld ist. Es geht in seiner Bedeutung weit über die zwei bis drei Prozent des Staatsaufkommens, das wir für Kultur ausgeben, hinaus. Kultur ist eine symbolische Bühne, sozusagen die Projektionswand, die Gesellschaften haben, um darauf Glanz und Elend ihrer aktuellen Verfassung abzulesen.

Staat und Kultur, eine historische Skizze

Ich will jetzt versuchen, zu skizzieren, wie Gesellschaft, Wirtschaft und Kultur zusammenhängen, und dann danach fragen, ob der Ruf nach der „Bürgergesellschaft in der Kultur" mehr ist, als nur die dürre Mitteilung, daß die „Staatsknete" weniger geworden ist und die Kulturkonsumenten bitteschön selbst für ihren Kunstgenuß zu zahlen haben.

Wie hat dies alles angefangen? Angefangen hat unser moderner Staat, dieser patriarchalische, verwöhnende, uns an der Hand nehmende und auch entmündigende Staat in den deutschen Ländern als Fürstenstaat. Zum Ruhme der Dynastie und zur Ehre Gottes, was im Gottesgnadentum auf das gleiche hinauslief, ließ dieser Obrigkeitsstaat pflügen und dreschen, bauen und malen, lernen und beten, singen und marschieren.

Dieser patriarchalische Obrigkeitsstaat steckt zutiefst in uns drin, nicht nur in unserer Sozialpolitik, in der Vorstellung, der Staat müsse die Arbeitsplätze schaffen, und nicht eine autonome Wirtschaft.

Seit dem Fürstenstaat finden wir auch nichts natürlicher als die Staatsvorsorge für Kultur. An den Hoftheatern wurde die beste Kunst, auch die jeweilige Avantgarde gepflegt. Denn Serenissimus oder Serenissima hatten Geschmack, und sie wußten, daß man mit Kunst im Wettkampf ums Prestige Punkte machen konnte.

Schlösser, Gärten, Schulen, hohe Schulen, Opern, Theater, all dies eine dynastische, und im Sinne des damaligen Politikverständnisses auch eine hochpolitische Veranstaltung: „repraesentatio maiestatis". Und als dieser ganze Zauber 1918 endgültig zu Ende ging, was geschah? Es kamen die Handwerker, schraubten das Messingschild „Hoftheater" ab und schraubten das Emailschild „Staatstheater" hin.

Wenn wir die heutige Kulturverfassung der deutschen Länder anschauen mit ihrem „Kulturhoheits"-Denken, dann hat dies alles mit dem tief eingewurzelten Verständnis der Deutschen zu tun, daß sie die legitimen Erben der früheren Dynastien sind.

Ich will das gar nicht schmähen, es hat lange Zeit wunderbar funktioniert. Denn daneben gab es konkurrierend, spätestens seit dem 19. Jahrhundert, eine blühende bürgerliche Kultur, staatsfern und selbstorganisiert, als Gesangsverein und Kunstverein und philharmonischer Verein und Arbeiterbildungsverein. Nirgendwo auf der Welt gibt es derart viele Kulturvereine wie in Deutschland.

Die Weimarer Republik hatte nicht Zeit oder Atem, an diesem Dualismus von mächtiger überkommener Staatskultur und bescheidener bürgerlicher Selbsthilfe etwas grundsätzlich zu ändern. Dann kamen die Nazis mit der gewaltigen, kulturpolitischen Dampfwalze. Zentralisierte, staatsverordnete, staatsbezahlte Propaganda-"Kultur" bedeckte das Land, mit gewaltigen Bauten, gewaltigem Aufwand und gewaltiger Unfreiheit.

Als dies im Orkus der deutschen Katastrophe verschwunden war, regte sich wieder, erstaunlich unbeschädigt, das Selbstbewußtsein der alten, dyna-

stisch geformten Länder. Die wittelsbachische Raute ist ganz selbstverständlich wieder im Wappen des Freistaats Bayern, und die anderen Bun-
desländer, ob alt oder neu, halten es ähnlich. Die ehemals königlichen
Opernhäuser, ob Dresden, ob München, Stuttgart, ob Berlin, sind wieder
Zentren des gesellschaftlichen Lebens. Das Spannende ist nun, daß unter-
halb dieser Institutionenkontinuität sich dennoch die Rolle der Kultur in
der Gesellschaft stark wandelte. Ich spreche erst einmal von der alten
Bundesrepublik. In der von Erhard und Adenauer geschaffenen sozialen
Marktwirtschaft gelang es zum ersten Mal, die Künstler, jedenfalls einen
großen Teil von ihnen, einzubeziehen in die sozialstaatlichen Transfers:
Nicht erst durch die Künstlersozialversicherung (in der Zeit Helmut
Schmidts), sondern früher schon durch die wesentlich verbesserten Orche-
ster- und Theatertarife. Zum ersten Mal näherten sich die künstlerischen
Berufe auf breitem Feld dem bürgerlichen Mittestandsleben an. Künstler
wurden Teil der Sozialstaatsgesellschaft. Die unzähligen freien Gruppen,
die sich früher nur durchhungert hatten, erhielten jetzt die Chance für
Staatssubventionen, ja sie wurden im Extremfall („Schaubühne" in Berlin)
selbst zu einer Art Staatstheater. Eine glückliche Zeit, die man heute schon
nostalgisch verklärend die „alte Bundesrepublik" nennt. Die Kommunen
konkurrierten, die Länder wetteiferten mit Kultur, sie gaben unendlich
viel Geld aus, für neue Kulturbauten, aber auch für deren Betrieb; und weil
wir in Deutschland sind, wurden daraus quasi Beamtenstellen, lebenslang
garantierte Arbeitsplätze. Die Planstellengebirge wuchsen, wie der Hima-
laja so groß. Das deutsche Wirtschaftswunder kennt jeder. Es zeitigte auch
ein weniger bekanntes „Kulturwunder": Nicht nur in relativen Größen,
sondern auch in absoluten Zahlen sind z.B. bei uns die meisten Orchester-
musiker auf dem Globus tätig. Und 85 Millionen Menschen können in 85
Opernhäuser gehen.

Die Krise der „freiwilligen Kulturleistung" der Öffentlichen Hand

Das alles ist wirklich einzigartig und soll hier gar nicht klein geredet werden. Aber wir haben eine Krise. Denn jetzt zeigt sich eine Systemschwäche. Kultur wird zwar von einem Staat veranstaltet, aber es gibt dafür keine gesetzliche Grundlage. Seine Tätigkeit ist eine freiwillige.

Also diese Krise der Kulturgesellschaft ist Teil der Krise der Stadtgesellschaft denn überwiegend wird Kultur immer noch von den Gemeinden getragen.

Diese aber sind derzeit in der unangenehmen Situation, trotz sinkender Steuereinnahmen in erheblichem Maße als „Reparaturanstalten" des Sozialstaates handeln zu müssen. Der Ruf nach „Wirtschaftlichkeit" der Kultur ist die natürliche Folge, nur: er trifft eine Kulturwirtschaft, die darauf nicht vorbereitet ist. Wir haben eine Refinanzierung bei den Kultureinrichtungen zwischen null Prozent bei vielen (z.B. Bibliotheken, Parkanlagen etc.) und maximal, bei erfolgreichen Festivals: ca. 40 Prozent. Bei den besonders kostenträchtigen Opernhäusern sind es 13 – 20 Prozent. Mit freier Wirtschaft hat überhaupt nur die literarische Kultur zu tun: das Unternehmertum der Verlagshäuser und die Bereitschaft der Kulturkonsumenten, kostendeckende Preise für das Kulturgut Buch zu bezahlen, ist ihre Lebensgrundlage. Stellen wir uns vor, wir müßten die Literatur in Deutschland von Staats wegen bezahlen – sie bräche augenblicklich zusammen.

Die Krise ist da, und die Frage ist, wie geben wir darauf eine Antwort?

Die Bürgergesellschaft

Eine der möglichen Antworten hieße: „Bürgergesellschaft". Worum geht es da? Der Begriff kommt aus dem Amerikanischen, hat in der Bewegung des „Kommunitarismus" eine Erneuerung des uramerikanischen Gedankens, daß der Staat sich aus den Angelegenheiten der Bürger herauszuhalten hat, bewirkt. In der „alten" hat es immer einmal wieder Versuche gegeben, dem Gedanken des „Bürgerlichen" Prestige zu verschaffen. 1967 hat Dolf Sternberger in der FAZ gefordert, daß der Begriff des Bürgers zu rehabilitieren sei. Es war der ungünstigste Moment für derlei Gedanken. „1968" lag in der Luft. Die Feuilletons liebten die barbusigen jungen Frauen und die wilden jungen Männer mit Prophetenbärten. Es hat lang gedauert, bis auf dem Umweg über Amerika der Kommunitarismus in die Diskussionen sickerte und z.B. ein Klassiker wie das Buch von Alexis de Toqueville über die „Demokratie in Amerika" neu gelesen wurde. Brandaktuell lasen sich die Bemerkungen des französischen Aristokraten aus dem 19. Jahrhundert. Toqueville prophezeite, in Europa werde es immer despotischer zugehen, der Staat werde immer mehr dreinreden ins Leben des Einzelnen. Das Gegenbild waren die USA: alles, was Menschen durch Selbstorganisation erledigen könnten, geschehe dort durch außerstaatliche Gesellungsformen, durch Gemeinde, Nachbarschaft oder Verein, in Nahsicht, auf Zuruf.

Wieweit kann man Kultur auf solche Weise ermöglichen? Bei den extrem kostenintensiven Großformen, den Opernhäusern z.B., sieht man am krassen Unterschied in der Dichte des Musiktheaters zwischen Europa und den USA, daß die Bürgergesellschaft hier an ihre Grenzen stößt. Aber, um beim Elementaren anzufangen, bei den Schulen könnten wir vieles staatsfern gestalten. Die Niederländer haben 70 Prozent ihrer Schulen in freier Trägerschaft; wir sollten dieses Modell einmal gründlich studieren. Bei jedem Nachdenken über die „Bürgergesellschaft", das sich nicht mit dem Weiterspinnen idealistischer Träume zufrieden gibt, stoßen wir freilich sogleich auf eine unumdingbare Voraussetzung: niedrige Steuern!

In einem Land, wo das Finanzamt wie ein Wegelagerer bei jedem Schritt unseres Lebens dabei ist wird eine entscheidende Voraussetzung von aktiver Bürgerlichkeit geschwächt: die größtmögliche Verfügung über das Eigentum und die berufliche Wertschöpfung.

Ohne eine Antwort auf die alles entscheidende Frage, ob wir eine Senkung der Staatsquote an unserem Wirtschaftsleben zuwege bekommen, brauchen wir über „Bürgergesellschaft" auch nicht weiter zu reden. Und der Senkung der Staatsquote muß dann auch eine Mentalitätsänderung im Staat folgen, die unendlich schwierig ist, gelingt. Denn der Staat hat ja sein Eigenleben. Eine Verwaltung schafft sich nicht ab. Sie sagt vielmehr: Liebe Bürger – wir denken für Euch, wir träumen für Euch, wir entscheiden für Euch. Dem Staat auf freundliche Weise klarzumachen, daß die Kultur auch bei den Bürgern in guten Händen wäre, ist eine Aufgabe für lange Überzeugungsjahre.

Vielleicht können wir den Staat verlocken, schrittweise zurück zu gehen und schrittweise die anderen bürgerschaftlich Verantwortlichen einrücken zu lassen, die dann selbst entscheiden.

Es gibt da ganz hoffnungsfrohe Zeichen: Der erstaunliche Aufstieg des Stiftungswesens. Der Aufstieg des Vereinswesens, der Aufstieg der freien Gruppen. Da ist was im Gange. Damit es besser funktioniert, muß man „die Bürgergesellschaft in den Sattel heben". So wie das Gebäude der alten bürgerlichen Gesellschaft in den bis heute funktionierenden großen Gesetzgebungswerken, dem BGB z.B., ihr Fachwerk bekommen hat, so muß man die Zivilgesellschaft ebenfalls gesetzgeberisch lebenstüchtig machen. Jeder, der einmal versucht hat, mit volunteers, Ehrenamtlichen also, institutionelle Arbeit zu machen, und sei es, nur einen Museumsshop zu betreiben, kennt die erstaunlich vielen Schwierigkeiten, die das geltende deutsche Recht da bereithält.

Wenn wir nicht eine Gesetzgebung bekommen, welche die Transformation hin zur Bürgergesellschaft befördert, brauchen wir erst einmal nicht weiterdenken.

Die Bürgergesellschaft braucht aber auch einen Menschentypus, der in der deutschen Tradition nicht so häufig vorkommt. Das hat historische Gründe. Die lange Staatstradition des Etatismus hat zweierlei Menschenbilder geschaffen. Auf der einen Seite den verwaltenden Staatsdiener und auf der anderen Seite den verwalteten Bürger. Wir müssen an der Popularisierung eines anderen Leitbildes arbeiten. Es ist der Bürger, der Zeit seines Lebens, in wechselnden Situationen, selbst Verantwortung ergriffen hat – nicht nur für sein eigenes Leben, sondern auch fürs Gemeinwohl. Niemand hat ihm das befohlen außer seinem Gewissen und seiner Freude am Selber-Machen. Leitbilder wachsen nicht von allein, sie brauchen Agenturen der Meinungsbildung. Wenn sich erst einmal eingebürgert hat, daß die zivilgesellschaftliche Laufbahn genauso obligatorisch wird für die ideale Vollbürgerschaft wie einst das „Wo haben Sie gedient?", wenn also freiwilliges Engagement eine Selbstverständlichkeit wird, dann sind wir angekommen in der Bürgergesellschaft.

Kultur ist Kompetenz

Warum überhaupt dieses Insistieren auf Kultur? Wir könnten ja auch sagen, habt Ihr keine anderen Sorgen? Es brennt bei uns sozialpolitisch, wen interessiert da diese Hochkultur mit ihren winzigen Einschaltquoten? Die Antwort ist: Kultur brauchen wir nicht nur, weil sie glücklich macht und weil unsere Identität entscheidend von ihr geprägt wird. Kultur ist auch für Wirtschaft und Gesellschaft unverzichtbar, weil sie ein Katalysator der Kompetenzbildung ist. Dafür gibt es viele historische Beispiele. Wenn man ins „alte" Europa zurückschaut, dann sind sämtliche Schwellenzeiten, wo große technologisch-wissenschaftliche Sprünge geschahen, auch kulturelle Schwellenzeiten gewesen. Kulturblüte strahlt aus auf sämtliche anderen Lebensgebiete, sie mobilisiert Menschen. In einem Land, das von der Mehrwertschöpfung im Kopf lebt, von der Innovation, das keine Bodenschätze hat, keine Ölquellen, ist Kultur das Symbol für eine bestimmte, aus dem schöpferischen Geist definierte Lebens- und Arbeitsweise.

In einem Zeitalter der Globalisierung kann nur der die Dolmetscherleistung zwischen dem Eigenen und dem Fremden bewältigen, der die eigene Kultur kennt. Die deutschen Eliten müssen kulturell kompetent sein, damit sie mit der Welt kommunizieren können.

Weiter: Migrations-Zeit ist Kultur-Zeit. Es stellt sich die Frage, ob wir Kultur als gemeinsames Spielfeld von Einheimischen und Neu-Ankommenden nützen können. Kann man z.B. jungen Migranten über das Erlebnis der Mozartschen „Zauberflöte" etwas von der Humanität der europäischen Aufklärung vermitteln, besser als durch eine sozialkundliche Lektion in Sachen Grundgesetz? Könnte Kultur der Ort der gesellschaftlichen „Eingemeindung" sein, ein gemeinsamer Friedensraum? Was bringt besser die Generationen zusammen? Was Arm und Reich? Große Aufgaben, wird man vielleicht sagen, so groß, daß eben doch der Staat sie in die Hand nehmen muß, doch der Staat machen muß, nach alter deutscher Tradition. Und doch wäre dies nur die zweitbeste Antwort. Denn jemand, der selbst etwas tut, wird in viel höherem Maße kompetent, als der, welcher nur passives Objekt staatlicher Kulturbemühungen bleibt. Man kann das sozial integrierende Prinzip der Selbsttätigkeit an den alten Festtraditionen der deutschen Städte studieren, an der „Landshuter Hochzeit" zum Beispiel. Aber auch die neuesten Beispiele taugen zur Beweisführung. Der spektakuläre Erfolg des Berliner „MoMA"-Unternehmens hat ganz sicher mit dem privaten Charakter der Trägerschaft und Organisation zu tun. Ein Freundeskreis handelt eben anders, generiert andere Sympathiewellen als alle staatlichen Institutionen. Partizipation und Wachsen von Bürgerlichkeit sind eins. Übrigens ist auch der ästhetische Zugang anders beim Sammler, der aus eigener Kraft frei entscheidet, als beim staatsbediensteten Kunsthistoriker, der sich stets rückversichern muß. Denkt man sich ein Fortschreiten der Kultur, so wäre eine Arbeitsteilung zwischen dem Staat, der in der Hütung des Erbes genug zu tun hat, und den Bürgern die eben alles wagen dürfen, das Richtige. Die Konkurrenz, die Reibung zwischen beiden Polen, brächte jene Energie, welche Kultur antreibt.

Würden alter Staat und junge Bürgergesellschaft mutig den Sprung in die Zukunft tun, wie sähe sie aus? Es gäbe immer noch den Staat, dessen ordnungspolitische Funktion ganz unverzichtbar ist. Aber er würde freudig der Bürgergesellschaft soviel Raum abtreten, als – wachsend – eben ausfüllen kann. Subsidiarität, die Ermunterung zum Selbsttun, das ist das, was der Staat uns Bürgern schuldet – gerade in der Kultur.

Diesem Text liegt ein Vortrag zugrunde, der am 23.08.2004 in der Villa Tiberius gehalten wurde. Aus der Förderkartei des Forums für junge, hochbegabte Künstler stellte sich bei dieser Veranstaltung das Jazzensemble tritorn mit Anke Jochmaring (Gesang), Sven Hinse (Bass) und Nikolai Meinhold (Jazz-Piano) vor, das erster Preisträger für Jazzensembles im Hochschulwettbewerb der Rektorenkonferenz ist.

Podiumsdiskussion im Rahmen der Veranstaltungsserie des Presseclub Dresden im Hotel Hilton Dresden am 25.10.2004

Thema: *Das Verhältnis des deutschen Feuilletons zum Sponsoring
der Wirtschaft*

Moderation: *Hans-Joachim Frey, Operndirektor, Sächsische Staatsoper
Dresden, Semperoper, Vorstandsvorsitzender des Inter-
nationalen Forums für Kultur und Wirtschaft e. V.
Dieter Höfer, Vorsitzender des Vorstandes, Presseclub
Dresden*

Podium: *Manuel Brug, DIE WELT*
arbeitet als Musikkritiker für die WELT. Er hat sich auch als
Musikschriftsteller einen Namen gemacht und ist unter
anderem Herausgeber eines Sängerlexikons unter dem Titel
„Die neuen Stimmen".

Dr. Eleonore Büning, Frankfurter Allgemeine Zeitung
hat in Berlin Musik-, Theater- und Literaturwissenschaften
studiert, arbeitete vier Jahre als Musikredakteurin der ZEIT,
seit 1997 ist sie Musikredakteurin bei der FAZ. Diverse
Buchpublikationen, u. a. mit Dietrich Fischer-Dieskau.

Dr. Johannes Saltzwedel, DER SPIEGEL
ist Literaturwissenschaftler und seit zehn Jahren Kulturredakteur für Geisteswissenschaften und Sachbuch beim
SPIEGEL.

Dr. Astrid Sebb, DaimlerChrysler AG
ist promovierte Kunsthistorikerin und leitet heute die
Abteilung „Corporate Sponsorship" der DaimlerChrysler AG
Willy Theobald, Financial Times Deutschland
ist von Haus aus Politologe und Theaterwissenschaftler, begann als Musikkritiker bei der TAZ in Berlin, wurde dann
Kulturredakteur beim SPIEGEL und leitet jetzt den Kulturteil der FINANCIAL TIMES DEUTSCHLAND.

Frank Trümper, Deutsche Bank AG
studierte in Hamburg Geschichte, Philosophie und Volks-
wirtschaftslehre. Er war für Bertelsmann und im Siedler
Verlag tätig, anschließend Geschäftsführer beim Fischer
Verlag. Seit drei Jahren ist er Stellvertretender Vorsitzender
des Bereichs Kultur und Gesellschaft bei der Deutschen
Bank.

Moderation: Das Verhältnis des deutschen Feuilletons zur Wirtschaft und
umgekehrt ist zweifelsohne grundsätzlich ein brisantes Thema. Die derzeitige wirtschaftlich angespannte Lage, da die Zuwendungen der öffentlichen Hand für Kultur immer knapper werden, sorgt für zusätzlichen Zündstoff. Könnte künftig die „private Hand" der Retter sein?

Welche Stellung kommt den Journalisten zu, die – so könnte man meinen –
die reine Kunst, die reine Kultur zu vertreten haben? Was erwartet man
voneinander? Wo gibt es Berührungsängste? Welche Vorstellungen haben
die Vertreter der Wirtschaft, welche die Feuilletonisten?

Frau Dr. Büning, hat es Sie überrascht, daß die Wirtschaft die Kultur
wieder verstärkt für sich entdeckt?

Eleonore Büning: Die Kultur scheint in der Tat für die Wirtschaft an Attraktivität gewonnen zu haben. Zur Vorbereitung auf unsere Diskussion habe ich mir aus unserem Archiv alles geholt, was zum Thema Kultur-Sponsoring in den letzten fünf Jahren erschienen ist. Ich war sehr verdutzt, wie viel in meiner eigenen Zeitung darüber geschrieben worden ist. Diese Beiträge sind aber nicht im Kulturteil, sondern alle im Wirtschaftsteil erschienen. Da gehören sie auch hin, denn im Kulturteil wird über die Kultur Bericht erstattet. Natürlich reden wir hier auch über Dinge, die die politische Kultur dieses Landes betreffen. Wir haben auch Artikel, die sich mit dem decken, was im Politik- oder im Wirtschaftsteil steht. Bloß haben wir dann den ästhetischen Blickwinkel, nehmen ihn jedenfalls für uns in Anspruch ... ob es immer der richtige ist, müssen Sie jeweils von Artikel zu Artikel entscheiden.

Aber es wäre zu kurz gegriffen, wenn wir sagten, Kultur sei Luxus, etwas Schönes, etwas für die Freizeit oder so. Kultur ist weitaus mehr, wiewohl sie sich nicht unmittelbar amortisiert ... nicht indem ich abends in die Oper gehe und hinterher die Frage: „Was habe ich jetzt davon gehabt?" schlüssig beantworten kann. Sie schafft einen Mehrwert, der sich über einen längeren Zeitraum über die gesamte Gesellschaft entwickelt und der sich vielfältig vernetzt.

Genauso ist es mit dem Sponsoring. Auch hier würde es viel zu kurz greifen, wenn wir sagen: „Okay, wo taucht mein Name jetzt bitteschön in der Zeitung auf?" Und das ist ja auch nicht das, was Sie wollen. Sie beabsichtigen ja mit Ihrer Sponsoren-Tätigkeit, mit Ihrem Mäzenatentum etwas. Sie wollen gesellschaftlich wirken. Darum meine ich, daß auch das Sponsoring einen Mehrwert hat, der sich nicht so platterdings in Erwähnungen erschöpfen darf.

Moderation: Frau Dr. Sebb, welche Rolle spielt Kultur-Sponsoring in Ihrem Haus? Ist dieses Engagement ausbaufähig? Wie vermag sich ein Sponsor – zum Beispiel zum Sport – abzugrenzen?

Astrid Sebb: Ich sehe das Kultur-Sponsoring als eine ganz wichtige und daher immer ausbaufähige Aufgabe an. Im Verhältnis zum Sport sollten wir am besten die Gesamtsituation in Deutschland betrachten. In ihren Anfängen war die Sponsoringlandschaft in Deutschland vom Sportengagement geprägt, aber gerade in den letzten zehn Jahren hat sich auf dem kulturellen Sektor sehr viel verändert. Ich glaube, daß das Kultur-Sponsoring auf einem sehr guten Weg ist und spürbar aufgeholt hat. Nichts desto trotz können wir immer noch mehr tun. Wir brauchen dazu nur die entsprechenden Kapazitäten und vor allen Dingen auch die finanziellen Möglichkeiten.

Ich finde es schwierig, diese Beziehungen so direkt herstellen zu wollen. Natürlich sind wir ein Wirtschaftsunternehmen. Wir sind mittlerweile mit über 360.000 Mitarbeitern in annähernd zweihundert Ländern dieser Erde vertreten. Wir wollen uns an jedem unserer Standorte als ein verantwortungsbewußtes Mitglied der Gesellschaft erweisen. Und wir tun das in vielen Bereichen, wo es die Öffentlichkeit gar nicht wahrnimmt. Den „Return on Investment" können wir nicht unmittelbar und mathematisch genau berechnen.

Moderation: Herr Saltzwedel, wie sind Ihre Erfahrungen? In wie weit wollen Sponsoren zum Beispiel auf Inhalte Einfluß nehmen – oder ist das ein Vorurteil, das nur immer wieder gern kolportiert wird?

Johannes Saltzwedel: Mir ist ein solcher Fall noch nicht begegnet, aber natürlich steigt der Druck spürbar. Das einfache Sponsoring, das wir gewöhnlich in Programmheften lesen: „Freundlich unterstützt von ...", zieht nicht mehr. Ein Sponsor möchte ein bißchen mehr haben, will ein bißchen herausragen, möchte gerne ein bißchen zurückhaben. Das heißt, die Semperoper kann nicht mehr einfach bei jemandem anklingeln und sagen: „Ihr habt doch einen Sponsoringtopf – den sollten wir vielleicht anzapfen können." Das geht vielleicht noch bei Stiftungen, aber auch da ist es schwieriger geworden. Dieses „Zurückhabenwollen" ist der zentrale Punkt. Zum einen ist der Platz gar nicht da, um darauf in den Medien ausgiebig einzugehen. Zum Zweiten wünscht sich ein Journalist immer eine Geschichte – eine Neuigkeit. Und diese Neuigkeit ist eben nur einmal da, während sowohl der Sponsor als auch die Kulturinstitution eine dauerhafte Verbindung suchen. Ich bin mir dieses Konfliktes sehr bewußt, kann ihn aber als Journalist nicht lösen – ich brauche die Neuigkeit und die Hintergründe.

Moderation: Herr Trümper, wie ist die Erwartungshaltung der Deutschen Bank gegenüber dem Feuilleton im Hinblick auf eine erhöhte Kommunikationsbereitschaft?

Frank Trümper: Ich glaube, daß die Quantität des Engagements in einem Haus wie der Deutschen Bank nicht unmittelbar linear zusammenhängt mit einer bestimmten Frequenz der Erwähnung oder einer bestimmten Quote der Wahrnehmung in der Öffentlichkeit. Wenn dem so wäre, dann würden wir höchstens 2 Millionen Euro ausgeben. Aber die Wirtschaft wird anspruchsvoller – weniger im Hinblick darauf, mehr Raum zu kriegen für so platte Dinge wie Kundenbewirtungen oder eine noch größere Hauswand, an die wir noch größere Logos anhängen können. Sondern ich glaube, wir werden anspruchsvoller in der Auswahl unserer Partner, mit denen wir auch längerfristig kooperieren möchten und bei der Beurteilung dessen, was zu uns paßt. Wo gibt es Kunden? Wo gibt es für die Öffentlichkeit und für den Aktionär am Ende auch einen nachvollziehbaren Zusammenhang zwischen dem kulturellen Engagement und uns als Untenehmen – oder technisch ausgedrückt – als Marke, als Brand? In dieser Hinsicht gehen die Überlegungen weiter. Das heißt, es geht nicht mehr darum zu sagen: „Ach, das ist ja mal ganz nett" oder „Das ist prominent" oder „Das ist bedeutungsvoll", sondern wir versuchen, sehr sorgfältig einen Zusammenhang zum Unternehmen herzustellen.

Moderation: Soweit Frank Trümper von der Deutschen Bank. Willy Theobald, gibt es Ihrer Meinung nach in Deutschland Berührungsängste beim Thema Kultur-Sponsoring? Wie würden Sie das im Vergleich zu den USA bewerten?

Willy Theobald: Ich glaube, daß dieses Thema nicht nur hier bei uns, sondern auch in anderen Ländern immer zu hohen Emotionen führt. Das liegt in der Natur der Sache und ist auch ganz verständlich. Der Begriff Kultur-Sponsoring ist per se nicht positiv oder negativ besetzt. Das ist ähnlich wie mit Wasser: In der Wüste kann es Ihnen das Leben retten. Wenn es Ihnen bis zum Hals steht, dann können Sie darin ertrinken. Insofern stellt sich nicht die Frage, ob Sponsoring gut oder schlecht ist, sondern wie Sie damit umgehen. Nach meinen Erfahrungen, die sich primär auf Deutschland gründen, ruft schon gelegentlich der eine oder andere an und sagt: „Wir machen so wunderbare Sachen, berichtet doch einmal." Das finde ich legitim. Doch damit sorgfältig umzugehen und auszuwählen, obliegt dem Verantwortungsbewußtsein des Journalisten. Ich bin kein PR-Stratege, sondern bei einer Zeitung angestellt und dort gilt „news first". Das ist eine der wichtigsten Pflichten unseren Lesern gegenüber. Aspekte der Mildtätigkeit mit zu berücksichtigen gehört dagegen nicht zu unseren Aufgaben. Berichtet werden kann nur über das, was für die Leser von Interesse ist. In den USA läuft es eh' ganz anders – das hängt aber mit den völlig unterschiedlichen Bedingungen der Kulturförderung zusammen. Doch sogar dort gibt es Ärger, wenn ein Regisseur wie Zeffirelli auf Wunsch eines Sponsors lebende Kühe und Esel über die Bühne treibt.

Moderation: Als letzten Gesprächsgast in dieser Runde bitte ich Manuel Brug zu Wort. Wo sehen Sie mögliche Grauzonen des Kultur-Sponsorings?

Manuel Brug: Ich bin in erster Linie der „Filter" für die Öffentlichkeit, der entscheiden muß, ob ein Thema überhaupt interessant ist. Da interessiert es mich nicht, ob das eine Veranstaltung der Semperoper oder ob das eine Veranstaltung ist, die nur durch die Hilfe von DaimlerChrysler möglich wurde. Wenn mich das Thema interessiert, ist mir das erst einmal egal. Wenn ich sehe, daß eine wirklich interessante Geschichte nur durch DaimlerChrysler möglich geworden ist, dann berichte ich darüber und auch über das Sponsoring – das ist Teil der „Genese" dieses Projektes. Bestes Beispiel ist dafür zurzeit die Deutsche Bank. Sie beteiligt sich über einen Zeitraum von fünf Jahren mit 5 Millionen Euro an der Jugend- und Education-Arbeit der Berliner Philharmoniker. Ich kann mich nicht erinnern, daß die Deutsche Bank, die auch vorher schon die Auslandstourneen und andere Aktivitäten der Berliner Philharmoniker sehr intensiv unterstützt hat, so häufig in ihrem Engagement für dieses Orchester erwähnt worden ist wie in diesem Zusammenhang. Das war eben neu. – Das hat in dieser Fülle und mit diesen Ideen, die bis hin zu dem Kinofilm „Rhythm is it" geführt haben, eine andere Dimension, als das bisher üblich war. Und in dem Moment, in dem das nicht „üblich" ist, ist es eine Nachricht – eine „news". Und dann habe ich überhaupt keine Probleme zu erwähnen, wer das finanziert hat. Aber genauso wenig, wie ich bei jeder Premiere erwähne „Mit freundlicher Unterstützung des Freistaates Sachsen oder Bayern oder Berlin oder München", wenn ich dort in die Oper gehe, genauso wenig erwähne ich, wer da irgendwelche Sach- oder Finanzspenden gegeben hat.

Kultursponsoring ist in der Regel ein Prozeß, der mehrere Jahre oder Jahrzehnte benötigt, bevor Ergebnisse sichtbar werden. Ein herausragendes Beispiel ist der Siemens-Musikpreis. Der wird heute, weil es eben keinen Nobelpreis für Musik gibt, als der „Nobelpreis der Musik" etikettiert. Selbstverständlich sagt da niemand, es sei ein ...-Musikpreis, sondern es ist „Der Siemens-Musikpreis". Der heißt so. Der ist uneingeschränkt positiv konnotiert. Träger ist übrigens die Siemens Musikstiftung und nicht der Konzern – gleichwohl wird das Engagement für Siemens insgesamt positiv assoziiert. Das Siemens-Kulturengagement wurde weltweit über viele Jahrzehnte zu dem entwickelt, was es heute ausmacht: daß sie wirklich innovative Dinge fördern, daß sie sich nicht irgendwo „draufkleben". Das ist so spannend, so interessant – da wird die Wahrnehmungsgrenze überschritten –, daß ich darüber berichte ... und dann habe ich überhaupt keine Probleme zu erwähnen, daß Siemens das finanziert hat. Ich werde das sicherlich nicht bei jedem Bericht anbringen, aber sobald ich über die Struktur oder die Entstehungsgeschichte schreibe, unterscheide ich nicht, ob da ein Kultusministerium oder ein Industrieunternehmen agiert. Hier geht es nur um den Sinn und Zweck. Kommt etwas dabei heraus? Ist es interessant? Ist es spannend? Ist es eine Geschichte?

Moderation: Ja, meine Damen und Herren, jetzt beginnt die Diskussion. Was das Education-Projekt der Berliner Philharmoniker anbelangt, da seien sie schon sehr zufrieden, stellt Frank Trümper von der Deutschen Bank fest. Aber es gab und es gibt andere Projekte, die gefördert wurden, wie beispielsweise die MoMA-Ausstellung in Berlin. Da hätten sie sich doch mehr Erwähnung in den Feuilletons gewünscht. Insgesamt setze das Engagement seines Unternehmens auf Langfristigkeit, nicht auf die einzelne Aktion. Dazu nun die Meinung von Eleonore Büning.

Eleonore Büning: Wenn ich als Musikkritiker über Musik schreibe, dann gibt es dafür strenge musikkritische Kriterien. Was ich beurteile und wie ich es beurteile, dafür bin ich ausgebildet. Das ist das, was ich gelernt habe. Das ist, was meiner Arbeitsplatzbeschreibung entspricht. Es entspricht ihr nicht, Werbung für ein Unternehmen zu betreiben. Kulturpolitik jedoch gehört im weitesten Sinne zum Feuilleton. Und auch in der Musik gibt es erheblichen kulturpolitischen Diskussionsbedarf, ebenso im Hinblick auf die Kulturförderung durch staatliche Stellen. Ich glaube übrigens, daß die Vokabel „Berührungsangst" oder „Schwellenangst" nicht von uns erfunden worden ist, sondern daß sie von der Wirtschaftsseite kommt. Dahinter steht eine bestimmte Erwartungshaltung. Sie möchten gerne öfter erwähnt werden und daß der Werbeeffekt, der damit verbunden ist, im Feuilleton stärker wäre. Wenn für mich ein Thema so spannend ist, daß ich darüber schreiben muß, dann kann es vorkommen, daß ich auch sage: „Dieses Programm für junge Komponisten gäbe es nicht, wenn es nicht von … gesponsert worden wäre." Und genau das ist meines Erachtens der einzige Gesichtspunkt, unter dem die Erwähnung von Sponsoring im Feuilleton gerechtfertigt werden kann.

Manuel Brug: Das habe ich auch schon gemerkt. Preise werden sehr gern gestiftet, um auch Aufmerksamkeit zu erregen.

Eleonore Büning: Ja, natürlich.

Manuel Brug: Und wenn der hunderttausendste Preis von irgendjemandem gestiftet wird, der sowieso schon hundertzweitausend Preise verliehen hat, dann zucke ich mit den Schultern, mach ein wenig Platz und eine Meldung daraus und das ist es dann.

Johannes Saltzwedel: Ich kann Ihnen noch einen Grenzfall bieten: Vor kurzem wurde eine Oper des ganz jungen Mendelssohn uraufgeführt – in vollem Umfang finanziert von einem großen Unternehmen – so hieß es. Ich habe damit zunächst überhaupt keine Probleme gehabt, sondern mich interessierte diese Aufführung. Ich fand es toll, daß sich ein Unternehmen dafür engagierte. Ich erkundigte mich also bei der Pressesprecherin. Es stellte sich heraus, daß das Unternehmen mit der Produktion eigentlich nichts zu tun hatte, sondern daß das Projekt mehr oder weniger „eingekauft" wurde. Es war eigentlich nur ein Vorstandsmitglied, das sich für klassische Musik begeisterte und solche besonderen Events unterstützte. Selbst damit hatte ich überhaupt keine Probleme. Schwierig wurde es, als ich merkte, daß diese Aufführung eine geschlossene Veranstaltung war – ausschließlich für geladene Gäste dieses Unternehmens –, denn mein Auftrag ist es, der Öffentlichkeit etwas kundzutun. Wenn mich also in diesem Fall jemand fragt, wo er denn die Karten zu dieser tollen Aufführung bekommen könne – dann müßte ich passen. Das geht für mich nicht.

Moderation: „Der junge Moses" wurde übrigens zwei Mal in Berlin gegeben. Die eine Vorstellung war geladenen Gästen vorbehalten, die andere war öffentlich. Aber es ging hier tatsächlich um den einzelnen Event und ein angemessenes Echo in der Presse, sofern die sich dieser Veranstaltung überhaupt widmete.

Das Ganze war zugleich ein gutes Beispiel dafür, wie wichtig heute die Kooperation von Kultur und Wirtschaft sein kann, denn bei den Eigeneinnahmen, zum Beispiel über Eintrittskarten, ist nach allgemeiner Einschätzung die Obergrenze erreicht. Da scheint es mitunter existentiell notwendig zu kooperieren. Nur wie? Wo ist die Schmerzgrenze erreicht? Wie weit kann man gehen, um im Rahmen einer Musikkritik das finanzielle Engagement des Sponsors zu würdigen? Wo beginnt die Werbung für das Unternehmen? Das ist die Gretchenfrage schlechthin.

Eleonore Büning: Sie machen eine Milchmädchenrechnung auf, wenn Sie sagen: „Bitte sehr, es werden überall die Finanzen zurückgefahren. Wir können in den Opernhäusern oder in den Konzerthäusern nur noch die Hälfte bieten, wir können nicht mehr das tun, was eigentlich selbstverständlich ist, weil es sich nicht rechnet. Da muß jetzt die Wirtschaft einspringen. Und bitte schön, liebe Kollegen vom Feuilleton, tut Gutes und schreibt darüber, damit wir mehr Geld kriegen." Das ist die ganz platte Werbestrategie: Ein Unternehmen zahlt so und so viel. Da muß hinterher das und das herausspringen. Diejenigen, die davon profitieren, nämlich die

Künstler und die Gesellschaft, müssen sich dankbar zeigen für diese Wohltat und sind dann auch Teil dieser Werbestrategie. So einfach sind die Verhältnisse nicht. Diese einfache Kausalität, der moralische Appell an das Gute im Menschen bringt uns keinen Schritt weiter. Und genau an diesem Punkt sollten wir weiter diskutieren – jenseits der Plattheiten über die Inhalte reden – da sind Namen gefallen und Beispiele genannt worden –, wo ein Unternehmen in seinem Sponsoring-Verhalten zeigt, daß es eben mehr will, als einfach nur fünf Mal erwähnt werden. Wer nur fünf Mal in den Zeitungen erwähnt werden will, kauft sich eine Anzeige ... aber er kauft sich nicht den Feuilletonisten.

Manuel Brug: Wenn Sie raffiniert sind, dann schalten Sie die Anzeige an dem Tag, an dem die Opernkritik erscheint. Da steht dann unten auf der Seite: „Siemens ist stolz, diese Aufführung präsentiert zu haben." – Hoffentlich ist die Kritik oben drüber gut.

Willy Theobald: Sponsoring ist ein „geldwerter Vorteil" für das Unternehmen, das sponsert. Das heißt, das Unternehmen will im Gegensatz zum altruistisch arbeitenden Mäzen eine Gegenleistung haben – nicht zuletzt weil seit der Gesetzesänderung von 1998 das „mäzenatische Sponsoring" steuerlich wesentlich besser gestellt ist als einfache Spenden. Ich fühle mich wohler, wenn ein Unternehmen, das mit solchen Plänen an mich herantritt, mir das auch klar sagt, anstatt altruistische Gedanken vorzuschieben, etwa nach dem Motto „Wir haben nur das Beste für die Gesellschaft, für die Kunst, für die Kultur im Auge." Das stimmt mich eher mißtrauisch. Schließlich wären sie schlechte Geschäftsleute, wenn sie ihrem Chef gegenüber sagten: „Paß 'mal auf, ich mach das nur, weil mich irgendeine Oper besonders begeistert, weil ich im Museum den Maler XY gut finde." Sie haben innerhalb des Unternehmens einen Auftrag zu erfüllen. Das ist ökonomisch und vernünftig und sie sind vernünftig wirtschaftlich planende

Einheiten. Da sehe ich einen klaren Unterschied zum Mäzen, dem ich im Einzelfall auch andere Ziele abnehme.

Moderation: Kultur-Sponsoring ist klares wirtschaftliches Kalkül, sagt Willy Theobald. Das ist Zündstoff: Sponsoren-Würdigung, Werbung und Marketing. Wie geht man denn nun als Journalist mit dem Sponsoring einer Kulturveranstaltung um?

Johannes Saltzwedel: Der in diesem Kontext auf den ersten Blick folgerichtige Gedanke, daß die Semperoper künftig mit einer werbenden Marke kombiniert werden könnte, kann zwar provozieren, würde meines Erachtens keinem der Beteiligten einen Vorteil bringen – es wäre ein Keulenschlagprinzip. Und diese Erfahrungen lehren uns, daß wir in Europa, zumindest in Deutschland, von der anderen Seite kommen. Kultur ist keine Mangelware. Es ist in Deutschland nicht so, daß wir es als Wunder empfinden müssen, wenn aus der Met in New York eine Sendung kommt, die allenthalben als „Brought to you by Texaco" gepriesen wird – und als dieses Sponsoring nach fünfzig Jahren eingestellt wurde, wurde das bereits als das „Ende einer Tradition" empfunden. Wenn wir auf diesem Weg aus der „Trailer-Dauerberieselung" hinauskämen, wäre das ja durchaus erstrebenswert. Aber das kann nicht alles sein, sondern es muß irgendeine Art der Originalität geben, mit der Sie uns polarisierend „locken". Das muß nicht unbedingt gleich eine neue Institution sein wie das Internationale Forum, sondern es können auch ganz bestimmte Einzelaspekte sein. Die Journalisten sind ja auch selber kulturengagiert. Sie möchten, daß möglichst viele und vielfältige Kulturaktivitäten stattfinden. Zusammengefaßt heißt das, wenn ein Unternehmen den schon längst als Bestseller Etablierten fördert, dann interessiert mich das kaum. Spannend finde ich vielmehr die Langzeitförderung junger Künstler – darüber schreibe ich gern.

Eleonore Büning: Ich würde gerne noch einen Schritt weiter gehen. Ich glaube, daß Sponsoring nicht mit Werbung gleichgesetzt werden kann. Darüber herrscht sogar fast Einigkeit. Wenn ein Unternehmen für Kultur Geld ausgeben will und sich Projekte sucht, die innovative Strategien oder Jugendkulturarbeit fördern, und damit zu seiner Imageförderung beiträgt, dann ist das ein Highlight. Das hat eine andere Dimension, als wenn Sie sich einen Künstler „kaufen", den Sie dann auf Ihrer Weihnachtsfeier singen lassen. Ein sehr gutes Beispiel, Herr Trümper, ist Ihre Arbeit bei den Berliner Philharmonikern. Das ist ein hoch qualifiziertes Orchester. Dort arbeiten Leute an vorderster Front an der Entwicklung neuer Möglichkeiten, um das Jugend- und Bildungsproblem lösen zu können.

Manuel Brug: Ja, das hat Vorbildfunktion.

Eleonore Büning: Ja natürlich, das ist Avantgarde, eine Speerspitze. Auf der anderen Seite leben wir in einem Land mit „kultureller Breitenwirkung". Wir haben eben nicht nur fünf Opernhäuser, sondern wir haben eine Vielzahl von großen und kleinen Stadttheatern mit mehreren Sparten. Es gibt den „Fliegenden Holländer" nicht nur in einem großen Opernhaus zu sehen, sondern in den verschiedensten Inszenierungen an fünfzehn in zwei Monaten. Diese „Grundversorgung" durch die staatliche Kulturförderung zeichnet die deutsche Situation aus – im Unterschied zu Ländern wie den Vereinigten Staaten, in denen Sponsoring einen grundlegend anderen Stellenwert hat. Wenn jetzt, seitdem der Staat weniger ausgeben kann, Unternehmen Lücken schließen sollen, dann gehen sie aber nicht an das Stadttheater von Posemuckel – das ist nicht glänzend. Unternehmen wollen mit ausgesuchten Projekten intellektuell glänzen. Das finde ich eine sehr gefährliche Entwicklung.

Frank Trümper: Also das finde ich jetzt ein bißchen komisch, daß wir dafür kritisiert werden, daß wir präsent sind.

Eleonore Büning: Nehmen Sie es als Kompliment.

Frank Trümper: Das passiert der Deutschen Bank in letzter Zeit nicht so häufig, darum nehme ich das Kompliment gerne an. Aber zu Ihrer Argumentation: Die Highlights, von denen Sie sprechen, sind natürlich da. Sie überstrahlen, daß die Deutsche Bank, insbesondere die Kulturstiftung sich seit vielen Jahren kontinuierlich für regionale Musikförderung einsetzt. Eine Vielzahl regionaler Musikfestivals von Passau über Brandenburg bis zum Rheingau-Musikfestival ist ein wesentlicher Teil des gesamten Engagements. Über die künstlerische Qualität dieser Festivals können wir trefflich streiten. Nichts desto trotz – gerade als Kontrapunkt zu dem auch bei uns im Hause häufig ventilierten Vorwurf: „Ihr macht ja nur etwas in Berlin und Frankfurt" – ist das natürlich auch wieder ein Argument zu sagen: „Nein, wir sind natürlich genauso in Dresden, in Chemnitz präsent, wie wir mit unserem kulturellem Engagement in Berlin und Frankfurt präsent sind. Da haben Sie möglicherweise ein Wahrnehmungsdefizit." Meines Erachtens wäre interessant, wenn Sie als Feuilletonisten nicht auf die unmittelbare werbliche Wirkung eines einzelnen Engagements abzielen, das Sie sich genötigt fühlen zu unterstützen, sondern daß Sie es einfach zum Thema machen und wertschätzen, daß Unternehmen mit langem Atem an diesen regionalen Engagements festhalten, auch wenn sie nicht zum Highlight taugen: „Die machen einen Superjob. Schon seit fünf Jahren stecken die so viel Geld in diese regionale Musikförderung. Und dann machen sie auch noch so etwas Tolles wie dieses Education-Projekt bei den Berliner Philharmonikern – perfekt." Das brauchen wir übrigens auch gegenüber unseren eigenen Controllern. Die erzählen uns nämlich immer, wo die Highlights sind ... weil im Feuilleton gerade irgendjemand darüber schreibt.

Was ich meine ist, wenn Ihnen die Kultur in diesem Land wirklich kultur-
politisch am Herzen liegt und wenn wir grundsätzlich darin überein-
stimmen, daß die Wirtschaft sich da engagieren soll, dann machen Sie es
doch auf der nächst höheren Ebene zum Thema. Geben Sie uns, wenn wir
einfach nur die Events absurfen, einen entsprechenden Schuß vor den Bug.
Wenn wir es aber umgekehrt schaffen, eine langfristige kulturelle Partnerschaft mit bestimmten Institutionen zu stützen, darüber innovative Dinge
zu entwickeln, auch in der Fläche nachhaltig einen Beitrag zu leisten,
dann würden wir das gern auch einmal gewürdigt sehen.

Moderation: Sie ist also heiß umkämpft – die angemessene Würdigung der
kulturellen Aktivitäten – in den Unternehmen ebenso wie im Feuilleton.
Dabei gibt es gegenüber der Kulturförderung auf regionaler Ebene, das
heißt in den Kleinstädten und bei der Erwähnung in den Lokalzeitungen
weniger Berührungsängste als auf der überregionalen Ebene. Zum Thema
Berührungsängste noch einmal Eleonore Büning und Manuel Brug.

Eleonore Büning: Ich habe keine Angst davor, Ihr Unternehmen zu erwähnen. Ich sehe nur keinen Anlaß dazu – das ist der ausschlaggebende Punkt.
Ich habe keine Schwellen- oder Berührungsängste. Diese Vokabel würde
ich in dieser Diskussion gerne streichen. Das ist nicht ausschlaggebend.

Wenn mein Thema im Feuilleton meiner Zeitung die Pisa-Studie ist, daß
das politische und kulturelle Bildungsniveau sinkt, daß das Publikum in
den Konzertsälen immer älter wird, daß die Jugend nicht kommt, dann
würde ich am Beispiel Berlins gern darüber einen Artikel schreiben, daß
auf der einen Seite die Berliner Philharmoniker Fehler nicht machen, die
sonst in der Musikpädagogik gemacht werden, weil sie mit diesem Projekt
neue Wege erproben. Und ich würde auf der anderen Seite schreiben, daß
von den Berlinern Orchestern ausgerechnet das abgeschafft worden ist,
das seit über zehn Jahren kontinuierlich Familienkonzerte macht und in

den Schulen mit den Schülern arbeitet, ohne daß es an die große Glocke gehängt worden ist, ohne daß irgend jemand das von der Wirtschaft je gesponsert hat – nämlich die Berliner Symphoniker. In dieser Geschichte würde vielleicht auch das eine oder andere Unternehmen vorkommen. Das hat aber nichts mit Angst zu tun, sondern mit Inhalten. Ich schreibe über musikalische oder musikpolitische Inhalte und ich schreibe nicht über Marketingstrategien.

Manuel Brug: Es gibt einen weiteren Aspekt des Kultur-Sponsoring. Wir erleben zurzeit, daß Sponsoring im herkömmlichen Verständnis fast schon wieder ein alter Hut ist. In den Mittelpunkt sind die „neuen Sammler" gerückt. Ihre Namen werden – auch in den Feuilletons – im Augenblick so häufig wie noch nie erwähnt. Mit eigens gebauten Museen wollen die Sammler ihren Schätzen den geeigneten Rahmen schaffen. Diese Sammler sind Unternehmen, oft Ein-Mann-Unternehmen – schließlich stehen gerade hinter zeitgenössischer Kunst nicht selten auch handfeste monetäre Interessen ... und gelegentlich auch handfeste Konflikte. Dann zieht sich ein Sammler wie jetzt gerade in Weimar einfach wieder zurück und läßt das Museum leer stehen. Dieses Thema beschäftigt uns ganz vehement und mit unglaublich viel Platz. Da kann ich nur sagen: Was Sie da für Anzeigen hätten schalten müssen, um diesen gleichen Platz zu erreichen... Aber das ist eben ein Thema. Dann nehmen wir all diese Namen in den Mund und haben überhaupt kein Problem damit. Es sind „news", es sind Geschichten. Das ist, was wir gelernt haben, im ersten Kurs jeder journalistischen Ausbildung: Was ist die „news"? Warum schreibst du darüber?

Moderation: Das deutsche Feuilleton und sein Verhältnis zum Kultur-Sponsoring – ein vielschichtiges und spannendes Thema. Was kann oder muß die Wirtschaft künftig für die Kultur tun? Können und wollen sie teilweise in die Rolle des Staates eintreten? Was kann das Feuilleton tun, damit weiterhin Kultur gefördert wird? Und was sagen die Wirtschaftsvertreter dazu? Stellvertretend dazu die Statements von Manuel Brug und Frank Trümper.

Manuel Brug: Wir sind nicht dafür da, uns vor denen zu verbeugen, die eine Aufführung ermöglicht haben, genauso wenig wie ich mich vor dem Intendanten oder Regisseur verbeuge. Das ist nicht meine Aufgabe in der Zeitung. Ich bin dafür da, für Volkes Stimme eine Meinung zu haben, aufgrund meiner Kompetenz zu sagen, wie ich diese Aufführung fand. Es bedankt sich auch niemand in der Politik beim Deutschen Bundestag, bei den einzelnen Parteien, daß er darüber berichten darf. Es bedankt sich auch niemand, der in der Wirtschaft über etwas berichtet, daß irgendeine Veranstaltung von irgendjemandem ausgerichtet worden ist. Das ist ein viel zu kurzsichtiges Denken. Ich bin doch kein „Verlautbarungsjournalist", der vorgegeben bekommt, was er alles zu sagen und zu vermelden hat. Ich habe über eine Opernaufführung zu schreiben und nicht darüber, wer diese Aufführung finanziert. Es möchten so viele Leute, die bei der Opernaufführung auf der Bühne stehen und ihre Leistung erbringen, gewürdigt werden. Nicht einmal das kann ich gewährleisten, weil mir dazu in der Regel der Platz gar nicht gegeben ist. Aber ich denke überhaupt nicht daran, darüber zu schreiben, wer alles hinter den Kulissen die Aufführung ermöglicht. Dann müßte ich auch über den Requisiteur schreiben und über die Garderobenfrau, die haben alle diesen Abend möglich gemacht.

Frank Trümper: Wir erwarten keinen Dank vom Feuilleton. Sie sollen nicht vor uns „auf den Knien liegen" – im Gegenteil. Wir wünschen uns einfach eine respektvolle Zurkenntnisnahme. Ich habe häufig jedoch den Eindruck – häufiger als in anderen Situationen – daß die Kommentare, wenn wir einmal Erwähnung finden, immer so einen kleinen ironischen Twist haben. Ich wünsche mir eine selbstverständliche Neutralität. Das heißt entweder wird der Sponsor gar nicht erwähnt oder aber mit einem grundsätzlichen

Wohlwollen – natürlich nur solange es keinen Anlaß gibt, dieses Wohlwollen in Frage zu stellen. Dem Sponsoring zunächst grundsätzlich mit einem Wohlwollen entgegenzutreten – das findet im deutschen Feuilleton im Gegensatz zum internationalen Feuilleton nicht statt. Der Vergleich mit amerikanischen, englischen, aber auch französischen und italienischen Zeitungen belegt das sehr deutlich. Diese wohlwollende Haltung vermisse ich.

Diesem Text liegt der Mitschnitt der Podiumsdiskussion zugrunde, die am 25.10.2004 im Hotel Hilton Dresden stattfand. Aus der Förderkartei des Forums für junge, hochbegabte Künstler stellte sich bei dieser Veranstaltung der Konzert- und Jazzgitarrist David Sick vor (Angaben s. bei Georg Milbradt, 09.09.2003).

4

5

7

1 Kuratoriumsvorstand Dr. Bernhard Freiherr von Loeffelholz im Gespräch mit dem Vorstandsmitglied und Schatzmeister des Forums Dr. Jürgen B. Mülder

2 Countertenor Florin Cezar Ouatu, erster Preisträger des Internationalen Gesangwettbewerbs „Competizione dell'Opera" 2004

3 Die Vorstandsmitglieder Prof. Dr. Kajo Schommer, Hans-Joachim Frey und Alexander Prinz von Sachsen mit dem Deutschen Generalkonsul Dr. Hans J. Wendler in Los Angeles beim Empfang in dessen Residenz (v.l.n.r.)

4 Die Steinway Hall: Ort des Vorentscheids für den Internationalen Klavierwettbewerb „Anton G. Rubinstein" 2005 in New York

5 Eun-Ae Kim, zweite Preisträgerin des Internationalen Gesangwettbewerbs „Competizione dell'Opera 2004"

6 Der berühmte Dresdner „Canaletto-Blick"

PROF. DR. H.C. MARKUS LÜPERTZ

Maler, Rektor Kunstakademie Düsseldorf

*Markus Lüpertz, geb 1948 in Liberec (Böhmen); Studium an der Werkkunstschule Krefeld
und der Kunstakademie Düsseldorf; seit 1961 freischaffender Künstler; 1964 Eröffnung der
Galerie Großgörschen 35, Berlin; 1970 Preis der Villa Romana; 1971 des Deutschen Kritiker-
Verbandes; 1974 Gastdozent, 1976 Professor an der Staatlichen Akademie der Bildenden
Künste, Karlsruhe; 1982 „documenta 7", Kassel; 1993 Professor Sommerakademie Salzburg;
1986 Staatliche Kunstakademie Düsseldorf, seit 1988 dort Rektor; Bühnenbilder für Opern,
Kassel, Bremen, Duisburg/Düsseldorf; 1989–90 Gestaltung Kirchenfenster für Kathedrale
Nevers*

Kunst und Kommerz

Im Klischee der
Straßenschluchten
schuften
Penner
Greise
Balletteusen
Trampelpfade
weise
nur die Großstadtkrähe
zähe
kriecht der Morgennebel
klebt am Mülltütenteppich
tanzt verliebt der Rattenkönig
Schabenhochzeit
Schwanzloskatze
frißt zu wenig.

Reden wir heute über Kunst und Kommerz und die daraus resultieren-
den Folgen für die bildenden Künstler. Von der Verantwortung des Geldes
für die Kunst und das Verhältnis des Künstlers zum Geld. Künstler sind
treue Anhängsel der Hochfinanz. Ohne großes Geld keine große Kunst.
Hier entscheidet der Künstler durch Haltung und durch ständige Qualität
über seine Unabhängigkeit. Er beweist sie durch brutales Ausnützen der
sichtbaren und brauchbaren Vorgaben. Skrupellose Anpassung, aber kein
Opportunismus; immer selbstbewußt, immer freiwillig und reflektiert. Der
Künstler hat die Verpflichtung, jedes Mittel einzusetzen, um seine Kunst
zu realisieren.

Kein Geld –
keine Frau –
kein Kind –
keine Mutter, weder Vater noch Bruder –
keine Moral –
keine Vaterlandsliebe
dürfen ihn von diesem Ziel abbringen, vom Ziel, Kunst zu machen.
Sich selbst voll und ganz hinzugeben.

In die Kunst nur einzutauchen, führt zur Mittelmäßigkeit und zu angepasster Abhängigkeit, zu sozial verwendbarer Kunst. Also, da so definiert,
keine Kunst. Die Benutzbarkeit von Kunst muß unbedingt durch viele
Widerstände verhindert werden.

Zum Beispiel:
Ironie –
Abstraktion –
Geheimnisse –
Fehldeutungen –
Unerklärbarkeiten.
Ständig verwirren, ständig sich selbst widersprechen.

Der verkannte Künstler ist ein Gesetz. Der Künstler darf nie sichtbar eine
Anstrengung zeigen. Nie zeigen, wie schwer es ihm fällt, Kunst zu machen.
Der Künstler muß das Mißtrauen des Klienten schüren, so tun, als fiele
ihm alles leicht, als sei alles ohne Mühe. Der Meister, der vom Himmel fällt.
Das Schlimmste ist die Leidensdarstellung, mit der manche Künstler versu-
chen, unseren Beruf aus der Zunft des Leichtsinns, der Gaukelei, der Arti-
stik, des Bohemiens zu verbannen, die mit kleinen Talenten pädagogische
Höchstleistungen vollbringen wollen.

Kunst ist, da sie vom Gelde lebt, nicht käuflich. Wir bezahlen ja auch nicht die Luft, die wir atmen. Wichtig ist, daß der Künstler keine Autorität über sich duldet. Das macht ihn automatisch zu einem schlechten Staatsbürger. Stellen Sie sich einen Künstler vor, der zur Wahl schreitet. Der Künstler muß darüber schweigen, muß ein Meer aus Schwächen erfinden, darf aber nicht darin ertrinken. Unter dieser getrübten Oberfläche muß vor allem der Stahl einer unverrückbaren Idee ruhen, sich spannen, aufblitzen. Der Künstler muß herausfinden, wie weit er sein Luxusbedürfnis öffentlich ausleben kann. Luxus ist gefährlich, da der Künstler als ein Parvenü erkannt und verachtet, verlacht werden kann. Wobei die Lachenden aber den Luxus als heimliches Laster im Urlaub oder auf Dienstreisen selbst betreiben und leben. Ungern zahlt ein reicher Mann dem Künstler ein hohes Honorar, wenn er sieht und weiß, daß der Künstler ein Verschwender ist oder jung oder schön oder alles zusammen.

Der reiche Mann will lieber den Künstler, wie er leidet oder krank ist. Krankhaft lasterhaft, Schwerstalkoholiker, rauschgiftsüchtig oder am besten schwindsüchtig. Das hat wenigstens Tradition. Der Reiche muß und will sich, da er zahlt, überlegen fühlen. Der Künstler hat demzufolge dem bürgerlichen Klischee, der gängigen Mode und dem existierenden Geschmack des Künstlerseins zu entsprechen.

Ein Märchen:

Ein unermeßlich reicher Prinz liebt eine wunderschöne Prinzessin. Ihr Haar war wie die Schatten der Nacht und glänzte wie das Gefieder einer blau-schwarzen Krähe. Der Körper Alabaster mit dem leicht durchschimmernden Rosa des pulsierenden Blutes. Dieses Rosa, das dem Alabaster seine besondere Farbe gibt, ihn seltsam und geheimnisvoll macht. Ihre Lippen waren Korallen, weitschweifig rote Horizonte, in denen die strahlend weiße Perlenkette der Zähne blitzte. Eher klein von Wuchs, doch ein Erlebnis an Hügeln und Tälern. Ein Körper von der Eleganz alter Amphoren, die durch ihre üppige und doch grazile Kühnheit in Erstaunen setzen. Wenn sie sprach, troff Honig von ihren Lippen, ihre Seufzer jagten tausend Schauer über den Rücken des Glücklichen, der sie vernahm. Ihr Gang war schwebend und strafte die Schwerkraft üblicher Schritte Lügen. Sie strahlte vor Liebreiz und Jugend. Der Prinz liebte sie mit aller Heftigkeit und Sehnsucht, begehrte sie zur Frau, und da sie seine Liebe erwiderte, feierten sie Hochzeit.

Ein paar Jahre war ihnen das Glück reiner Liebe und Erfüllung vergönnt. Doch dann schlug das Schicksal zu. Eine Schlange im Garten, vom Gärtner übersehen, biß die Schlafende, während ihr Prinz sich bei der Falkenjagd ergötzte. Ohne Rettung starb sie nach kurzem Leiden. Keiner kann sich den Schmerz des Prinzen vorstellen, als er vom Tod seiner Geliebten erfuhr. Er raufte sich die Haare, bestreute sie mit Asche, zerriß seine Kleider und schlug sich den Kopf blutig, verweigerte die Nahrung und weinte bitterlich ohne Ende.

Nach einigen Monate faßte er sich und beschloß über dem Grab seiner Geliebten einen Palast zu errichten, der seinesgleichen nie gesehen hatte. So großartig wollte er das Andenken an seine Geliebte aller Welt kundtun. Er begann und von nun an war ihm nichts zu teuer, nichts gut genug. Die besten Baumeister aus aller Welt, die besten Handwerker, das war Bedingung. Die besten Materialien: Gold, Silber, Marmor, sogar Edelsteine für die Fußböden. Die schlankesten Säulen, die kühnsten Schwünge und Bögen, farbiges Glas für die Fenster: alles fürs Grab der Geliebten. Die Zimmer, die Sälen glichen, wurden mit Mosaikdecken und seidengespannten Wänden, die Fußböden mit Goldstaub, der wie Treibsand schwamm, geschmückt. Und des Prunkens und Blitzens war kein Ende. Die Augen wurden geblendet und reizten die Sinne.

Nach tausend und mehr Monden war das Werk fertig, und der Prinz schritt das Mausoleum seiner Liebe ab. Und er sah, es war prächtig und gelungen, und die Großartigkeit des Bauwerks erfüllte ihn mit einem nie gekannten Glücksgefühl. Aber etwas fing an, ihn zu beunruhigen, ließ ihn nicht mehr los, und er versank in tiefes Grübeln. Er schreckte auf und fuhr hoch. Nun wußte er was ihn störte, beunruhigte. Es war das Grab. Er ging zu seinem Baumeister und befahl, das Grab zu entfernen.

Kunst und Geld, also Kommerz, waren und sind ewig verbunden.

Eine gute Ehe.
Leben Sie doch in einem von Notwendigkeit und Verachtung geprägten Verhältnis. Einem Verhältnis des gegenseitigen Verleugnens, der Lügen, der Halbwahrheiten, der Entschuldigungen und Beschimpfungen. Ein Verhältnis also, bei dem das Eine vom Anderen nicht lassen kann.
Eine gute Ehe also.

Große Kunst gab und gibt es nur im Reichtum. In Zeiten des Überflusses. Länder, Städte und Institute, die sich neu begründen, haben bestenfalls Kultur, aber nie Kunst.

Alle großen Kultivierungen oder (ganz aktuell) alle großen Wiederver-
einigungen haben nie Kunst geboren, nie gefördert. Ja: Unter dem
Vorwand, es gäbe Wichtigeres, Kunst abgeschafft, Förderungen beendet,
die Kunst sich selbst überlassen. Ob das gut oder schlecht ist, weiß
ich noch nicht.

Zerstört haben diese Veränderungen auf jeden Fall viel.
Ist ja auch einfacher:
beenden,
abschaffen,
der Notwendigkeit opfern.

Machen die Gesetze, vordergründige, wirtschaftliche Interessen, Tageslosungen. Das vordergründige Soziale beendet kulturelle Gewohnheiten.

Bei politischen Umständen wie Arbeitslosigkeit,
Ausländerhaß,
Rauschgiftkriminalität
und der damit verbundenen Verängstigung der Städte, Dörfer und Randge-
biete.

Mord und Totschlag, also Dinge, die es früher angeblich nur in amerikanischen Filmen gegeben hat, und früher war sowieso alles besser. Diese lang-
weilige Formel ist auch noch gängige Flucht.
Bei allen diesen Tageslosungen ist es unmöglich, sich auf Kunst zu konzentrieren, die Sensibilität für die Schönheit einer Form zu erfahren. Es wird
behauptet, dieses sei sogar lebensgefährlich.

Mittelmäßige Poesie besserwissender Autoren, pädagogisches Malen. Rechthaberische Volksschauspiele, die das Beschimpfen der Zuschauer zum Genie stilisieren, die in der angeblichen Sprache der Straße verständliches, vordergründiges Zeug produzieren, ein Zeug also, das für Pfennige an jeder Straßenecke zu erwerben ist.

Billiges also ist in diesem Zustand Kunstersatz.
Billiges,
T-Shirt-Kunst,
Jeans- und Turnschuh-Kunst,
die ihre höchste Form in der ständig erschwinglichen, permanent vertretenen Beatmusik hat und dokumentiert.

Nie ist es dem Kommerz gelungen, einen so verheerenden Einfluß auf eine ehemals ernstzunehmende, auf eine kulturelle Äußerung zu nehmen. Mit perfiden Umfragen werden Themen lokalisiert, Zielgruppen bestimmt und kreiert, werden Opfer des existentiellen Unvermögens zu Käufern umfunktioniert.

Sind die Texte und der Rhythmus dieser Bewegung,
nein:
dieser Gehirnwäsche,
dieser terroristischen Gehirnwäsche,
immer unten angesiedelt.
Im Unglück und dem dazugehörenden kleinbürgerlichen Glück,
im Pech
in Schuldzuweisungen,
die kleinbürgerlichste Ausrede
des eigenen Versagens.

Ist Mißerfolg die Eintrittskarte zu dem Rummel der Pfennigphilosophie
von:
Ich liebe Dich – von:
Ich liebe dich nicht – von:
Du liebst mich nicht – oder:
Gestern starb mein Bruder an einem goldenen Schuß
oder:
Meine Eltern ließen sich scheiden,
und es regnet
Yea! Yea! Yea!

Diese Formen des kommerziellen, ausgepowerten Kulturersatzes zerstören
die Bereitschaft zur Bildung.

Ich will ein kleines Beispiel einfügen:

Letztens las ich in einer Zeitung, wir kennen sie alle
Schwarz – Weiß – Rot,
Saudi Arabien sei bankrott.
Der Krieg, das Öl und die vielen Vorteile, Saudi zu sein, fräßen ihr ganzes
Geld.

Nur: Erschreckend an diesem Bericht war die Häme, die aus diesem
Artikel sprach. Kann ich mir doch diesen Schreiber genau vorstellen.
Durchgedrückte Knie und Beine, blau gestrichen, durch Jeans Hänge-
arsch, Fransen, Nasenbohrer, Popelkauer usw. Da war er wieder, der
Neid.

In boshafter Weise wurde nämlich der ganze Luxus aufgezählt, den die Scheichs entfalten. Jede Spezialanfertigung von Uhr bis Auto, jede Orgie bis ins Einzelne beschrieben und die Preise aufgeführt. Der Schreiber muß dabei gewesen sein oder hat Hörensagen niedergeschrieben, also Gemeinplätze, Voreingenommenheiten. Eine Hure, die Nacht 10.000 Dollar usw.

Und dann kam's:
Die armen, domestizierten, zur Jagd abgerichteten Falken. Diese Form der Jagd wurde als besonders dekadent, da besonders luxuriös, beschimpft. Für mich hingegen ist die Falkenjagd, ein Beispiel der ältesten, schönsten und kunstvollsten und romantischsten Form der Jagd überhaupt. Dieses Wort Falkenjagd erweckt Bilder, die mich entzücken. Die Wüste. Leichter Wind. Staubiges Etwas. In Bodennähe kleine Sandwindwirbel. Wiegende Palmen beschatten das klare, blaue Auge der Oase. Wiegende Palmen vor klarem, stählernem Himmel, durchschnitten vom Horizont, der das Sandmeer gelb vom tiefblauen Himmel trennt. Darin dann die einsame Gestalt des Jägers. Ruhig, gelassen, weiß in seinem rot eingefaßten Burnus und auf der Faust seines verlängerten Arm der Falke lauernd, bereit zum Aufsteigen. Dann, versteckt hinter einer Düne, natürlich ein Rolls Royce, einer oder drei, was soll's.

Dann das Fußvolk. Die Fahrer in Uniform, natürlich vom Werk abgestellt und ausgebildet.
Die Treiber,
der Harem,
untergebracht in Luxuszelten, flatternd bunt schimmernd,
winderzeugtes Eigenleben,
schattenspendend und ewig.

Diese Bilder sind archaisch, künstlich und 1.000 und 1 Nacht alt.

Was stört da das Luxusauto, was stört da die Hure für 5.000 oder 10.000 Dollar. Wen stören die Harems, die hundert Prinzen und Prinzessinnen, was wären wir denn ohne solche Märchen, ohne hemmungslos erfüllte Träume? Ohne unerreichbare Träume, die sich einige wenige erfüllen dürfen? Die Träume, die dadurch wahr und anfaßbar werden. Darüber hinaus ernähren diese Träume Hunderte von Menschen und sind Anschauungsunterricht für uralte Handlungen und Rituale. Laßt die paar Prinzen reich sein, solange sie Geld und Kultur hemmungslos verschwenden, und beweint sie, wenn sie an der Verschwendung verarmen.

Erweckt doch neuerdings nicht nur Reichtum, sondern auch Bildung (und das ist eigentlich ein Kompliment) Neid. Neid, nicht mehr als heimliches, bestgehütetes Geheimnis eigener Unzulänglichkeit und eigenem Versagens, nein, sondern Neid als Forderung!

Ein Recht auf Neidbewußtsein.
Ein Recht, das auf Zerstörung hinzielt,
auf Abschaffen,
das Abschaffen gesellschaftsfähig macht.

Das Verschmieren, (und das ist ein Beispiel) aller öffentlichen Kostbarkeiten wird entschuldigt von der optischen Berührungsästhetik. Anspruchsvolle Oberflächen im öffentlichen Raum werden unmöglich gemacht. Dieser mittlerweile geduldete, ignorante Kahlschlag uniformiert die Umwelt und korrumpiert den öffentlichen Geschmack, sichtbar das Häßliche. Gebiert Dünkel aus dem leider noch vorhandenen Gefühl des Verlustes. Gebiert eine leicht gebesserte Kunststoff-Farbigkeit, Mist in Hellblau, Grau und Rosa, schwärzelndes Taubengrau (Taubenscheiße nicht unähnlich).

Verfärbt und bevölkert parasitenhaft trostlose Windkanäle, die als Fußgängerzonen und verlarvte, geistige Einbahnstraßen getarnt sind.

Die von zu Hause zum Video-Laden und zurückführen, mit kleinen, schweinischen Abstechern, in diverse Pornoabteilungen, und dann der kurze Genuß eines Kommunikationsversuchs in der Kneipe, die am Wege liegt.

Kurz nur,
da ab 8.00 Uhr abends König Fernsehen mit eisernem Besen die Straße fegt,
um die individualisierten,
revolutionierten
toughen
quicken
da viel gewaschenen,
Airbag gesicherten
Anschnallapostel
in ihre nichtraucher- und
feuerversicherten,
blitzschlagungefährdeten
Wohnhöhlen treibt.
In die Vater-, Mutter- und höchstens Zweikindereinsamkeit
Idylle betoniert, beerdigt.

Gefesselt durch ein beleuchtetes Quadrat,
das flimmert,
quäkt,
jammert,
brüllt,
und sich in Gefahr begibt,
Katastrophen bekämpft,
den Weltfrieden permanent rettet und ständig im Liebessumpf versinkt,
nie Ruhe gibt,
nie aufgibt.

Nur unterbrochen von noch eindeutigeren, klareren Schicksalen, Rechten, und hundertprozentigen Versprechen auf Glück, langes Leben und Gesundheit.

Garantiert durch Genuß von Margarine, dem richtigen Kaffee (der falsche führt sofort zur Hölle), Cognac, Bier.
Das richtige Auto, gemacht im Paradies, und Barbie-Puppen.

Verführt durch eine Erlebniswelt, die nur in einem nicht zu finanzierenden Urlaubsritual besteht:
weißer Strand,
schöne Frauen,
schwarze Diener in weißen Jacken und Handschuhen,
offene Wagen, meist weiß, Leder und teuer, auf jeden Fall sportlich (eine der schrecklichsten Forderungen an Mann und Frau),
Surfbrettern,
und trotz Rauchen und Saufen lauter gestählte Körper,
Potenz,
Segeljachten,
Freunde – alles Golfspieler -,
Handicap 4 bis 5 und
jede Menge Kohle.

Es wird systematisch eine unstillbare Sehnsucht erweckt, die direkt in die Unzufriedenheit führt, Frustration gebiert.

Die eigene Welt negiert, das Selbstbewußtsein, zerstört, den Einheitsteppichboden zum Schlamm der eigenen Unzulänglichkeit näßt und das

einmal mit Liebe geklebte Holzfurnier auf Tür und Fensterbrett zu Wür-
mern und Maden werden läßt. Die Frühverwesung des geistigen oder un-
schuldigen Vergnügens illustriert.

Diesem Text liegt ein Vortrag zugrunde, der am 02.11.2004 in der Villa Tiberius gehalten
wurde. Aus der Förderkartei des Forums für junge, hochbegabte Künstler stellte sich bei
dieser Veranstaltung der Cellist Tobias Bäz, geb. 1985, vor, der seit 2004 Substitut der
Dresdner Staatskapelle und der Dresdner Philharmonie ist und 2005 den ersten Preis beim
Internationalen Wettbewerb für junge Cellisten gewonnen hat.

FRITZ PLEITGEN

Intendant des Westdeutschen Rundfunks

Fritz Pleitgen, geb. 1938 in Duisburg; 1959 Volontariat bei der „Freien Presse" Bielefeld; 1963 Berichterstattung aus Zypern und Nahost für den WDR; 1977–82 Leiter des ARD-Studios in der DDR; 1982–87 des ARD-Studios Washington; 1987–88 des ARD-Studios New York; 1988–93 Chefredakteur Fernsehen, Leiter des Programmbereichs „Politik und Zeitgeschehen"; 1994 Hörfunkdirektor, Juli 1995 Intendant des WDR; 2001–02 Vorsitzender der ARD; seit 2002 Vizepräsident der European Broadcasting Union (71 Fernseh- und Rundfunkanstalten aus 52 Ländern Europas, Nordafrikas und des Nahen Osten)

Das Dreieck Kultur, Wirtschaft und Medien im Ruhrgebiet –
Die Bedeutung des Wechselspiels zwischen Kultur und Wirtschaft
aus Sicht der Medien

Der WDR stellt für unser Publikum nicht nur Kultur her, er ist im Sinne
seines Informations-, Unterhaltungs- und Bildungsauftrages originärer
Teil der Kultur – gewissermaßen als kreativer Akteur. Er berichtet auch
über Kultur – das ist auch eine seiner Hauptaufgaben. Er sollte dabei durchaus aus sich herausgehen und schöpferische Potentiale im Lande wie ver-
wunschene Prinzessinnen wach küssen … ein bißchen Zärtlichkeit und
Erotik darf sein, wenn es dem Wohle des Landes dient … und damit bin ich
mitten im Thema.

Fangen wir dabei am Besten beim Stammvater der engen Symbiose von
Kultur und Wirtschaft an: Cillius Mäzenas, ein etruskischer Adeliger,
geboren etwa 70 vor Christi. Dieser Mann, der von Hause aus Politiker war,
förderte die Künste, vor allem die Literatur. Dies tat er so intensiv und so
nachhaltig, daß bis heute sein Name als Synonym bekannt ist für das frei-
giebige Unterstützen von Kunst und Kultur. Die von Mäzenas geförderten
Dichter, allen voran Vergil und Horaz, haben es ihrem Wohltäter gedankt,
indem sie seinen Namen in ihren Werken verewigten – auch ein schöner
Effekt. Welcher Kulturförderer im Jahr 2004 wird wohl im 41. Jahrhundert
noch so bekannt sein?

Doch ich möchte nun aus Vergangenheit und Zukunft in die Gegenwart
zurückkehren, denn gerade heute, in Zeiten leerer öffentlicher Kassen, in
Zeiten, in denen sich die Furcht um Arbeitsplätze breitmacht, der Konkur-
renzdruck steigt und die Politik mühsam nach Auswegen sucht, gerade in
diesen Zeiten ist das Wechselspiel von Kultur und Wirtschaft mit dem
Transmissionsriemen Medien besonders wichtig. Kultur kommt aus der

Mitte der Gesellschaft. Sie animiert, sie inspiriert und sie motiviert. Kultur muß Bürgerinnen und Bürger erreichen, erfaßbar und erfahrbar sein. Dazu bedarf es einer breiten kulturellen Durchdringung des Alltags, in allen Bereichen und für alle Zielgruppen. Wir brauchen neben einer alltäglichen Gegenwart von Kulturproduktionen auch Ereignisse von großer Strahlkraft. Spektakuläre Präsentationen wie die Christo-Verhüllung oder die MoMA-Ausstellung in Berlin oder in Essen die Cezanne-Ausstellung erzeugen Aufbruchstimmung.

> Eine blühende Kulturlandschaft darf nicht vor lauter Sparanstrengungen zum Luxus werden. Sie ist vielmehr eine Notwendigkeit, eine Lebensversicherung für eine vitale Gesellschaft und ihre Wirtschaft, ...

... gerade in der globalen Konkurrenz. Die kulturelle Vielfalt ist Europas Wettbewerbsvorteil. Kultur ist ein wichtiger Standortfaktor. Oder würden wir, wenn wir zwischen Jobangeboten in verschiedenen Städten wählen können, just in jene Stadt gehen, wo das Stadttheater dicht macht und die Künstler abwandern, weil das Publikum ausbleibt? Das gilt auch im internationalen Vergleich. Städte wie New York, Paris und Madrid gelten insbesondere wegen ihrer kulturellen Schätze als attraktiv. Es ist sicher auch kein Zufall, daß in New York das wirtschaftliche und das kulturelle Herz Amerikas schlägt. Andere Regionen können durch ein kulturelles Highlight manches Defizit ausgleichen: zum Beispiel Bilbao, das durch sein Guggenheim-Museum plötzlich auf der kulturellen Landkarte strahlend erschienen ist. Solche Einrichtungen entfalten eine große dauerhafte Strahlkraft, die sich auf alle Bereiche unserer Gesellschaft ausdehnt. Umgekehrt sind Nachrichten, wie sie seit geraumer Zeit aus Berlin kommen, wo die Theater- und Kulturszene teilweise heftig um das Überleben kämpft, alles andere als standortfördernd. Dies soll kein Aufruf an deutsche Unternehmen sein, sich stärker auf Berlin zu konzentrieren. Damit soll nur deutlich werden, daß ein Grund, warum die Wirtschaft Kultursponsoring betreibt, neben ihrer gesellschaftlichen Verantwortung, der sie sich verpflichtet fühlt, sicher auch der Wunsch ist, ihren eigenen Standort attraktiver zu gestalten. In Zeiten der Globalisierung ist dies zwar nicht mehr so einfach, dennoch genauso effektiv. Gute Beispiele dafür finden wir in Düsseldorf. Der Energiekonzern e-on ging mit der Stadt Düsseldorf ein Public Private Partnership ein, nahm einen zweistelligen Millionenbetrag in die Hand und errichtete in der Landeshauptstadt im Ehrenhof das „Museum Kunst Palast". Mittlerweile sind zusätzlich die Metro Group und die Degussa AG dieser Partnerschaft beigetreten. Erstklassige Ausstellungen und hochkarätige Musikveranstaltungen werten den Standort Düsseldorf auf, wovon die Wirtschaft wieder profitiert. Ebenso sichert das Engagement von Stiftungen, die große Konzernlenker eingerichtet haben – die Alfried-Krupp-von-Bohlen-und-Halbach-Stiftung, die Bertelsmann Stiftung von Reinhard Mohn – die Zukunftsfähigkeit unserer Gesellschaft auf einer sehr breit angelegten Basis – so breit wie sich Kultur eben definiert, nämlich als „die Gesamtheit des von Menschen Geschaffenen".

Das bedeutet, Kultur und Wirtschaft bedingen sich gegenseitig. Folgendes Bild beschreibt diese These: Die Kultur ist der Humus, auf dem sich auch die Wirtschaft entfalten kann. Eine der Kernfragen des Internationalen Forums für Kultur und Wirtschaft lautet nicht ohne Grund und nicht ohne Hintersinn: Was kann die Kultur für die Wirtschaft leisten? Das ist eine trickreiche Frage, umgekehrt fällt die Antwort leichter, denn ohne Finanzierung, ohne wirtschaftliches Umfeld, können kulturelle Leistungen auf Dauer nicht überleben. Auch Kulturträger und Kulturschaffende bedienen sich wirtschaftlicher Methoden, um ihre Produkte an den Mann oder an die Frau zu bringen. Sie schaffen damit wiederum eine Grundlage für neues kulturelles Schaffen, inklusive positiver Folgen für die Wirtschaft.

Auf Neudeutsch spricht man von „side effects" oder „spin offs". Diesen sehr theoretischen Rahmen möchte ich durch weitere praktische Beispiele aus der Region rund um Essen ausfüllen. Hier wird der enge Zusammenhang zwischen Kultur und Wirtschaft anschaulich. Der Strukturwandel hat in den vergangenen Jahren das Ruhrgebiet, einst das schwerindustrielle Herz Deutschlands, komplett umgekrempelt. Stahlwerke mußten schließen, Kohleschächte wurden und werden dicht gemacht, tausende Arbeitsplätze gingen verloren. Auch wenn sich die RAG im Wettbewerb sehr gut behauptet, hat der Niedergang von Kohle und Stahl an der Ruhr das Gesicht der ganzen Region verändert. Die alte Industrieregion Sachsen hat einen ähnlichen Umbruch erlebt. Daß im Ruhrgebiet aber keine gigantische Industriebrache entstanden ist, sondern eine blühende Kulturlandschaft, ist ein Verdienst der engen Zusammenarbeit von Wirtschaft, Kultur und Politik unter der Mitwirkung der Medien. Dieses enge Zusammenspiel erfordert mitunter einen langen Atem. So vollzog sich der Umbau vom Industrierevier zur Kulturregion an Rhein und Ruhr über viele Jahre. Sichtbar wurde dies an der Internationalen Bauausstellung Emscher Park, der IBA. Über zehn Jahre hinweg von 1989 bis 1999 haben das Land Nordrhein-Westfalen, viele Unternehmen und auch der WDR daran mitgewirkt, diesem Programm gewordenen Wandel von einer Industrie- zu einer Kulturlandschaft Konturen zu verleihen. Dabei spielte und spielt der Gedanke des Netzwerks die zentrale Rolle. Die IBA setzt sich aus über hundert einzelnen Projekten zusammen, verteilt auf die siebzehn Städte in der Emscher-Region. Erst die Gesamtheit dieser Mosaiksteine ergibt das komplette Bild einer sich dynamisch wandelnden Region. Dafür wurde die stattliche Summe von etwa zweieinhalb Millionen Euro investiert. Dieses Geld ist aber gut angelegt, vor allem weil damit wieder neue Impulse entstanden sind. Auch der Lebenslauf der Zeche „Zoll-Verein" belegt, wie Wirtschaft und Kultur Hand in Hand gehen: Der „Zoll-Verein" war einst eine der leistungsstärksten Zechen und Kokereianlagen weltweit. Heute gilt sie als „Kathedrale der Industriekultur". 1986 wurde sie stillgelegt, fünf Jahre später, umgebaut zum Museum und Veranstaltungszentrum, hat die UNESCO sie in ihre Weltkulturerbe-Liste aufgenommen. Heute steht der historische „Zoll-Verein" wieder für Innovation und ist ein Treffpunkt für Kultur und Wirtschaft. Ein weiteres Beispiel kulturellen Engagements der Wirtschaft begleitet von den Medien ist das Max Ernst Museum in Brühl, das im April 2005 seine Tore öffnen wird. Die Kreissparkasse Köln will ihre nahezu vollständige Sammlung der Druckgrafiken Ernsts gemeinsam mit der Stadt Brühl der Öffentlichkeit zugänglich machen und der WDR wird Medienpartner sein. Schließlich wurde das Colosseum Theater in Essen – die ehemalige VIII. Mechanische Werkstatt und das Torhaus zum Krupp-Gelände, 1996 zu einem Musical-Theater umgebaut und ist mithin ein kultureller Kommerzbetrieb, der bislang erfolgreich läuft. Hier kurbelt Kultur also wieder die Wirtschaft an. Es ist daher nur konsequent, daß sich Essen als europäische Kulturhauptstadt 2010 bewirbt und zwar stellvertretend für das ganze Ruhrgebiet. Das Motto dieser Bewerbung steht für sich: „Wandel durch Kultur – Kultur durch Wandel".

Jede Seite des hier beschriebenen Dreiecks aus Kultur, die Kulturpolitik einschließt, Wirtschaft und Medien hat ihre spezifische Aufgabe und ihre spezifische Verantwortung. Und wie ein Dreieck nur ein Dreieck ist, solange sich seine drei Seiten an den Ecken berühren, so funktioniert das Netzwerk von Kultur, Wirtschaft und Medien auch nur, wenn der Input von allen drei Seiten kommt und vor allem das Publikum nicht vergißt, denn in diesem Dreieck ist immer das Publikum als Mittelpunkt die entscheidende Zielgröße. Erst dann können kulturelle Magnete erster Güte und von internationalem Format entstehen. Sie müssen professionell sein und nachhaltig, denn gerade weil die Füllhörner über der Kultur längst nicht mehr so ausgeschüttet werden wie früher, hat sich die Konkurrenz erheblich verschärft.

Der Erfolg dieser Strategie zeigt sich beispielsweise an den verschiedenen Festivals: der „Musiktriennale" in Köln, den „Ruhrfestspielen" in Reckling-hausen, der „Ruhr Triennale" oder dem „Klavier-Festival Ruhr." Letzteres gilt als einer der renommiertesten Festspiel-Zyklen weltweit. Sie sind zum unverzichtbaren Standortfaktor der Region geworden. Alle vier Festivals erfreuen sich breiter Förderung seitens der Industrie und auch des WDR – ohne die Medienpartnerschaft mit dem öffentlich rechtlichen Rundfunk mit seinen variablen Sendemöglichkeiten, ohne eine breite Berichterstat-tung, vor allem ohne die Möglichkeit, etwa Spitzenkonzerte in den eigenen vier Wänden genießen zu können, würden nämlich derartige Kultur-Events kaum einen solchen Bekanntheitsgrad erreichen. Als Reaktion auf die immer spärlicher fließenden öffentlichen Mittel für Kultureinrichtun-gen und Kulturveranstaltungen aller Art hat WDR 3, das Kulturradio des WDR, seit einigen Jahren das Konzept der sogenannten „Kulturpartner-schaften" entwickelt und ausgebaut. Wir haben uns damit bewußt verab-schiedet von punktuellen Präsentationspartnerschaften. Wir setzen statt-dessen auf dauerhafte Partnerschaften mit den Kultureinrichtungen des Landes. Nach dem Motto „Gemeinsam sind wir besser" fördert der WDR inzwischen 78 Theater, Opernhäuser, Veranstaltungsorte, Verbände und Museen in ganz Nordrhein-Westfalen. Diese Kulturpartnerschaften stellen im Übrigen keine Einbahnstraße dar. Sie basieren auf Gegenseitigkeit. Der WDR unterstützt die Veranstaltungen, die wiederum werben für das Programm WDR 3. Mittlerweile vermelden die Veranstalter spürbar gestie-gene Besucherzahlen – das Konzept geht also auf.

Die Kulturpartnerschaften schaffen eine Öffentlichkeit für Kultur, die heutzutage schlichtweg nicht mehr zu finanzieren und damit schon längst verschwunden wäre.

Über diese Partnerschaften hinaus wirkt der WDR auch als Produzent und Auftraggeber von Kultur sowie über die Filmförderung. Die zahllosen Honorare, die Autoren, Künstler, Regisseure, Schauspieler und andere erhalten, düngen nicht nur das kulturelle Umfeld, sie kurbeln auch die Wirtschaft an. Es müssen also immer mehrere Faktoren zusammenkommen, um das Wechselspiel zwischen Kultur und Wirtschaft erfolgreich und fruchtbar zu machen. So steht wieder das Stichwort Netzwerk im Raum, das jedoch die richtigen Rahmenbedingungen braucht – die Gebührenzahler haben Anspruch auf ein großes Leistungsspektrum mit vielen Angeboten als Äquivalent für ihren finanziellen Einsatz.

Mit Blick auf die Gebührensituation wird auch der WDR Einschnitte in allen Bereichen vornehmen müssen – auch im Programm: in der Unterhaltung, im Sport, in der Information und leider auch in der Kultur. Obwohl die positive Rolle des WDR als kultureller Impulsgeber dadurch schwächer wird, werden wir uns dennoch weiterhin mit den uns zur Verfügung stehenden Mitteln gesellschaftlich intensiv engagieren. Um die Kultur in dieser Situation vor Schaden zu bewahren, müssen Kulturschaffende, Kulturinstitutionen, Bürgerschaft und Wirtschaft verstärkt Bündnisse eingehen. Der Anteil nichtstaatlicher Finanzierungsmodelle muß erhöht werden. Neue kreative Partnerschaften sollten entwickelt werden, von Stiftungen und klassischem Mäzenatum über Public Private- und Public Public Partnerships hin bis zu marktbasierten Förderfonds.

Aus der Kulturförderung erwächst auf der anderen Seite gleichermaßen die Verantwortung der Kunstschaffenden neben der eigentlichen Kunstproduktion, ihr Wissen in die Gesellschaft zurückzutragen.

Brauchen wir vielleicht ein internationales Benchmarking, das Potentiale und auch Grenzen aufzeigt? Eine immer wichtigere Rolle wird ohne Zweifel das bürgerliche Engagement bilden müssen. In den USA waren im Jahr 2001 650 Bürgerstiftungen, „communitiy foundations", mit einem Vermögen von 65 Milliarden US-Dollar registriert. In unserem Land hingegen existierten nur 60 Bürgerstiftungen – immerhin mehr als die Hälfte davon sind hier in Nordrhein-Westfalen angesiedelt. Nordrhein-Westfalen bringt alle Voraussetzungen mit, sich als ein kulturelles Kraftzentrum von europäischem Rang zu etablieren. Diese Chance wollen wir beherzt und mit Verstand wahrnehmen.

Diesem Text liegt ein Vortrag zugrunde, der am 08.11.2004 bei einer Gastveranstaltung des Forums bei der RAG in Essen gehalten wurde. Aus der Förderkartei des Forums für junge, hochbegabte Künstler stellte sich bei dieser Veranstaltung das Klavierduo Sonja und Shanti Sungkono vor, das Gewinner des Jeanette & Jerry-Coppola-Preises beim Murray Dranoff International Piano Competition 1999 in Miami war.

DR. H.C. NIKOLAUS SCHWEICKART

Vorsitzender des Vorstandes ALTANA AG

Nikolaus Schweickart, geb. 1943 in Kamp/Rhein; Studium der Rechts- und Staats-
wissenschaften in Bonn; 1971–73 Assistent im Deutschen Bundestag; 1974–76 politischer
Referent; 1977 im Günther-Quandt-Haus, Bad Homburg, persönlicher Referent von
Dr. Herbert Quandt; 1987 Mitglied des Vorstands, seit 1990 Vorstandsvorsitzender
ATLANTA AG; Vorsitzender der Herbert-Quandt-Stiftung; Dr. h.c. der WHU Koblenz
sowie der TU Dresden; Vorsitzender der Administration des Städel Museum, Frankfurt;
Kuratoriumsmitglied Wiederaufbau der Frauenkirche e.V., Dresden, und der Deutschen
Akademie für Sprache und Dichtung

Wie viel Kultur haben deutsche Manager bzw. Unternehmer?

Ein Amerikaner fängt in der Regel eine Rede mit einem Scherz an. Ein Deutscher mit einer Definition. Ich mit einem Zitat. „Wer nur um Gewinn kämpft, der erntet nichts, wofür es sich zu leben lohnt." Antoine de Saint-Exupery, Literat und Moralist.

Sie werden sich vielleicht fragen, ob Sie in der falschen Veranstaltung sind, daß hier ein überzeugter Marktwirtschaftler plötzlich zu einem linken Systemkritiker in Richtung Profitmaximierung geworden ist. Beileibe nicht, denn mit diesem Zitat will ich andeuten, daß es eine ethische Dimension unternehmerischen Handelns gibt. Ein Unternehmen ist natürlich eine ökonomische Veranstaltung. Ein Unternehmen ohne Erfolg, ohne Gewinn oder Leistung ist ein Fall für den Konkursrichter. Erfolg allerdings verpflichtet. Ebenso wie Eigentum verpflichtet. Das steht sogar im Grundgesetz. Das ist sogar einklagbar. „Erfolg verpflichtet" ist nicht einklagbar, es ist aber die ethische Dimension des Begriffes Erfolg, den Saint-Exupery damit andeuten wollte. Und weil ein Unternehmen nicht nur eine eindimensionale ökonomische Veranstaltung ist, ist es eingebettet in einen gesellschaftlichen Raum, in einen gesellschaftlichen Rahmen, der ohne aktive Mitwirkung von Bürgern, von einzelnen Bürgern, von Unternehmern als Bürgern, nicht leben kann. Ich will es mal so formulieren: Ein Unternehmen oder eine Gesellschaft, die nur nach ökonomischen Prinzipien gestaltet wird, erstarrt an ihrer Effizienz. Das ist wiederum vielleicht ungewöhnlich zu hören von Menschen, die sehr stark wie unsereiner um Effizienz, um Effektivität, um Benchmarks, um Leistung und Wettbewerb tagtäglich ringen müssen. Aber die gesellschaftlichen Rahmenbedingungen entstehen in ihrer Qualität, in ihrer Attraktivität, in ihrer Ausstrahlungswirkung eben nicht von selbst. Und wenn ein Unternehmen sich

nicht um das bonum commune, um die Civil Society kümmert, dann tun
es andere. Und dann tun es solche, denen das Denken, die Orientierung an
Leistung, Erfolg möglicherweise nicht in die Wiege gegeben ist: der Staat.
Vielleicht ist Ihnen aufgefallen, daß es nirgendwo auf der Welt den Begriff
„Vater Staat" gibt, den gibt es nur im Deutschen. Vater Staat. Was kommt
darin zum Ausdruck? Die Orientierung nach Betreuung, nach Fürsorge
von der Wiege bis zur Bahre. Das was man in etwas gelegentlich
überspitzter Verkennung als soziales Wohl beschreibt. Dieses ist in der Tat
in dem Mentalitätsprofil der Deutschen sehr stark entwickelt, und ein Teil
unserer Probleme. Wenn also Unternehmen nicht die Rolle als Corporate
Citizen, als Bürger, der sich aktiv für das Gemeinwohl einsetzt, übernehmen, dann tritt diese Entwicklung, die Verstaatlichung der Gesellschaft ein. Das führt in der Tat zu Erstarrung, zu Verteilungskämpfen, zu
weniger Wettbewerbsfähigkeit, wiewohl gleichzeitig sich im Umfeld die
globalen Dimensionen beschleunigen und wir nicht mehr in der geschütz-
ten Nische sitzen.

Was hat das nun mit dem Thema Kultur, dem Thema Kunst, dem
Thema öffentliches Gemeinwohl zu tun? Blicken wir doch mal in die USA.
Ich bin aus beruflichen Gründen sehr häufig in den USA und bin durchaus
weit davon entfernt, alles was sich dort abspielt, zum Maßstab aller Dinge
zu machen. Weder im Ökonomischen noch im Gesellschaftlichen oder Kulturellen. Aber die Kultur des Gebens und Förderns in der amerikanischen
Wirtschaft, in der amerikanischen Unternehmerschaft, in den amerikanischen Familien, also in dem Compassioned Capitalism, wie es so schön
heißt, also dem Gesellschaftssystem, das sich enorm stark aus privaten
Quellen speist, und auch für Kunst und Kultur starke private Ressourcen
mobilisiert. Aus diesem Gesellschaftssystem können wir, denke ich, einiges lernen. Es geht nicht nur um die großen Namen wie Rockefeller,
Carnegy und Vanderbilt, die selbstverständlich aus der Kultur des Gebens

heraus, Stiftungen gegründet haben, öffentliche Museen finanzieren, deren Namen sie tragen. Es ist auch die jüngere Generation. Bill Gates und Lance Packard, die alle ihre Stiftungen aus ihrem riesigen Vermögen teilweise in soziale, in globale, in kulturelle Projekte investieren. Ich war vorige Woche in den USA und da wurde das MoMA eröffnet. 800 Millionen Dollar wurden in die Renovierung, teilweise in den Kauf von Grundstücken, also als ein Gesamtpaket, aufgebracht, davon 60 Prozent von privaten Spendern. Geradezu unglaubliche Dimensionen. Oder ein weiteres Beispiel: Philipp de Montebello, der Chef des Metropolitan, hat mir erzählt, daß sie den größten Ankauf eines Bildes haben finanzieren müssen, nämlich einer kleinen Madonna aus dem 13. Jahrhundert, die so genannte Stroganoff-Madonna, für 45 Millionen Dollar. Der teuerste Ankauf, den das größte Museum der Welt in dieser Form bisher gemacht hat, komplett von privaten Spendern finanziert. Und das in einer Vorlaufstrecke von einem halben Jahr.

Ich will das auch gar nicht einfach transportieren von drüben hierher, aber ...

... ich will signalisieren, daß es unter dem Gesichtspunkt „Erfolg verpflichtet" eine Mentalität, eine kulturelle Einstellung gibt, die diesen Erfolg als eine moralische Selbstverpflichtung definiert.

Das ist bei uns auch vorhanden. Das ist nicht so zu verstehen, daß sich drüben alles in paradiesischen Zuständen bewegt und wir hier gewissermaßen dem Staat hinterher hecheln, aber Tatsache ist, daß in Deutschland der überwiegende Teil des kulturellen Bereichs öffentlich finanziert wird.

Nicht so in den USA. Nicht so in England. Und mit Ausnahme von Frankreich, nicht so in den hohen Kulturregionen Italien und Spanien. Es sind also schon gewisse Spezifika hier in Deutschland.

Ich bin ja Vorsitzender der Administration des Frankfurter Städelschen Museums. Das hat, glaube ich, in dem Zusammenhang ein ganz gutes Beispiel. Es ist eine private Bürgerstiftung. Im Unterschied zu dieser wunderbaren Kulturstadt Dresden, im Unterschied zu Berlin und im Unterschied zu München, wo große Sammlungen von Kaisern und Königen, von Adelshäusern, den Wittelsbachern, den Wettinern und den Hohenzollern über Jahrhunderte angelegt wurden, die dann von staatlichen Institutionen übernommen wurden, ist Frankfurt eine private Bürgerstadt gewesen, ohne diesen Hintergrund. Also ist dieses Museum auch heute noch eine private Stiftung. Nur etwa 30–35 Prozent sind für die Running Costs, für das laufende Geschäft, aus öffentlichen Händen, der Rest ist privat finanziert. Und in einem solchen privaten Umfeld ist es außerordentlich schwierig, neben den Adressen, die immer dieselben sind, Ankäufe, Ausstellungen oder laufenden Etat darzustellen, wenn Sie nicht ein begnadeter Bettler sind. Sie müssen im Grunde diese Fähigkeit mitbringen, sonst ist das Unternehmen Museum in einer schwierigen Lage.

Ein weiteres Beispiel „New Economy" habe ich genannt. Wir haben den Versuch gemacht, über personelle Kontakte einen Einblick zu bekommen, wer an der Börse reich wird. Also die neuen Reichen, nicht die Neureichen. Und statt einen zweiten Ferrari zu finanzieren, eine Anschaffung eines kleinen Picassobildes, das wird dann auch noch unten drunter geschrieben, daß das von ihm stammt. Wir geben da die Hoffnung nicht auf, nur ist dummerweise die Börsenblase geplatzt und keiner ist so richtig reich geworden in der Zwischenzeit. Das ist die Beschreibung dessen, was mir unter dem Stichwort kulturelles Engagement am Herzen liegt.

Aber jetzt noch einmal zu den Unternehmen. Damit ich nicht falsch verstanden werde, ich bin der festen Überzeugung, daß nicht allein die privaten Personen, die reicheren Familien sich in ihrem kulturellen Engagement deutlich stärker engagieren könnten, sondern ich bin dezidiert der Meinung, daß das eine Aufgabe der Unternehmen ist. Die Unternehmen sind heute die Mäzene, sind die Nachfahren der Royals, der Bischöfe, der Herzöge. Sie sind sozusagen in einer Tradition, in einer Verpflichtung, die anderswo, wie ich beschrieben habe, längst lebendig ist. Und als Betroffener kann ich nur berichten, daß diese Einstellung bei den Shareholder Value-Fanatikern des Kapitalmarktes außerordentlich unpopulär ist. Aber das hindert nicht daran es dennoch zu tun, weil durch eine Nachhaltigkeit in der Argumentation, in der Überzeugung auch belegt werden kann, daß ein Engagement für das bonum commune den Unternehmen selbst wieder nützt. Dieser Nutzen ist nicht bilanzierbar in Jahres- oder sogar in Quartalsberichten. Dieser Nutzen ist aber meßbar in Werten, die jenseits der ökonomischen Facts and Figures zu sehen sind.

Ich will einige Beispiele nennen. Kann es uns denn egal sein, wie die Ausstattung unserer Schulen mit PCs, mit Zugängen zum Internet aussieht? Pisa, hochaktuell, brandaktuell, zeigt, wie enorm wichtig es ist, auch für Unternehmen junge Leute zu bekommen. Ich will gar nicht mal auf die Ebene der Universitätsabgänger gehen, die lesen und schreiben können. So einfach ist es, daß wir ein Interesse daran haben müssen, ein leistungsfähiges Schulsystem zu haben. Kann es uns denn egal sein, daß wir noch immer in Deutschland die ältesten Studenten und die jüngsten Rentner haben? Das heißt, daß sich die Lebensarbeitszeit qualifizierter wissenschaftlicher Arbeiter im internationalen Vergleich am geringsten darstellt. Hier in Dresden gibt es ja auch ein gutes Beispiel dafür, daß sich im Rahmen des staatlichen Regelungswerkes auch viel Privatinitiative in Form von Stiftungslehrstühlen, in Form von Projektfinanzierung, Public Private Partnership darstellen läßt. Es gibt also solche Aktivitäten. Aber sie sind bei dem Gesamtgewicht der deutschen Unternehmenslandschaft doch eher leider nicht die Regel.

Kann es uns denn egal sein, in welchem Zustand die Museen, die Opernhäuser, die Theater, die Kirchen, die Denkmäler sind? Ich meine damit nicht alleine den baulichen Zustand. Ich meine den inneren Zustand, die Struktur, in denen sie leben, in denen sie agieren. Es geht also nicht allein um finanzielles Engagement, es geht auch um persönliches Engagement. Und wer anderes als die Führungskräfte, die Leistung bringen müssen, die in effizienten Strukturen denken, ist denn in der Lage dieses Wissen in die Führung, in die Steuerung, in die Organisation von Museen oder Opernhäuser einzubringen?

Auch hier will ich das Beispiel „Städel" anbringen. Als ich es vor fünf Jahren übernommen habe, habe ich selbst bei dieser privaten Institution eine vollkommen verstaatlichte Organisationsform vorgefunden. Verbeamtete Putzfrauen, kameralistisches System, Dezemberfieber und was es da so alles gibt. Wenn Sie sich dann einsetzen und dieses mühsam aber wirksam abbauen, dann kriegen Sie keine Rosen zu Füßen gelegt, aber Sie haben ungeheuer viel, auch im Sinne von materiellen Verbesserungen für diese Institution getan. Das ist ein Beispiel für Engagement der Führung. Wer nur über den Zustand jammert und auf dem Golfplatz seine Leistungskurve steigern will, der ist nicht unbedingt ein glaubwürdiger Repräsentant dieser Verantwortungselite gegenüber der Gesellschaft.

Und deshalb, meine Damen und Herren, bin ich der Überzeugung, daß die Unternehmen das mäzenatische Denken im Zuge des gegenseitigen Nutzens für die Gesellschaft deutlich stärker zeigen müssen.

Wir haben allerdings dabei ein Problem. Mäzene sind wunderbare Leute und wenn die Unternehmen Mäzene sind, dann stoßen sie an die Grenzen steuerlicher Regelungen. Mäzene müssen aus den Spendenetats finanziert werden. Die Spenden sind meistens beschränkt, und wenn es den Unternehmen mal nicht so gut geht, dann werden die Spendenetats gestrichen. Deshalb weichen viele Unternehmen in den Marketingetat aus. Also Marketingvertrieb. Das heißt, das Sponsorship ist aus steuerlichen Gründen ein Weg, um solche guten Taten der Unternehmen für die Kultur absetzen zu können. Sonst wird es in der Tat sehr kritisch. Nun muß man sich jetzt aber anschauen, welche Formen des Sponsorship sich entwickelt haben. In Amerika ist es durchaus nicht unüblich, daß, wenn ein Unternehmen eine Konzertreihe sponsert, die Mitglieder des Orchesters mit den Emblemen des Unternehmens auftreten. Dies ist eine sehr fragwürdige Form der Sponsorships. An der Met in New York gibt es eine große Zahl von Sponsoren, die allerdings auch versuchen, auf das Programm Einfluss zu nehmen. Wenn Sponsorship zum Eingriff in die Kunst wird, dann wird die Kunst nicht gefördert, sondern verletzt. Das heißt, der Sponsor, der Förderer, der finanzielle Freund einer kulturellen Institution, sollte sich ein sehr zurückhaltendes Sponsoring auflegen. Für die Kunst und die Kultur sollte das mäzenatische Element im steuerlich rechtlichen Rahmen dezent ablaufen. Entscheidend muss die benevolentia und nicht die utilitas sein. Die benevolentia als Wohltat und die utilitas ist das Nutzendenken. Das heißt, wenn man die Kunst in den Dienst einer Marketingstrategie stellt, wird es problematisch. Leider denken viele meiner Kollegen in den großen Unternehmen in diesen Kategorien und verdonnern auch ihre Marketing- und Sponsorabteilungen, dazu und fragen zuerst: Was nutzt es dem Unternehmen? Sie fragen nicht: Was nutzt es der Gesellschaft? Das ist sozusagen der Schnittpunkt, die entscheidende Schaltstelle, wo es darum geht, Unternehmen in eine Position zu bringen, die als mäzenatisch bezeichnet werden kann. Ich meine deshalb, daß der Einsatz von Unternehmen eine ganz bestimmte Vorraussetzung erfüllen muss, nämlich Zuneigung.

Kunst braucht Zuneigung. Und nicht nur Denken in Denken des Sponsorship wie angedeutet. Ich glaube auch, daß sich dann Kunst rechnet, jedoch nicht im bilanziellen Sinn. Wie wollen Sie die Kapitalrendite einer Spende errechnen? Das ist nicht die Rechendimension, die ich meine.

Ich habe die Erfahrung gemacht, daß Wirtschaftsindustrie und Finanzmetropolen ein hohes Kulturprofil haben müssen. London hat ein deutlich höheres Kulturprofil als Frankfurt. Das heißt, gute Leute mit ihren Familien mit ihrem Umfeld gehen dorthin, wo es eine urbane Lebensqualität gibt. Nicht nur öde Bürohäuser, selbst wenn in diesen hocheffizient gearbeitet wird. Das ist die entscheidende Vorteilsschiene für Unternehmen, wenn sie in einem solchen prosperierenden Umfeld leben. Also müssen sie sich dann auch engagieren. Das ist Mutual Benefit, das ist gegenseitiger Nutzen, der sich rechnet, aber in anderen Rechenkategorien. Das müßte auch Vertretern der Managergeneration vermittelbar sein, die sich schwer tun, in solchen Kategorien zu denken.

Und ich will auch eine leichte Besorgnis äußern gegenüber der nachwachsenden Generation, den Dreißigjährigen, Vierzigjährigen, die einerseits exzellent ausgebildet sind, internationalen Background haben, aber ihnen fehlt häufig eins, nämlich Heimat. Die Verwurzelung zu einem bestimmten bonum commune, zu einer bestimmten Umgebung.

Und ob diese nachwachsende Generation dann dieses kulturelle Engagement, diese emotionale Beziehung zur Gesellschaft mitbringt, ist zu beobachten. Ich stelle das nicht in Abrede, doch ich stelle durchaus fest, daß selbst bei den besten Bankern die Neigung, sich für etwa ein Museum zu engagieren, deutlich unterentwickelter ist als man es an der Höhe ihres jährlichen Einkommens vermuten könnte.

Und doch kann ich am Schluß einen Eindruck vermitteln, der positiv ist. Da ist Dresden auch ein wunderbares Beispiel. Nehmen Sie die Frauenkirche, die zu großen Teilen privat finanziert ist. Nun ist das natürlich ein Jahrhundertprojekt. Und ein Unternehmensleiter ist nicht dadurch kulturell profiliert, daß er in Salzburg und in Bayreuth einmal im Jahr auftaucht, sondern sich in seiner Unternehmensumgebung einbringt, in der er, sei es in der Forschung, sei es eine Produktionsstätte, tätig wird. Ganz im Sinne von Henry Ford – und damit will ich schließen – „business that makes nothing but money, is a poor kind of business." Dasselbe Zitat wie von Antoine de Saint-Exupery, der eine war Literat, der andere Unternehmer. Man sieht, so weit sind sie gar nicht voneinander entfernt.

Diesem Text liegt ein Vortrag zugrunde, der am 07.12.2004 in der Villa Tiberius gehalten wurde. Aus der Förderkartei des Forums für junge, hochbegabte Künstler stellten sich bei dieser Veranstaltung Jung-Won Oh (Violine) und ihr Klavierbegleiter Go Kato vor, die beide Preisträger mehrerer großer Wettbewerbe sind.

PROF. DR. PETER RUZICKA

Intendant der Salzburger Festspiele

*Peter Ruzicka, geb. 1948; musikalische Ausbildung am Hamburger Konservatorium;
Komposition bei Hans Werner Henze; Studium Jura und Musikwissenschaft in München,
Hamburg und Berlin; 1977 Promotion; Orchesterkompositionen, Oper „Celan" (UA Dresden)
2001; 1979 Intendant des Radio-Symphonie-Orchesters Berlin; 1988-97 Intendant Hambur-
gische Staatsoper; 1996 künstlerischer Leiter der Münchner Biennale; 1990 Professor
Musikhochschule Hamburg; seit 2001 Intendant der Salzburger Festspiele; 1985 Mitglied der
Bayerischen Akademie der Schönen Künste; 1987 Mitglied der Freien Akademie der Künste
Hamburg*

Mozart und Moderne –
Umwegrentabilität am Beispiel der Salzburger Festspiele

Die Salzburger Festspiele zu veranstalten bedeutet zuvörderst, ein künstlerisches Konzept zu realisieren. Erst dann folgt die Überlegung, wie es zu transportieren sei. Wenn ihr Intendant sich dennoch mit dem Thema Umwegrentabilität öffentlich auseinandersetzt, dann bevorzugt er keinesfalls eine übertrieben technokratische Annäherung, aber Erfolgszahlen sind wichtig ... heute vielleicht wichtiger denn je in der Vermittlung gegenüber den politischen Verantwortungsträgern.

Die Kultur erhält immer weniger Zuwendungen von der öffentlichen Hand – auch in Österreich. Für die Salzburger Festspiele wurden die Fördergelder in den vergangenen vier Jahren um real zwanzig Prozent gekürzt. Insofern wird es immer schwieriger, eine Balance herzustellen zwischen dem künstlerischen Programm und der ökonomischen Realität. Mehr denn je halten die Grundsätze der Rentabilität Einzug in die künstlerische Planung. Der Intendant muß nicht selten Konflikte mit sich selbst austragen, stets kaufmännische Instanz sein, wenn ein solch großes Festival wie die Salzburger Festspiele funktionieren soll.

Überzeugungsarbeit gegenüber der Politik ist also notwendig.

Es ist bekannt, daß nur drei Prozent unserer Politiker ein oder mehrmals im Jahr ins Theater gehen – das spiegelt zugleich eine nicht unbedenkliche gesellschaftliche Struktur. Die tatsächliche Herausforderung ist, die restlichen 97 Prozent von der Notwendigkeit zu überzeugen, für kulturelle Zwecke ausreichend Mittel zur Verfügung zu stellen.

Eine Budgeterhöhung habe ich bislang erst einmal erreichen können. Während meiner Hamburger Opernintendanz habe ich dem damaligen Senator deutlich gemacht, daß Hamburg kulturell München hinterher hinke, habe eine Million Mark mehr gefordert für Sängerinnen, Sänger und Dirigenten, um die Qualität der Hamburger Oper zu verbessern ... und hatte Erfolg ... das wäre heute so nicht mehr vorstellbar. Auch das war Umwegrentabilität. Heute gehören dazu vor allem nachvollziehbare Zahlenwerke.

Einen „Umweg" gehe ich jetzt wieder für die Salzburger Festspiele 2006 – wieder mit einigem Erfolg. Die Salzburger Festspiele sind mehr denn je ein Magnet und erreichen mit einem Kartenerlös von zuletzt knapp 24 Millionen Euro auch wirtschaftlich immer neue Rekorde. Das Geheimnis dieses Festivals, seine besondere Identität gründet sich vor allem auf drei Faktoren. Sie bilden die Basis des künstlerischen Erfolges.

Zum Ersten sind die Salzburger Festspiele ein Forum mit einem sehr breiten künstlerischen Angebot – breiter als bei jedem anderen Festival. Es gibt nicht nur Oper und diese nicht nur von einem Komponisten wie in Bayreuth. Es gibt nicht nur Konzert wie in Luzern, in Schleswig-Holstein oder in Ludwigsburg. Es gibt nicht nur Schauspiel wie in Avignon oder beim Berliner Theatertreffen. In Salzburg stehen alle Sparten auf dem Programm. Bei der Werkauswahl und bei der Interpretation berücksichtigen wir ein breites Spektrum von Mozart bis zur Moderne, von der klassisch-traditionellen Inszenierung bis zum avantgardistischen Experiment. Qualität ist immer oberstes Gebot. Nur die besten und renommiertesten Künstlerpersönlichkeiten werden nach Salzburg eingeladen – sie kommen alle, obwohl viele von ihnen andernorts ebenso begehrt sind und dort auch höhere Gagen bekämen.

Zum Zweiten kann der Besucher der Salzburger Festspiele Kunstgenuß mit Urlaub verbinden. Tagsüber lädt das wunderbare Umland, laden die Seen des Salzkammerguts zu Ausflügen ein, und abends vor und nach den Aufführungen bietet die einzigartige barocke Altstadt ein Idyll, in dem mitunter die Zeit stehen geblieben zu sein scheint.

Zum Dritten bieten die Salzburger Festspiele Flair. Sie sind ein gesellschaftlicher Treffpunkt, der – ob man ihn nun schätzt oder nicht – auch integraler Bestandteil ihres Nimbus ist.

Das wird auch im Jahr 2006 so sein – dann ganz besonders. 2006 ist das Jahr von Mozarts 250. Geburtstag, die wohl größte Herausforderung, die einem Intendanten zuteil werden kann. Bereits 1999 zum Zeitpunkt meiner Designierung war mir klar, daß sich in diesem Jahr eine ganz besondere Erwartung an Salzburg artikulieren wird. Wir wollen und müssen es als Jahr der Jahre gestalten. Wir werden deshalb nicht etwas tun, was alle anderen großen Opernhäuser der Welt tun, nämlich die letzten fünf oder sechs Opern von Mozart zu spielen, sondern wir werden alle spielen. Alle 22 Bühnenwerke Mozarts werden in Salzburg innerhalb der fünf Wochen szenisch aufgeführt – und zwar mit dem künstlerischen Anspruch, den wir grundsätzlich erfüllt sehen wollen. Wir werden also nicht nur „The best of ..." machen, sondern etwas gegen den Zeitgeist sich Wendendes, gegen die bloße Vermarktung, etwas, das die Entfaltung eines Genies im historischen Kontext erst deutlich macht. Wir sollten zu Beginn des 21. Jahrhunderts den ganzen Mozart kennen.

Ein solch außergewöhnliches Projekt bedarf zusätzlicher Mittel und einer profunden Vorbereitung.

> Ich habe mit einem Vorlauf von rund sechs Jahren begonnen – für
> die Opernplanung keinesfalls ungewöhnlich – und habe festgestellt,
> daß unser Konzept, 22 Opernpremieren innerhalb von fünf Wochen zu
> veranstalten, Mehrkosten von rund 2,5 Millionen Euro erfordert.

Folgerichtig habe ich bereits in einem sehr frühen Stadium unserer Planung die politischen Instanzen – das ist in Österreich in erster Linie der Bundeskanzler persönlich – eingebunden. In meinen Gesprächen habe ich mit den damals verfügbaren Daten eine erstaunliche Rechnung präsentiert. Ich habe jenseits des bloßen Bezuges zu einem runden Datum die ökonomische Rentabilität der Salzburger Festspiele in diesem besonderen Jahr plausibel gemacht ... und hatte Erfolg.

Die Zahlen des Jahres 2004 – des nach 2003 zweiterfolgreichsten Jahres in der Geschichte der Salzburger Festspiele – vollziehen diese Kalkulation nach.

Der Spielbetrieb [1]

Spieltage: 39
Veranstaltungen: 178
Oper: 44
Schauspiel: 64
Konzert: 70
Spielstätten: 8
Besucher: 233.069

---

[1] auf der Grundlage der Saison 2004

Mit zehn Opern- und Schauspiel-Premieren erreichen die Festspiele eine Aufführungsdichte, die sonst ein Stadt- oder Staatstheater in einer ganzen Saison auf die Bühne bringt. Die zwangsläufig häufig parallel laufenden Veranstaltungen bedeuten übrigens eine besondere Herausforderung für den Intendanten, der allgegenwärtig sein muß, wenn die Künstlerpersönlichkeiten gleichzeitig auf verschiedenen Bühnen proben oder spielen.

Gesamtauslastung .... 91,6 %

Oper: .... 98 %

Schauspiel: .... 89 %

Konzert: ....87 %

Auf diese Werte sind wir ein wenig stolz. Dessen ungeachtet sind wir uns angesichts einer solch exklusiven Preisstruktur mit Kartenpreisen, die bei Premieren 300 Euro teilweise deutlich übersteigen, unserer gesellschaftspolitischen Verantwortung vollauf bewußt. Im Rahmen unserer intensiven Jugendarbeit bieten wir daher spezielle Zyklen an, die jungen Leuten überhaupt einen Zugang zu den Festspielen öffnen, und reservieren wir ihnen mit Hilfe eines vorbildlichen Sponsors täglich ein Kontingent von durchschnittlich hundert Karten zu Kinopreisen.

Die gesamten wirtschaftlichen Dimensionen unserer Festspiele haben wir in sorgfältigen Recherchen analysiert. Wir kennen heute unsere Gäste und ihre Gepflogenheiten ziemlich genau.

Der „typische" Besucher [1] ...

Gruppengröße: .... 2 Personen

Aufenthaltsdauer: .... 7,25 Tage

Aufführungsbesuche: 4,5

Ausgaben für Festspielkarten: ....580 Euro

Sonstige Ausgaben: ....1.590 Euro

Unterkunft in Hotel / Pension: 80%

Ausgaben pro Besucher und Tag: ....220 Euro

... und seine regionale Herkunft

Deutschland: 50,5%

Österreich: 30,3%

Schweiz: 3,8%

Frankreich: 2,4%

Italien: 2,4%

übriges Europa: 4,5%

Japan: 1,9%

Großbritannien: 1,5%

Bemerkenswert ist die kräftig wachsende Anzahl unserer japanischen Gäste. Sie kommen in ganzen Gruppen mit Charterflugzeugen, ausschließlich um die Salzburger Festspiele zu besuchen.

Das Festspiel-Budget[2] ...

Gesamtausgaben: .... **46 Millionen Euro**

Kartenerlöse: .... 24 Millionen Euro

Subventionen: .... 13 Millionen Euro

Die Subventionen werden in einem bestimmten Verteilungsmodus vom Bund, dem Land und der Stadt Salzburg und dem Fremdenverkehrsförderungsfonds getragen. Das ist seit 1950 durch ein „Festspielgesetz" geregelt,

---

[2] alle Betrage sind gerundet. Sie beruhen zum Teil auf Umfrageergebnissen bzw. Schätzungen

sichert uns in gewissem Umfang eine „automatische" Förderung und wird von uns deshalb nicht angetastet.

Freunde und Sponsoren: .... 5 Millionen Euro

Als Freunde bezeichnen wir langjährige fördernde Besucher. Ihre Treue honorieren wir mit einem angesichts der notorisch ausverkauften Opernpremieren attraktiven Vorkaufsrecht und binden sie so noch intensiver an uns. Von unseren vier großen Hauptsponsoren erhalten wir 57.000 Euro pro Festspielsaison. Unsere Gegenleistung besteht zum einen darin, daß sich diese Unternehmen in unseren Publikationen präsentieren. Zum anderen nutzen die Unternehmen die Festspiele ihrerseits zur Kundenbindung. Sie kommen mit ihren Geschäftsfreunden nach Salzburg und – nach allem, was ich aus den Vorstandsetagen höre – zu Recht mit der Philosophie, daß dies an einem solchen Ort besonders effizient und erfolgreich ist.

Sonstige Erlöse: .... 4,8 Millionen Euro

Das sind im Wesentlichen Vermietungen, Werbung, Programmverkäufe, Koproduktionen.

... und die Mitarbeiter

Ganzjährig Festangestellte: 180
Festspiel-Mitarbeiter: 3.900

Die Finanzierungsstruktur ...

Deckungsgrad aus Kartenverkäufen: .... 51 %
Subventionsquote: .... 28 %
Eigenfinanzierungsquote: .... 72 %

Zum Vergleich sei die Staatsoper Dresden als eine der herausragenden Bühnen in Deutschland mit einer Quote von 36 Prozent genannt – der Durchschnitt liegt bei rund 15 Prozent.

... und die Umwegrentabilität

Hier werden zusätzlich die Effekte berücksichtigt, die mit dem Betrieb der Festspiele konnotiert sind – würden die Festspiele nicht stattfinden, würden sie entfallen.

Ausgaben für
Hotellerie und Gastronomie:[3] .... 57 Millionen Euro
Festspielbetrieb
(Dekorationen, Kostüme usw.): .... 23 Millionen Euro
Nachfragewirksamer Umsatzeffekt: .... **80 Millionen Euro**

Ausgaben für
Reisebuchungen, Abendgarderobe usw.
Indirekte Umsatzeffekte: .... **88 Millionen Euro**

Gesamtwirtschaftlicher Produktionseffekt: ... **168 Millionen Euro**

Jeder Euro der öffentlichen Hand bewirkt gesamtwirtschaftlich also einen Rückfluß von rund 15 Euro.

Umwegrentabilität ist ein Multiplikatoreffekt.

Diese Rechnung belegt, daß die Salzburger Festspiele entgegen einer weit verbreiteten öffentlichen Meinung nicht Kostgänger des Steuerzahlers sind, sondern in erheblichem Umfang zur gesamtwirtschaftlichen Wert-

---

[3] gemäß einer Studie der Wirtschaftskammer Salzburg

schöpfung der Region und damit zum Nutzen aller beitragen. Diese Argumentation hat auch Bundeskanzler Schüssel überzeugt. Das Festspiel-Projekt 2006 kann gestartet werden. Wir werden erneut unter Beweis stellen, daß die Debatte über Umwegrentabilität nicht eine abstrakt-theoretische Auseinandersetzung im Elfenbeinturm der Volkswirtschaftler ist, sondern daß wir damit unmittelbar und konkret die Kulturpolitik beeinflussen.

Zur Nachahmung empfohlen.

Diesem Text liegt ein Vortrag zugrunde, der am 28.01.2005 bei einer Gastveranstaltung des Forums im Hotel Kempinski Taschenbergpalais gehalten wurde. Bei dieser Veranstaltung spielte das bulgarische Gitarrenduo Ivo und Sofia Kaltchev, das 1991 gegründet wurde und zu den renommiertesten Ensembles der internationalen Gitarrenszene gehört.

PROF. DR. GESINE SCHWAN

Präsidentin der Europa-Universität Viadrina Frankfurt/Oder

Gesine Schwan, geb. 1943 in Berlin; 1962 Studium Romanistik, Geschichte, Philosophie, Politikwissenschaft in Berlin und Freiburg (Br.); 1970 Promotion; 1975 Habilitation; 1977 Professorin für Politikwissenschaft; 1993–95 Dekanin des Fachbereichs Politische Wissenschaft, FU Berlin; seit Oktober 1999 Präsidentin Europa-Universität Viadrina, Frankfurt (Oder); 1977–84 und seit 1996 Mitglied der Grundwertekommission beim Parteivorstand SPD; 2004 Kandidatin von SPD und Bündnis 90/Die Grünen für das Amt der Bundespräsidentin; Koordinatorin für die deutsch-polnische Zusammenarbeit

Auf dem Weg zu einem geeinten Europa – kulturelle und rechtliche
Auswirkungen – Eine gemeinsame politische Kultur in Europa –
Herausforderungen und Chancen

I. Einleitung

Seit ihrer Gründung wird die Europäische Union als politische Institution mit ausgeprägter Skepsis betrachtet. Sie hat zahlreiche Krisen, in
denen ihre Auflösung drohte, überdauert. Die heftige Debatte um die Irak-
Politik, die tiefen Gräben, die sie in Fragen der Haltung zur Bush-Admini-
stration durchschneiden und die Unfähigkeit, den vom Europäischen Kon-
vent ausgearbeiteten und den Staats- und Regierungschefs vorgelegten
Vertrag über eine Verfassung für Europa einstimmig anzunehmen, scheinen die Zweifel der EU-Skeptiker an der Zukunft der EU zu bestätigen.
Donald Rumsfelds Karikatur des „alten" und „neuen" Europa wurde häufig
zitiert – häufig im Zwiespalt zwischen kritischer Distanz und vorsichtiger
Anerkennung, daß in dieser Charakterisierung durchaus ein Körnchen
Wahrheit enthalten sei.

Verfügen wir Europäer über genügend Gemeinsamkeiten, um in und mit
der Europäischen Union überleben zu können und um vor allen Dingen
gemeinsam handeln zu können? Gibt es trotz konkreter politischer Konflikte und seit Jahrhunderten verwurzelter unterschiedlicher nationaler
und kultureller Traditionen so etwas wie eine gemeinsame politische Kultur in Europa? Welche gemeinsamen Grundlagen der politischen Kultur
braucht die Europäische Union, damit sie eine erfolgreiche gemeinsame
Innen- und Außenpolitik betreiben kann? Was wären ihre wichtigsten
Bausteine?

Wir kennen die zahlreichen gut durchdachten Vorschläge für eine nationale politische Kultur, die das notwendige Fundament einer stabilen Demokratie bildet. Wir wissen auch, wie schwierig es ist, den Begriff „Stabilität" und die hierfür notwendigen kulturellen Voraussetzungen zu definieren. Ich möchte an dieser Stelle der Einfachheit halber die komplexe Definition eines kulturellen politischen Minimums auf eine Reihe von Elementen reduzieren, die meiner Ansicht nach zur Bildung einer gemeinsamen Grundlage für die Europäische Union unerläßlich sind: Dazu gehören neben dem Wunsch, politisch eine Einheit zu bilden, demokratische Strukturen – gleichgültig, ob in Form einer Verfassung oder eines Verfassungsvertrages –, ein in Grundzügen einheitliches Konzept sozialer Gerechtigkeit und Sicherheit sowie die Aussicht bzw. das Ziel, eine aktive Rolle in dem sich entwickelnden internationalen System zu übernehmen. Ich möchte an dieser Stelle nicht die gesamte Bandbreite historischer Traditionen und empirischer Ergebnisse zu diesen Fragen aufzeigen. Lassen Sie mich stattdessen kurz die meiner Meinung nach wichtigsten Unterschiede skizzieren und sie dann in Bezug zu den oben gestellten Fragen setzen. Mithilfe der so gewonnenen Erkenntnisse lassen sich möglicherweise Schlüsse über die Zukunft der Europäischen Union ziehen und praktische Konsequenzen für die Sicherung der Zukunft Europas ableiten.

II. Die wichtigsten Divergenzen

Lassen Sie mich mit dem Irak-Krieg beginnen. Die scharfen Kontroversen über die Haltung gegenüber Saddam Hussein und dem Irak-Krieg haben die Europäer in zwei Lager gespalten: die Befürworter einer militärischen Intervention, die der Bush-Regierung Rückendeckung gaben, und deren Gegner, die sich für eine Fortsetzung der Suche nach den im Irak vermuteten Massenvernichtungswaffen durch die Vereinten Nationen einsetzten. Dabei kam es zum Schulterschluß zwischen Frankreich und

Deutschland auf der einen und den Regierungen Großbritanniens, Spaniens und Polens auf der anderen Seite. Diese Auseinandersetzungen spielten sich allerdings vorwiegend auf Regierungsebene ab. Analysen und Meinungsumfragen belegten unterdessen, daß große Teile der Bevölkerung (auch in den Vereinigten Staaten) eine militärische Intervention eher skeptisch beurteilten oder sie rundweg ablehnten. Solche Diskrepanzen zwischen Regierungshaltung und öffentlicher Meinung stellen die Legitimität der Regierungen jedoch keineswegs in Frage. Sie sind vielmehr Bestandteil einer repräsentativen Demokratie. Gleichzeitig ermahnen sie uns, unser Ziel nicht aus den Augen zu verlieren und dieses Ziel bei unserer Suche nach einer gemeinsamen politischen Kultur genauer zu definieren.

Worauf konzentrieren wir unsere Suche: auf die Eliten, auf bestimmte Schichten oder auf „durchschnittliche" Menschen? Und welche dieser Kulturen gibt mehr Aufschluß über die Zukunft der Europäischen Union?

In der Irak-Frage waren keine gravierenden Meinungsunterschiede zwischen den einzelnen Ländern auszumachen. Dies könnte man vielleicht als Hinweis auf eine gemeinsame politische Kultur werten. Aber welche Beweggründe lagen einer zögerlichen Haltung oder der Ablehnung einer militärischen Intervention zu Grunde?

1. Traditioneller Anti-Amerikanismus

Allgemein können wir festhalten, daß die Beweggründe in Frankreich und Deutschland einerseits sowie in Polen und Großbritannien andererseits unterschiedlich gewesen sein dürften – im Falle Spaniens ist eine genaue Diagnose schwierig. Die Diskussion um den Irak-Krieg, die in Frankreich und Deutschland zumindest in Teilen der Bevölkerung von starken Vorbehalten gegen die Bush-Regierung gekennzeichnet war, gründet auf der langen Tradition des intellektuellen Anti-Amerikanismus. In Polen und Großbritannien spielte dieses Motiv keine nennenswerte Rolle. Dies deutet auf einen ganz wesentlichen Gegensatz innerhalb der gesellschaftlichen Strukturen Europas hin – nämlich die Haltung gegenüber den USA, die für die Bildung einer gemeinsamen politischen Kultur in der Europäischen Union von größter Bedeutung ist. Dabei geht es im Wesentlichen um zwei Aspekte, die miteinander in Verbindung zu stehen scheinen, auch wenn sie aus meiner Sicht voneinander abzugrenzen sind. Dies ist unter anderem der in einigen europäischen Kulturen ausgeprägte traditionelle Anti-Amerikanismus, der seine Anfänge Ende des 18. Jahrhunderts nahm und starke antiliberale, elitäre, anti-modernistische und allzu häufig anti-demokratische und antisemitische Züge trägt. Diese konservative Tradition richtete sich gegen die amerikanische Revolution, gegen den egalitären Ansatz der amerikanischen Demokratie, gegen die ausgleichenden Effekte des Kapitalismus und nahm für sich in Anspruch, den USA kulturell und intellektuell überlegen zu sein. Diese Überzeugung wurde von den kulturellen Eliten in nahezu allen Ländern Westeuropas – sogar Großbritanniens – geteilt. Eine solche Tradition gibt es meines Wissens weder in Polen noch in einem anderen zentraleuropäischen Land, mit Ausnahme Österreichs.

Die Anerkennung dieses Unterschieds ist die wesentliche Voraussetzung, um die Frage nach der Rolle der Europäischen Union in dem sich entwickelnden internationalen System beantworten zu können. Jene Länder, die die Notwendigkeit einer unabhängigen europäischen Rolle hervorheben, tun dies einerseits vielfach mit Blick auf die derzeitigen weltpolitischen Strukturen, andererseits auch auf Grund latenter Vorbehalte gegen die USA, die seit jeher als kulturelle Bedrohung angesehen wurden. Meiner

Einschätzung nach werden uns diese Unterschiede noch auf lange Sicht begleiten.

2. Wahrnehmung von Sicherheitsaspekten

Hiermit sind wir bei einem weiteren bedeutenden Unterschied ange-langt, dessen Wurzeln tief in die europäische Geschichte hineinreichen: die Art und Weise, wie Bedrohungen der Sicherheit wahrgenommen wer-den. Wir haben es mit einem Faktor zu tun, der sowohl die Haltung gegenüber dem Irak als auch die Entscheidung zum Vertrag über eine Ver-fassung für Europa in Brüssel beeinflußt hat. In seiner Eröffnungsrede zum Deutschen Philosophentag 1993 in Berlin führte der polnische Philosoph Leszek Kolakowski aus, daß, ...

... nun da der Wettstreit der Systeme mit der Befreiung vom Kommu-nismus beendet sei, der Umsetzung der Sicherheitspolitik, ohne die die unlängst gewonnene Freiheit keine Überlebenschance habe, oberste Priorität einzuräumen sei.

Er erinnerte seine Zuhörer daran, daß liberale Denker den Begriff Freiheit stets mit einer grundsätzlichen Sicherheit des Menschen verbunden hätten – wie wir alle wissen, definierte Montesquieu politische Freiheit mit dem Satz „Die politische Freiheit des Bürgers ist jene Ruhe des Gemüts, die aus dem Vertrauen erwächst, das ein jeder zu seiner Sicherheit hat" („Vom Geist der Gesetze", Buch XI, Kapitel VI) – und daß die wohl schwierigste Aufgabe der Zukunft darin bestehen werde, die Bedeutung dieses Zusam-menhangs nicht aus dem Blick zu verlieren.

Die Art und Weise, wie Sicherheitsbedrohungen und -garantien in und von den einzelnen Ländern wahrgenommen werden, hängt essentiell von weit in die Vergangenheit zurückreichenden Erfahrungen und der geopolitischen Lage ab. Im Falle Polens stellten beispielsweise die Nachbarstaaten eine historische Gefahr dar, nicht jedoch die Vereinigten Staaten. Während des Zweiten Weltkriegs wurde Polen an zwei Fronten von Deutschland und der Sowjetunion angegriffen und besetzt. Von Frankreich war keine Hilfe zu erwarten, so daß sich die Hoffnungen Polens auf die beiden Sicherheitsmächte Großbritannien und die USA stützten. Nach 1989 hielt Polen an dieser außenpolitischen Orientierung mit der angestrebten Eingliederung in die NATO fest. Der Beitritt zur Europäischen Union war dagegen zweitrangig. Als Folge seiner historischen Entwicklung wird Polen Wettbewerbssituationen mit den USA auch künftig stets zu vermeiden suchen. Die Kombination aus kultureller Tradition – kein intellektueller Anti-Amerikanismus – und historisch gewachsener Wahrnehmung von Sicherheits- oder Bedrohungsaspekten wird Polens Haltung im Hinblick auf die Entwicklung der internationalen Rolle der Europäischen Union nachhaltig beeinflussen.

3. Die Definition von Europa als politische und kulturelle Einheit

Die ungezählten Versuche, Europa als politische, geographische und kulturelle Einheit zu definieren, nehmen meist den Vergleich mit und die Abgrenzung von außereuropäischen Ländern zum Ausgangspunkt. Dazu zählen neben den Vereinigten Staaten insbesondere Rußland und die Türkei. Während niemand ernsthaftes Interesse an einem Beitritt Rußlands zur EU hat, ruft die geplante Aufnahme der Türkei tiefer gehende Kontroversen hervor. Doch die Gegner formieren sich nicht nach nationalen Gesichtspunkten. Vielmehr spielt die Religions- oder Konfessionszugehörigkeit eine Rolle. So neigen Länder, die Europa in einer christlichen

Tradition sehen, dazu, die Türkei auszuschließen, ohne sich im Übrigen bewußt zu sein, daß der Ausschluß moslemischer Traditionen den Ausschluß jüdischer Traditionen impliziert. Andererseits wächst sogar im streng katholischen Polen die Zahl derer, die eine säkulare Trennung von Staat und Religion fordern, so daß sich der kulturelle zu einem politischen Konflikt ausweiten könnte.

4. Unterschiedliche Staatskonzepte und Einstellungen zum Staat

Einer der wichtigsten Aspekte bei der Beurteilung einer politischen Kultur ist traditionell die Einstellung des Bürgers zum politischen System. Der von David Easton geprägte Begriff der „Systemunterstützung", der im Gegensatz zur Unterstützung einer bestimmten Regierung steht, findet sich in einer Vielzahl politischer Analysen. Im Sinne der historischen Traditionen ist darunter die Rolle zu verstehen, die der Staat in einer nationalen Gesellschaft einnimmt. Während der Staat in den angelsächsischen Ländern nach der Theorie des englischen Philosophen John Locke als Ergebnis der rechtmäßigen Interessen der Gesellschaft angesehen wird und die Aufgabe hat, diese Interessen ausschließlich auf Grund seines gesellschaftlichen Mandats wahrzunehmen, räumt die deutsche Tradition den wichtigen staatlichen Funktionen und der staatlichen Autorität eine deutlich höhere, geradezu metaphysische Bedeutung ein. Georg Hegels Kritik an der Konzeption Lockes von einem Regierungssystem, die das Fehlen jeglicher metaphysischen Dimension des Staates und dessen Instrumentalisierung für die Interessen des Bürgertums bemängelt, ist exemplarisch für diese deutsche Tradition. Der Fall Polens stellt sich wiederum in einem anderen Licht dar. Nach fast zweihundert Jahren Fremdherrschaft sah die polnische Bevölkerung in der Institution Staat per se ein Feindbild und versuchte, sich stets mit Hilfe der Kirche diesem Einfluß zu widersetzen.

Aus diesem Widerstand gegen Fremdherrschaften hat sich das bis heute ausgeprägte Mißtrauen entwickelt und ist eine „natürliche Charaktereigenschaft" der Polen. Es unterscheidet sich in dieser Hinsicht von der angelsächsischen Ausprägung, das sich in einer grundsätzlichen Skepsis gegenüber jeglicher Machtkonzentration ausdrückt.

Die Schlüsselbegriffe, die die Bereitschaft signalisieren, auf politischer Ebene zusammenzuarbeiten – Legitimität und Identifikation – werden von den Polen nur zögerlich auf ihren Staat und mit noch mehr Zurückhaltung auf die Europäische Union angewandt. In Italien liegt der Fall ähnlich, wenngleich dies ganz andere historische Gründe hat.

5. Aktuelle empirische Erkenntnisse aus historischen Entwicklungen

Im Juni 2001 veröffentlichte die Europäische Kommission eine Studie, die anhand qualitativer Methoden die Einstellungen und Erwartungen der Bürger in den fünfzehn Mitgliedstaaten und neun Bewerberländern der Europäischen Union untersuchen sollte. Danach befürchten die Bevölkerungen der Mitgliedsländer generell den Verlust ihrer eigenen besonderen Identität. Sie sind nur unzureichend über die EU informiert und scheinen eher desinteressiert. Dies gilt vor allem für EU-Mitglieder und in geringerem Maße für die Beitrittskandidaten. Im Rahmen der Umfrage wurden im Januar 2001 Diskussionsrunden von jeweils drei Stunden Dauer abgehalten, zu denen 86 Gruppen mit insgesamt 694 Teilnehmern eingeladen wurden.

Bei der Frage nach einem europäischen Identitätsgefühl oder einem Zuge-
hörigkeitsgefühl zu Europa ergab sich nicht etwa eine Teilung zwischen
Ost und West, sondern ein starkes Nord-Süd-Gefälle, wobei eindeutig auf
die südlichen Länder das größere Gewicht haben. Die süd-, mittel- und
osteuropäischen Mitglied- und Anwärterstaaten betrachten sich als Ange-
hörige eines Kulturkreises und zu Europa gehörig. Diese „europäische
Identität" definiert sich über die ablehnende Einstellung gegenüber den
USA, die sich durch gängige Stereotype – wie wir sie aus der Tradition des
Anti-Amerikanismus kennen – auszeichnet: eine Gesellschaft ohne Geschichte und ohne ideelle Werte. Frankreich, Deutschland und noch mehr
Spanien und Griechenland scheinen diese Überzeugung zu teilen. Diese
Länder verbindet ein starkes Zusammengehörigkeitsgefühl mit ihren europäischen Nachbarn, sogar ohne diese besonders gut zu kennen. Die kultu-
rellen Bande sind besonders ausgeprägt in den lateinischen Ländern, Belgien und Luxemburg sowie in den meisten mitteleuropäischen Ländern.
Sie sind weniger ausgeprägt in Deutschland (die Deutschen fühlen sich
einerseits als Europäer, verfügen andererseits aber über ein regionales
Identitätsbewußtsein), Irland (auf Grund seiner Insellage und mangelnder
sprachlicher Voraussetzungen, jedoch offen für Austausch) und Finnland
(auf Grund seiner geographischen Lage am äußersten nordöstlichen Rand
Europas, aber aufgeschlossen und bestrebt, die Kontakte mit Europa zu
intensivieren).

Zu den Nordstaaten zählen Großbritannien, die Niederlande, Dänemark
und Schweden. Sie fühlen sich als etwas Besonderes und den anderen
Mitgliedsländern überlegen. Sie zeigen keine Neigung, ihre Traditionen
oder Werte mit ihren Nachbarn, die sie als Bedrohung empfinden, zu teilen.
Ihr Verhältnis zu den südlichen Ländern, denen sie häufig verächtlich
mangelnde Seriosität, Strebsamkeit und Ordnungssinn vorwerfen, ist
unterkühlt. Unter den Beitrittsländern stehen Estland und die Tschechi-

sche Republik den Nordländern am nächsten, wobei sie die Bedeutung traditioneller Werte, die Europa von den USA abgrenzen, hervorheben.

Die Studie zeigt auf, daß die EU-Südstaaten im Laufe ihrer Geschichte häufig Teil größerer staatlicher Strukturen waren, in denen sie mit fremden Völkern zusammenlebten, wie dem Römischen, Byzantinischen und dem Habsburger Reich, ja sogar dem Napoleonischen Reich, was bis heute seine Spuren in den Rechtssystemen des ehemaligen Herrschaftsgebiets hinterlassen hat. In religiöser Hinsicht herrscht im Norden ein strenger Protestantismus vor, während der Süden überwiegend oder zumindest zum Teil katholisch oder orthodox ist. Eine alternative Interpretation der vorgenannten Divergenzen und unterschiedlichen historischen Vermächtnisse wäre, daß die vier Nordstaaten dem Wert der Freiheit einen höheren Stellenwert einräumen als dem Wert der Gleichheit. Dies träfe auf Großbritannien, die Niederlande, Dänemark und das südliche Norwegen zu.

Die historische Interpretation lautet, daß es sich hierbei nicht um eine vorübergehende Konstellation, sondern um ein dauerhaftes Phänomen handelt. Interessant ist übrigens, daß diese Diskrepanzen bereits vor fünfzehn Jahren von der gleichen Spezialistengruppe ermittelt wurden und sich seitdem verschärft haben. Die südlichen Länder – ohne Ressentiments gegen die Bevölkerungen der Nordstaaten zu hegen – bringen nicht mehr, wie noch vor fünfzehn Jahren, Bewunderung für die Modernität der Nordländer auf, und das einst positive Bild ist der Vorstellung einer strengen, eintönigen Gesellschaft ohne Schwung und Fantasie gewichen. („Perceptions de l'Union Européenne. Attitudes et attentes à son égard. Étude qualitative auprès du public des 15 états membres et de 9 pays candidats à l'adhésion. Rapport Général." Umfrage durchgeführt von OPTEM S.A.R.L im Auftrag der Europäischen Kommission. Juni 2001)

Die starke Identifikation mit Europa ist dem Streben der südlichen Länder zum Aufbau eines starken vereinten Europa und der Schaffung eines globalen Gegengewichts insbesondere zu den USA sicherlich förderlich. Doch selbstverständlich bestehen auch unter den südlichen Ländern Unterschiede. Irland und Portugal sind äußerst dankbar für die Unterstützung, die sie durch die Europäische Union erfahren haben. Spanien und Griechenland zeigten sich angesichts der nach wie vor bestehenden Unterschiede im wirtschaftlichen Niveau innerhalb der EU leicht frustriert. Italien ist kein Befürworter mächtiger Institutionen. Belgien und Luxemburg sind sich darüber im Klaren, daß sie auf Grund ihrer geringen Größe gut daran tun, den Anschluß an eine starke EU-Staatengemeinschaft zu suchen, von der sie annehmen, daß diese nicht zuletzt im politischen Wettstreit mit den USA eine globale Führungsrolle einnehmen dürfte. In Frankreich und Deutschland – oder besser in den Bevölkerungen dieser beiden Länder – sind die politischen Beweggründe für die Bildung der Europäischen Union – „Nie wieder Krieg" – keineswegs in Vergessenheit geraten. Deutschland hat sich in den letzten zehn Jahren der durch Konkurrenzdenken gegenüber den USA geprägten Position Frankreichs angenähert. In beiden Ländern klaffen Ideale und Realität in Bezug auf die EU weit auseinander. Die Nordstaaten misstrauen der EU und sähen den Einfluß und die Aufgaben der EU gerne auf wirtschaftliche Sachverhalte beschränkt. Eine Ausweitung der politischen Kompetenzen lehnen sie auf Grund der damit verbundenen Gefahr einer zunehmenden Verlagerung der Politik auf die Organe und Institutionen der EU ab.

Das politische System der Europäischen Union ist weitgehend unbekannt. Von den vier wichtigsten Institutionen – Europäisches Parlament, Europäische Kommission, Ministerrat und Europäischer Rat – werden lediglich das Parlament und die Kommission als „echte" europäische Institutionen wahrgenommen, während der Ministerrat im Tauziehen nationaler Interessen unterzugehen scheint und der Europäische Rat gänzlich unbekannt ist. Die

Beitrittskandidaten Tschechische Republik, Estland, Litauen und Polen hegen Vorbehalte gegen eine Ausweitung der EU-Aktivitäten. Polen befürwortet eine solche Ausweitung zwar prinzipiell, befürchtet aber, immer nur der „arme Verwandte" zu bleiben und politisch nicht ernst genommen zu werden.

6. Erwartungen der alten und neuen EU-Mitgliedsländer

Die Bevölkerungen der neuen Mitgliedstaaten hoffen, mithilfe der EU politische, wirtschaftliche oder soziale Defizite ausgleichen zu können. Sie versprechen sich von ihrer Mitgliedschaft soziale und wirtschaftliche Unterstützung, hegen aber Zweifel an der Solidarität der alten EU-Länder. Letztere stellen die Rechtmäßigkeit der Erweiterung der Staatengemeinschaft nicht in Frage, wobei die weniger entwickelten EU-Südstaaten noch am ehesten Solidarität mit den ärmeren Beitrittsländern zeigen. Im Gegensatz dazu stehen die nördlichen Länder der Aufnahme neuer Mitglieder mit großer Zurückhaltung, wenn nicht sogar mit Ablehnung gegenüber. Die EU-Kandidaten verbinden mit einer Mitgliedschaft indessen unterschiedliche Erwartungen. Am wenigsten zuversichtlich blicken Litauen und Polen ihrer Zukunft in der Staatengemeinschaft entgegen. Grundsätzlich sind die neuen Mitglieder bestrebt, so viele Informationen wie möglich über die Europäische Union zu bekommen und legen ein unerwartet großes Interesse für die EU-Mechanismen an den Tag.

7. Die Folgen für eine gemeinsame politische Kultur

Ich bin deshalb so detailliert auf diese Umfrage eingegangen, weil sie eine Reihe von Antworten auf unsere eingangs gestellte Frage nach einer gemeinsamen politischen Kultur der Europäischen Union bereitzuhalten scheint. Zu Beginn meiner Rede habe ich versucht zu definieren, was eine solche gemeinsame Kultur ausmacht. Ich sagte, daß dazu neben dem Wunsch, politisch eine Einheit zu bilden, demokratische Strukturen, gleichgültig ob in Form einer Verfassung oder eines Verfassungsvertrags, ein in Grundzügen einheitliches Konzept sozialer Gerechtigkeit und Sicherheit sowie die Aussicht bzw. das Ziel, eine aktive Rolle in dem sich entwikkelnden internationalen System zu übernehmen, gehören.

Diese Erhebung bestätigt die vorstehend aufgezeigten historischen Divergenzen zumindest teilweise. Es besteht ein grundsätzliches Zusammengehörigkeitsgefühl, das in einer kleinen Gruppe von Ländern, bestehend aus Großbritannien, den Niederlanden, Dänemark und Schweden, die Wert auf ein größeres Maß an Unabhängigkeit legen, weniger ausgeprägt ist. In der Mehrzahl der Länder sind es jedoch die gleichen Gründe, die die Menschen dazu bewegen, sich mit der Europäischen Union und der in ihr wurzelnden Solidargemeinschaft zu identifizieren. In Polen (und Litauen) ist das Bedürfnis nach Sicherheit und nationaler Anerkennung besonders stark. Das hat historische Ursachen und dürfte kein Hindernis für eine aktive Europapolitik darstellen, sofern die beiden großen Nationen Frankreich und Deutschland das historische Erbe berücksichtigen und Polen stellvertretend für alle neuen EU-Mitglieder an ihrer „besonderen Beziehung" teilhaben lassen. Sie würden damit die Erkenntnisse der drei Außenminister Roland Dumas, Hans-Dietrich Genscher und Krzystof Skubiszewski umsetzen, die sich 1991 zu einem Dreiergipfel in Weimar trafen und symbolisch das „Weimarer Dreieck" begründeten, dessen Institutionalisierung bislang nur halbherzig verfolgt wurde. Die Logik des Gedankens überzeugte damals wie heute: Um das gemeinsame Fundament für die Europäische Union zu verbreitern, sollten Frankreich und Deutschland Polen als das größte der Beitrittsländer in ihre gemeinsame Politik einbeziehen und damit dem Land seine Furcht vor einer benachteiligten Stellung in der EU zu nehmen.

Polens Beitrag zu diesem Integrationsschritt bestünde darin, der in den letzten zwei Jahrhunderten gewachsenen und vom kommunistischen Regime nach 1945 fortgeführten Tradition „dagegen zu sein", abzuschwören. Der ehemalige polnische Ministerpräsident Tadeusz Mazowiecki, ein sehr umsichtiger Politiker, schrieb kurz nach dem Fall der Mauer, daß die Polen exzellente Anti-Totalitaristen seien. Es sei für sie noch ungewohnt, eine konstruktive politische Rolle zu übernehmen. Dies gelte sowohl für die, die im Dienste der Regierung stünden, als auch für jene, die sich für den Aufbau einer zivilen Gesellschaft einsetzten.

III: Unterschiede und gemeinsames Fundament

Setzen wir die von mir beschriebenen innereuropäischen Divergenzen und die für eine gemeinsame politische Kultur notwendigen Voraussetzungen in Relation zueinander, so ergeben sich aus meiner Sicht folgende Schlußfolgerungen:

· Meiner Überzeugung nach bescheinigt die Studie den Bevölkerungen der EU-Mitgliedstaaten ungeachtet des in den Umfragen deutlich gewordenen „Nord-Süd-Gefälles" grundsätzlich ein Gefühl der Zugehörigkeit zu Europa und eine Identifikation mit europäischen Werten und Idealen. Den weit zurückreichenden Differenzen zwischen und in den beiden „Lagern" muß dessen ungeachtet sowohl bei der Bildung von Institutionen als auch bei der Formulierung konkreter politischer Ziele Rechnung getragen werden.

· Die demokratischen Prinzipien werden nicht in Frage gestellt. Fraglich ist allerdings, inwieweit sie im Falle tief greifender wirtschaftlicher oder sozialer Krisen bindende Wirkung haben. Tatsächlich war diese Frage nicht nur der Anstoß dafür, die Grundlagen politischer Kultur zu erforschen. Sie ist vielmehr immer noch aktuell – sogar für Staaten wie

Deutschland, die mittlerweile fest in der Demokratie verankert zu sein
scheinen.

· Einer der Meinungsunterschiede zwischen der „gewichtigeren" Gruppe
der südlichen Länder und der kleineren Gruppe von Nordstaaten spiegelt
sich in der Uneinigkeit wider, die nach wie vor über den Umfang der
von der Europäischen Union zu entwickelnden gemeinsamen Politik
herrscht.

Das Fundament für ein großes „europäisches Haus", das neben der
Wirtschafts- und Sozial-, der Innen- und Außenpolitik auch eine
gemeinsame Sicherheitspolitik einschließt, steht noch auf einer zu unsi-
cheren Basis.

Die Erfahrungen und Vermächtnisse der Vergangenheit bestehen fort
und begründen unterschiedliche Prioritäten. Vertrauen ist ein wichtiger
Faktor. Vertrauensbildung muß kontinuierlich, umsichtig und
wohlüberlegt erfolgen.

· Obwohl die Sozialpolitik in den einzelnen Mitgliedstaaten nicht Teil der
Umfrage war, gibt es einen indirekten Hinweis auf die diesem Bereich
europaweit beigemessene Bedeutung: Es gibt ganz eindeutig ein allge-
meines Gefühl der Unsicherheit und des Widerstands gegen die Geschwindigkeit des wirtschaftlichen und sozialen Wandels und gegen
die Art und Weise, wie soziale Netze durch die wirtschaftliche Logik
des Kapitalismus zerstört werden. Dies deutet auf eine bemerkenswerte
Sensibilität für soziale Probleme und gemeinsame Wertgrundlagen
sozialer Gerechtigkeit und Sicherheit. Die Frage, ob wir so weit gehen
können, dies als das entscheidende Merkmal herauszustellen, das

Europa von den USA unterscheidet, möchte ich hier unbeantwortet lassen.
· Weniger Klarheit herrscht im Hinblick auf die europäische Rolle des „global players". Hier unterscheiden sich die Meinungen jener, die Europa in Konkurrenz zu den USA sehen, und von jenen, die die Aktivitäten der EU ausschließlich auf die Zusammenarbeit mit den USA beschränkt sehen wollen.

Wie zu sehen ist, bleibt eine Reihe von Unterschieden und möglicherweise sogar Diskrepanzen bestehen. Richard Löwenthal, während der sechziger und siebziger Jahre Professor für Politikwissenschaften in Berlin, wurde nicht müde, seiner studentischen Zuhörerschaft zu erklären, daß Demokratie das System sei, das die meisten Lernprozesse erfordere aber auch anstoße. Mir scheint, diese Aussage trifft gleichermaßen auf die demokratische Europäische Union zu. Die jüngsten Erfahrungen aus dem Irak-Krieg boten uns allen die Chance zu lernen und zusammenzurücken. Eine der Fragen, die sich unweigerlich in diesem Lernprozeß stellen wird, lautet, wie viel Gemeinsamkeit brauchen wir und wie viele Unterschiede sind für die Europäische Union nicht nur tolerabel, sondern sogar zuträglich.

Eine These über die pluralistische Demokratie besagt, daß wir eine geeignete Komplementarität gemeinsamer Werte und politischer Konflikte benötigen. Abhängig von der kulturellen Tradition gibt es jedoch eine „natürliche" Neigung, anzunehmen, daß zu einer stabilen Demokratie so viele Gemeinsamkeiten wie möglich gehören. Diese Annahme legt den Schluß nahe, daß Vielfalt eine Bedrohung darstellt, aber Vielfalt kann, sofern sie als positive Herausforderung verstanden wird, auch zum Vorteil einer politischen Einheit gereichen.

*Diesem Text liegt ein Vortrag zugrunde, der am 23.02.2005 in der Villa Tiberius gehalten
wurde. Aus der Förderkartei des Forums für junge, hochbegabte Künstler stellte sich bei
dieser Veranstaltung das TEL AVIV TRIO vor, das 1998 gegründet wurde und Gewinner des
Melbourne Wettbewerbs Internationaler Kammermusik sowie des Erst-Klassik Wettbewerbs
in Berlin und des Joseph Joachim Wettbewerbs in Weimar ist. Die Mitglieder Jonathan Aner
(geb. 1978), Klavier; Matan Givol (geb. 1982), Violine, Ira Givol (geb. 1979), Cello, sind auch
solistisch bei bedeutenden Orchestern tätig.*

Epilog

1 „Gemeinsam sind wir besser"
Oder: Die Geburt eines neuen Paradigmas

Faust, laut Eckermann gerade hundert Jahre alt, tritt aus dem Palast, den er sich samt Ziergarten am Strand auf soeben erst dem Meer entrissenem Land bauen ließ; verwechselt das gemäß geheimnisvollem Auftrag für ihn geschaufelte, halbfertige Grab mit einem Graben, der sein Land kolonisieren soll. Wenige Sekunden bevor er „zurück sinkt", Lemuren den Toten auffangen und zu Boden legen, wird ihm „der Weisheit letzter Schluß" offenkundig, die Quintessenz seiner Lebenserfahrung – das Bild von einem Menschen sui generis: „Nur der verdient sich Freiheit wie das Leben, | der täglich sie erobern muß." Seine letzte Zukunfts-Vision: „Auf freiem Grund mit freiem Volke stehn". In dieser Euphorie findet er die berühmte Formel: „Zum Augenblicke dürft' ich sagen: | Verweile doch, du bist so schön!"

Um das Verständnis dieses Lebens als Freiheit, um die täglich eroberte Qualität dieser Lebens-Freiheit geht es, wenn wir von „Kultur" sprechen. Um die Qualität dieser Kultur, um ihren Basis-Charakter, ihre Tragfähigkeit, um ihr Verantwortungsbewußtsein und, umgekehrt, ihren Anspruch, genauer: um die Zukunft all dessen geht es in den Forum-Vorträgen, von denen die ersten hier veröffentlicht werden.

Ein erstes Resümee zieht Christoph Stölzl nach seinem Aufweis der – gemessen an anderen Regionen, etwa Amerika – „kulturellen Dichte" bei uns in Mitteleuropa: „Das alles ist wirklich einzigartig und soll hier gar nicht klein geredet werden." Kein Widerspruch Euer Ehren.

Alle Referenten kommen nicht umhin, auf immer wieder neue und immer wieder andere Phasen blühender „Kultur" zurückzublicken, zuletzt auf das „alte" Paradigma, das Kultur als eine fast ausschließliche „Staatsveranstaltung" (Stölzl) angesehen, geschätzt, veranstaltet, verwaltet und finanziert wurde. „Kultur" freilich meist verstanden – immer noch – als Hoch-Kultur.

„Aber wir haben eine Krise. Denn jetzt zeigt sich eine Systemschwäche." Das deutsche Subventions-System ist an ein Ende gekommen. An anderem Orte wurde Christoph Stölzl sogar noch direkter, um nicht zu sagen: brutaler in seiner hinterfragenden Beweisführung: „Man kann die Kultur auch ausknipsen, das würde vermutlich keinen Aufstand im Lande bewirken." Das und so ist „unsere aktuelle Verfassung".

Und diese Kultur will etwas für die Wirtschaft tun, will ihr helfen? Da wird die Wirtschaft sich möglicherweise ganz schön bedanken.

Ist das tatsächlich „unsere aktuelle Verfassung"? Ist sie wirklich so – nur viele von uns haben es noch nicht gemerkt? Woran könnte es liegen, daß sie „so" ist?

Eine Folge der „globalen Mediokratie", die Rainer Burchardt uns analysiert? Wer gewinnt an ihr – und wer zieht nur Profit aus ihr? Wie viel, genauer: welche Kultur bestimmt die Medien (und wird anschließend von ihnen bestimmt)? Welche Kultur interessiert etwa das „dürre Holz" der „Yellow Press", der privaten Fernsehkanäle, der Internet-Spams, der nach gekauften Adressendateien versandten Werbung? Aber welche auch das „grüne Holz" der TV- wie Audio-„Kulturprogramme", der „großen" Feuilletons, der großen Magazine? Was motivierte ehemals „Dritte" (und damit „Kultur"-)Programme, sich umzureformieren in „Figaro", „Nordwestradio" oder „Der Klassiker" – um von Stund an Organismen wie Sinfonien oder Sonaten zusammenzustreichen auf den populärsten Satz?

Die besagte Verfaßtheit – eine indirekte Folge des mangelnden Wirt-
schaftswachstums und der damit konform laufenden vorsichtigen und
sorgfältigeren Dosierung privater Ausgaben für die Teilnahme am „kulturellen Leben"? Als nach dem Zweiten Weltkrieg die Wirtschaft am Boden
lag, waren wichtige Ressourcen zerstört, waren der Hunger groß und die
Bedürfnisse total – Religion und Kunst gaben die ersten Überlebenshilfen.
Ist gerade eine Erlebensgeneration später das Bedürfnis nach „Kunst"
schon geschwunden, der Hunger auf „Kultur" bereits gestillt? Ist die globale Anteilnahme an Krankheit und Tod Johannes Pauls II. und an-
schließender Wahl Benedikts XVI. wirklich signifikant für eine neue und
ernsthafte Hinwendung zur Religion, speziell unter der Jugend? Wohin
führt uns unser aktueller „Hunger", zu welcher Kultur drängen uns unsere
Bedürfnisse heute?

Ist besagtes Bewußtsein eine direkte Folge zunehmender Staatsver-
schuldung, die den Nachfolgern der weiland spendablen Serenissimi – den
Ländern also heute und vor allem den Gemeinden – den finanziellen
Verfügungsrahmen schrumpfen läßt, so daß die Etatisten den Subventions-
Hahn immer weiter zudrehen „müssen"? Wer springt ein? Bislang wird der –
nein, nicht der Schwarze Peter, aber doch die „Verantwortung", die „Verpflichtung" zur Kultur-Alimentation der Wirtschaft, den Gewinn-Töpfen
von Banken und Industrie, von Versicherungen und Medien-Tycoons, von
Immobilien-Trusts, Drogen-Produzenten (Alkohol wie Nikotin) und Touri-
stik-Imperien zugeschoben. Ist das „der Weisheit letzter Schluß"?

Es fehlt ja nicht an Lippenbekenntnissen der solcherart Angesprochenen.
Aber jeder Versuch, den Realisierungs-Finanzplan abzusichern für ein Projekt beispielsweise eines Studierenden, der im weitesten Sinne sich auf die
aktive Gestaltung eines zukünftigen „Kulturlebens" vorbereitet, liefert die ganze Bandbreite von Absage-Motivationen an die Hand. Wir dürfen Thomas Goppel am Portepee fassen, wenn er – vorab relativiert durch

seine „Erfahrung", daß „solches Geld in der Regel einzelnen Events zu Gute kommt" – seinen Vortrag mit dem, nehmt alles nur in allem, vorsichtig formulierten, gleichwohl so wichtigen Appell schließt, „wir" (to whom it may concern) sollten „auch – meinetwegen in wohl dosierter Form – Entwicklungen zulassen ... gelegentliches Scheitern inbegriffen. Dieses Risiko gehört zu Kunst wie zum Leben. Ein Kulturstaat muß es gelegentlich eingehen". Hier hat auch der Satz von Georg Milbradt seinen Zitierplatz: „Wer sich zur wirtschaftlichen Elite zählt, sollte auch zur kulturellen Elitebildung beitragen!" Freilich auch Nikolaus Schweickarts Warnung: „Wenn Sponsorship zum Eingriff in die Kunst wird, dann wird Kunst nicht gefördert, sondern verletzt."

Es klingt phantastisch – „Sie glänzen intellektuell mit Projekten" (Eleonore Büning in der hier wiedergegebenen Dokumentation einer Podiumsdiskussion zum Sponsoring) – wie von allen Seiten in den Bekenntnissen zur Notwendigkeit von Kultur die Wörterbücher nach wohlklingenden Vokabeln abgesucht werden („und das soll hier gar nicht klein geredet werden"): „Kreativitätspotentiale", „Multiplikatoren-Funktion", „Komplementär-Risiko" „Lebensversicherung für vitale Gesellschaft". Wie in den Einschränkungen das „Ja – aber" gedreht und gewendet wird – „Mäzene sind wunderbare Leute, und wenn die Unternehmen Mäzene sind, dann stoßen sie an die Grenzen steuerlicher Regelungen" (Schweickart). Wie die Rückzüge motiviert und mit positiv besetzten Attributen humanisiert werden – „Ohne Wirtschaftlichkeit schaffen wir es nicht, und ohne Menschlichkeit ertragen wir es nicht" (Lange). „Think positive!" – die Maxime hat sich längst in der Rhetorik von Politik und Wirtschaft festgesetzt. Niemand möchte den „Neinsager" Mephistopheles spielen. „Man muß dran glauben!", sagt Gretchen in unserem Drama. Faust, zumindest etwas skeptisch, fragt zurück: „Muß man?" Die Realisten, die Pragmatiker schwenken mit dem Volksmund auf die Realität ein: „Schauen Sie mal aus dem Fenster, wenn Sie keinen Kopf haben!"

Es mangelt auch nicht an kleinen und subtilen – nein, nicht Forderungen, aber doch Hinweisen der Spender, die bei den Multiplikatoren („Medien") eine nennen wir es: positive „Gegenwert-Reaktion" einklagen oder zumindest erwarten. „Wenn wir mal Erwähnung finden, hat es immer so einen kleinen ironischen Twist", klagt der Banker Frank Trümper in der Podiumsdiskussion. „Ich schreibe über musikalische oder musikpolitische Inhalte, nicht über Marketingstrategien", repliziert Eleonore Büning. Und Manuel Brug bekennt, ihn interessiere, „was dabei herauskommt und ob das interessant und spannend ist". Vielleicht wäre da ein anderes Kriterium noch etwas „kulturbewußter": Was ist, eben im Sinne der Kultur, „wichtig" – und was „unwichtig"? Das „Do ut des – Ich gebe, damit du gibst" wird zwar in Verlautbarungen nach Möglichkeit sehr klein geschrieben, ist aber im Bewußtsein stets gegenwärtig und effektiv. Der Pragmatismus, der all unser theoretisches Erkennen und Beurteilen stets daran bemißt, ob und wie daraus praktische Konsequenzen folgen, hat, wie alles im Leben, seine zwei Seiten: eine „aktive" der Handelnden – und die „passive" derer, die behandelt werden.

Daß und wie umgekehrt der Künstler – und: ein Schelm, der dabei Böses denkt – in seiner Sensibilität verbittert reagiert, wenn für ihn Kunst, nur weil sie preisgünstig sein soll, zu Kunstersatz, ja zur „Subkultur" depraviert wird („Nie ist es dem Kommerz gelungen, einen so verheerenden Einfluß auf eine ehemals ernstzunehmende, auf eine kulturelle Äußerung zu nehmen"); daß er skeptisch, verunsichert, gedemütigt, gekränkt wird, sich an die Seite geschoben empfindet angesichts der Notwendigkeit des Bittstellens, aber auch merkwürdig selbstbewußt scheint („Ohne großes Geld keine große Kunst") und stolz („Kunst ist, da sie vom Gelde lebt, nicht käuflich. Wir bezahlen ja auch nicht die Luft, die wir atmen"), macht uns Markus Lüpertz klar. Er erhält Rückendeckung durch Thomas Goppel, der, zwischen Baum und Borke sitzend, gewissermaßen ex officio den pragmatischen Kompromiß formuliert: „Die Kunst muß Opfer bringen, aber keine

Sonderopfer." Julian Nida-Rümelin liefert dazu eine ästhetisch-idealistische Parallele, wenn er eine „Haltung des Respekts vor der Autonomie der Kunst" fordert, eine „Errungenschaft der bürgerlichen Gesellschaft", aber auch „ein ganz hohes Gut, und niemand sollte da zurückfallen".

Die „bürgerliche Gesellschaft", oder wie sie sich – halb verschämt und distanziert ins 19. Jahrhundert zurückblickend, halb in neudeutscher Souveränität sich absetzend, sich reformfreudig zeigend – in die politischen Diskussionen eingeschlichen hat: die „Bürgergesellschaft". Beinahe ein „deus ex machina", der Gott in der Barockoper, der auf dem Höhepunkt der Verwicklung und Ausweglosigkeit mit höchst phantasievollen Maschinenwerken in die Szene befördert wurde, um dort den Gordischen Knoten durchzuschlagen, der Einsicht in Fehlverhalten forderte, wechselseitig Verzeihung von den Parteien erreichte, Frieden bewirkte, selbst Gotteslästerung in göttlicher Nachsicht absolvierte – eine „letzte Instanz", deren Entscheidung wundersam verblüffend und doch so naheliegend, auf jeden Fall aber effektiv war. Die „Bürgergesellschaft" also als „der Weisheit letzter Schluß"?

„Kann es uns denn egal sein, in welchem Zustand die Museen, die Opernhäuser, die Theater, die Kirchen, die Denkmäler sind", fragt Nikolaus Schweickart, und meint damit „nicht allein den baulichen Zustand", sondern „die Struktur, in denen sie leben". Was er beschreibt, finden wir in öffentlichen wie privaten Kultur-Institutionen: Verbeamtung, Kameralistik, Dezemberfieber, Routine. Wollen wir das „aussitzen"? Können wir von außen Veränderung bewirken? Wer vermittelt der nachwachsenden Generation der Kulturmanager nicht nur die Grundbegriffe der Ethik in der Wirtschaft, wie Heiko Lange sie zusammenstellt, sondern weitet sie aus auf den „Kulturbetrieb"? Wer beruft einen Intendanten, Museumsdirektor, Kultusminister/Kultursenator, Mehrzweckhallen-Geschäftsführer, Kulturamtsleiter (die Aufzählung ist sowohl geschlechterneutral als auch ausdehnungsfähig) auf Grund seines/ihres ethischen Credos? Wer rüstet den Kulturmanager so aus, daß er/sie nicht zum Eventmanager wird? „Serenissimus oder Serenissima hatten Geschmack und sie wußten, daß man mit Kunst im Wettkampf ums Prestige Punkte machen konnte." (Stölzl). Aber: Tempora mutantur – und wir in der Tat mit ihnen. Gleichviel müssen wir Schweickarts gewiß richtigen Satz „Kunst braucht Zuneigung" schnellstens in die nächsthöhere Ebene potenzieren: Die „Kultur" braucht Zuneigung. „An ihren Früchten werdet ihr sie erkennen" – wen wohl?

Die Notwendigkeit der Veränderung also. Das Aufbrechen verkrusteter Strukturen. Die moralische Selbstverpflichtung. Die ehrliche, offene und furchtlose Analyse. Das Öffentlichmachen. Die Initiative. Jeder der Referenten hat sein Zentrum. Und jeder zweite kommt, ausgesprochen oder nicht zu einem Fazit: Eine(r) allein schafft da wenig. Christoph Stölzl deutet den soziologischen Begriff der Subsidiarität gewissermaßen aus dem Blickwinkel dieser notwendigen „Reservetruppe" („subsidiarius") von Bürgern, erinnert an den amerikanischen Kommunitarismus wie an Toquevilles Prophezeiung, „der Staat werde immer dreinreden ins Leben des Einzelnen". Wollen wir, können wir sagen: Dort, wo wir den Staat gar nicht brauchen, weil wir es besser wissen, da sollte er es uns tun lassen. Tatsächlich? Wer kauft die erste Bahnsteigkarte? Das Forum hielt sie für überflüssig. Wer macht mit?

Fritz Pleitgen findet schließlich den Satz der Sätze: „Gemeinsam sind wir besser". Schon in der Geburtsstunde des „Forums" hieß das magische Wort „Netzwerk". Das derzeitige Logo des Forums zeigt ein in Bewegung befindliches Viergestirn mit den Brenn- oder Gravitationspunkten „Kunst und Kultur" in der Balance mit der „Wirtschaft", austariert durch die „Wissenschaft" und die „Politik" – denkbar wäre dessen mehrdimensionale Ausweitung und Aktualisierung durch die „Medien". Was Pleitgen über das für die Ruhrgebiet-Initiative gewählten Signet erläutert, gilt auch erweitert für die vom Forum bevorzugte Konstellation: Wie ein Viereck (oder ein räumliches Fünfeck) nur ein Vier- oder Fünfeck ist, solange sich seine Seiten an den Ecken berühren, so funktioniert das Netzwerk von Kultur, Wirtschaft, Politik, Wissenschaft (und Medien) auch nur, wenn der Input von allen Seiten kommt und vor allem das Publikum nicht vergißt, denn in diesem Vier- oder Fünfeck ist immer das Publikum als Mittelpunkt die entscheidende Zielgröße.

2 „Man muß eben springen" Oder: Die „Bürgergesellschaft" auf dem Weg in die Zukunft

Faust, noch nichts vom nahen Ende ahnend, um Mitternacht, im Palast, läßt uns an seiner Utopie teilnehmen: „Könnt' ich Magie von meinem Pfad entfernen, | die Zaubersprüche ganz und gar verlernen, | stünd' ich, Natur, vor dir ein Mann allein, | da wär's der Mühe wert, ein Mensch zu sein." Der „neue" Faust: ein Realist, der die Welt ohne magische Verschleierung erkennt, wie sie ist? Einer, der endlich Sinn hinter seiner Existenz sieht? Der nicht mehr im Genuß nach Begierde verschmachtet, sondern etwas bewegen will?

Die „neue" Bürgergesellschaft in ihrer Faustischen Lebens-Freiheit will noch etwas bewegen, denkt nicht mehr an die Magie der Vergangenheit, sondern die Notwendigkeiten für ihre Zukunft. Die Magie der Vergangenheit: das war die Einheit des „Wahren, Schönen und Guten". Die Solidarität derer, die jedem Individuum seine Chancen eröffnen, aber die Risiken auf die Schultern aller verteilen wollen. Die trotz des warnenden Appells des Club of Rome („Die Grenzen des Wachstums", 1972) an der Utopie des sicher linear steigenden Bruttosozialprodukts und damit ihres stetig wachsenden Wohlstands festhalten. Der Gott, der sich zwar immer wieder die Theodizee-Frage stellen lassen muß, der aber in seiner Andersartigkeit längst nicht mehr hinterfragt wird. Und – oder: vor allem die genießbare Kunst des Apollinischen aus den drei Jahrhunderten zwischen 1600 und 1900.

„Aber wir haben eine Krise". Und, mit Christoph Stölzl gefragt: „Können wir 85 Millionen Menschen dazu bringen, über einen (gar nicht mal so großen) Graben zu springen? ... Niemand weiß, wo es da hingeht." Stölzls so radikale wie einsichtige Antwort beschreibt keine Sackgasse, sondern eine Einbahnstraße: „Den großen Sprung muß diese Nation der Bedenkenträger dennoch tun, es bleibt ihr nichts anderes übrig."

Und „drüben" ist ein anderes Ufer. Dort herrschen sowohl andere Bedingungen, andere Notwendigkeiten als auch andere Chancen. Die Zukunft verlangt „metanoia", Umdenken – und damit auch Verzicht auf Gewonnenes. Loge im „Rheingold": „Zur Buße gehört die Beute." Stölzls so radikale, nie einsichtige Antwort beschreibt keine Sackgasse, sondern eine Einbahnstraße: „Den großen Sprung muß diese Nation der Bedenkenträger dennoch tun, es bleibt ihr nichts anderes übrig."

Die Basis-Erkenntnis definiert im ersten und damit richtungsweisenden Vortrag Julian Nida-Rümelin: „Wirtschaftlicher Erfolg ist abhängig von kulturellen und auch Bildungsvoraussetzungen." Eine Trivialität? „Kreativitätspotenzial" nennt Nida-Rümelin diese „Motoren, die die Geschichte antreiben". Wenn auch nur einer stottert, „erlahmt die Dynamik einer Gesellschaft". Und so findet sich bei Nida-Rümelin, also bereits am 7. Januar 2003, der – inzwischen überstrapazierte, süffisant ironisierte, gleichwohl für die konsequente Diskussion immer noch relevante – Begriff der „Nachhaltigkeit", den er uns erläutert: „Wenn dieser Motor, dieses Kreativitätspotenzial weiter stark arbeiten soll, müssen wir uns engagieren, daß er es kann."

Mit anderen Worten: eine andere Mittelverteilung. Die Magie der Vergangenheit war der Überfluß, der Genuß, Unabhängigkeit, die totale Verfügbarkeit über ein sich selber verdrängendes Angebot, das Prinzip „Weniger arbeiten, mehr verdienen". Auf der anderen Grabenseite, nach dem Sprung also, eine andere Lebens-Freiheit. Hier ist Sensibilisierung gefordert für die Notwendigkeit, bei der Ablösung des omnipotenten Staates durch einzelne, aber multiple Persönlichkeiten statt, früher, privater Investitionen in momentanen Konsum in Zukunft die Ressourcen zu investieren in eben diese Motoren, das Kräftepotential unserer Sozietät – in Gesundheit und Absicherung für das Alter, vor allem aber in Fonds für die Bildung der jungen Generation; selbst für die Erhaltung der Denkmäler, die die Geschichte unserer Kultur dokumentieren. Nicht als „interesseloses Wohlgefallen" (Kant), sondern als wahrgenommene Chance, die Zukunft der Gesellschaft abzusichern.

Manfred Lahnstein ist das Risiko eingegangen, bei manchem Noch-nicht-Enddreißiger sich zu outen wie weiland Marion Gräfin Dönhoff, als sie die Diskussion über die notwendige Renaissance der „alten Werte" anstieß. Was Lahnstein von Strube, Homann und Wieland, von Merkle und Helmut Schmidt zitiert, dürfte zwar in den Ohren der Spargel-managing clerks, -directors, -superintendents oder -controller der „New Economy" wie ein Rückfall in eine vor-magische Vergangenheit klingen. Spätestens aber die Kontroversen um die von Franz Müntefering auf die Schiene gesetzte Kapitalismus-Kritik lassen erkennen, daß die von Lahnstein angesprochenen „Tugenden der Mäßigung und des Gemeinsinns", der „unternehmerischen Vernunft und Korrektheit", die „in der Regel der Hochachtung entspringen", noch nicht außer Kurs sind. Möglicherweise wird die Zukunft zeigen, daß die Not nicht nur beten lehrt, sondern daß aus ihr immer noch Tugenden zu gewinnen sind. Wenn „Leistung" im Sinne von „Ausführung" nicht von anderen, sondern vom Subjekt selber gefordert wird; wenn „Gerechtigkeit" nicht nur eingeklagt, sondern auch vom Subjekt selber geboten und

geliefert wird; wenn „Chancen" kein statistischer Begriff aus der Wahr-
scheinlichkeitsrechnung ist, sondern ein die Wirklichkeit bestimmender
aus dem Kodex der Humanität.

Nach dem Sprung über den Graben werden wir feststellen, daß Christoph
Stölzl in seinem Anflug von Skepsis vielleicht nicht ganz richtig liegt:
Drüben ist es keineswegs „ein bißchen neblig"; es stimmt nicht ganz, daß
„niemand weiß, wo es da hingeht". Drüben wohnen längst schon andere
Menschen.

3 „Wenn China die Deutsche Bank kauft"
Oder: Aufbruch zu einem Welt-Kulturgipfel

Faust, zu Beginn des zweiten Teils auf blumigem Rasen gebettet, von
den Ereignissen des ersten Teils des Dramas noch ermüdet und unruhig,
aber durch den Gesang des Sturmgeistes Ariel und einer Schar Elfen „er-
quickt" („Des Lebens Pulse schlagen frisch lebendig"), von Neuem ent-
schlossen, „zum höchsten Dasein immerfort zu streben", blickt in die
Sonne, in die Landschaft: „Nun aber bricht aus jenen ewigen Gründen | ein
Flammenübermaß, wir stehn betroffen; | des Lebens Fackel wollten wir
entzünden, | ein Feuermeer umschlingt uns, welch ein Feuer! | Ist's Lieb'?
ist's Haß, die glühend uns umwinden?"

Im globalen Zeitalter begegnen wir Juden-Christen auf der anderen Seite
des übersprungenen Grabens anderen Kulturen. Mit anderen Religionen –
Islam, Buddha, Shintu, Konfuzius, Tao, Brahma. Mit anderen „Wirtschaften" – östlichen Neueuropäern mit Billiglohn-Produktionsbedingungen,
China mit immensen Rohstoff- und Energie-Ansprüchen, Korea mit benei-
denswerten Produktivitätskoeffizienten, Indien mit ungeahntem IT-Know-
how. Mit anderen Gesellschaftssystemen – Stammesdenken in Afghanistan
und Abschottungs- wie Abgrenzungsstrategien gegen und für Kurden;

anderen geschichtlich gewachsenen Kontrasten und Konflikten – Ruanda, Kongo; Hutu contra Tutsi, Südsudan und der Genozid von Dafur; ja, immer noch, und wenn es nur schauspielernd ums Prinzip geht: Prozessions-Schaukämpfe der Katholiken gegen Protestanten und umgekehrt in Nordirland.

Was wissen wir von jenen Menschen, von ihrer „Kultur" – was wissen sie von uns? Denken wir, wie sie denken? Fühlen sie wie wir? Könnten wir lieben, was sie lieben – wenn wir es kennen lernten? Wollen sie das, was wir lieben, kennen lernen, um es selber zu lieben? „Welch ein Feuer! Ist's Lieb', ist's Haß, die glühend uns umwinden?"

Ist die Wirtschaft der Kultur voraus, da sie früher lernte, lernen mußte, sich zu assimilieren, um sich assoziieren zu können? Ist die Kultur der Wirtschaft voraus, da sie eher den Satz von Saint-Exupery übersetzen konnte, den Nikolaus Schweickart zitiert: „Wer nur um Gewinn kämpfte, erntet nichts, wofür es sich zu leben lohnt"?

Fragen weisen einen Informationsmangel nach. Und so brütet inzwischen der Think-Tank des Internationalen Forums über der auf den ersten Blick hybriden Idee, auf seinem vorhandenen Wurzelstock einen neuen Informationszweig zu veredeln. Wieder die Frage, was die Kultur für die Wirtschaft leisten könne, jetzt freilich mit globalem Horizont. Welche Kultur – unsere? Wollen wir mit der „Krise" uns aufmachen, um die „Heiden" zu missionieren?

Noch dringlicher stellt sich die Frage nach den „Werten" und „Normen"? Wenn wir noch einmal auf Schopenhauer und seine philosophische Darlegung des „Willens" – des Entfaltungsdranges der im Subjekt liegenden Potenz – zurückkommen: Die Folge dieser Entfaltung ist die „Konfrontation". Wessen „Werte" und „Normen" werden sich in der friedlich-

unfriedlichen Begegnung durchsetzen? Wollen wir auf die Evolutions-
theorie und auf Nietzsche pochen und antworten: „der Stärkere"?

Der Think-Tank dekliniert inzwischen zurückhaltender. In einem Ar-
beitspapier lesen wir so vorsichtige Fragen wie „Wie kann man historische
Bedingungen des Riesenvolkes Chinas unter marktwirtschaftlichen
Gesichtspunkten erhalten?" Oder: „Haben die Vielfalten der Kulturen
soviel Gemeinsames, daß man Weltwirtschaft darauf aufbauen kann?"
Sehr gezielt: „Welche Wertansätze liefert der Koran für die Normative der
Wirtschaft?" Nicht ganz ohne Bangigkeit: „Wie reagieren Menschen –
ergänze: wir selber –, wenn Eigentümer aus anderen Kulturen kommen
(wenn zum Beispiel China die Deutsche Bank kauft)?"

Hans Küng – wir erinnern uns: beim Zweiten Vatikanischen Konzil neben
dem neuen Papst Benedikt XVI. (Josef Ratzinger) offizieller theologischer
Konzilsberater – formulierte schon 1984 im Schlußwort des von ihm (und
drei anderen Religionsforschern) herausgegebenen Buches „Christentum
und Weltreligionen" sein Fazit: „Interreligiöser ökumenischer Dialog ist
heute alles andere als die Spezialität einiger weltfremder religiöser Ireni-
ker, sondern hat heute zum erstenmal in der Geschichte den Charakter
eines auch weltpolitisch vordringlichen Desiderats; er kann helfen: unsere
Erde bewohnbarer, weil friedlicher und versöhnter, zu machen. Kein Friede
unter den Völkern dieser Welt ohne einen Frieden unter den Weltreligionen! Kein Friede unter den Weltreligionen ohne den Frieden unter den
christlichen Kirchen! Frieden ist unteilbar: Er fängt im Innern an!"

Wenn wir die „Religionen" gegen „Kulturen" und „Wirtschaften", die „Kirchen" (sorry) gegen unsere „Interessengruppierungen" austauschen, müßte
der „interkulturelle Dialog" bei einem Welt-Kulturgipfel tatsächlich den
„Charakter eines auch weltpolitisch vordringlichen Desiderats" besitzen.

Ob der dann „unsere Erde bewohnbarer, weil friedlicher und versöhnter"
machen kann? „Man muß dran glauben". „Muß man?" Im Zweifelsfalle: Ja.

Heinz Josef Herbort

Von der Welt als „Wille" und „Vorstellung" zu den Männern und
Frauen der Tat – Struktur des Internationalen Forums für Kultur
und Wirtschaft

Aus der Genese des Internationalen Forums, einen Wettbewerb für ein
Wirtschaftsunternehmen zur Förderung junger Künstler auszurichten,
sind die drei Grundpfeiler erwachsen, auf denen das Forum heute fußt:

I.   Die Vernetzung von Kultur und Wirtschaft in hochkarätigen Vortrags-
     veranstaltungen und durch Kultur- und Wirtschaftsreisen

II. das größte privat finanzierte Young Artist Program, das drei führende
     Wettbewerbe umfaßt sowie

III. die Förderung junger hochbegabter Künstler durch das Netzwerk des
     Internationalen Forums.

Die ausgewählten Niederschriften der Referenten liegen vor, über die drei
Wettbewerbe in den Fachrichtungen Gesang, Komposition und Klavier wie
auch über die Förderung junger Künstler mittels des Netzwerkes des Internationalen Forums wurde eingangs berichtet.

Stellt sich nun „nur" noch die Frage, wie sind die Rollen in dem Kosmos
Forum verteilt, damit sich die Welten Kultur und Wirtschaft, Talent und
Karriere, Kunst und Kommerz begegnen?

Wie jedem Verein, denn als ein solcher gemeinnütziger ist das Forum rechtlich registriert, liegt dem Forum eine Satzung zugrunde, die Zweck und
Struktur festschreibt.

Die Stärke des Forums und Basis des tragfähigen Netzwerkes ist in der
Umsetzung der Idee die Identifikation vieler Persönlichkeiten, die die
lebenswichtigen Organe des Forums ausmachen.

Mitglieder

Sie sind die Basis des Forums, die zu allen Kultur- und Vortagsveranstaltungen eingeladen werden, somit das internationale Beziehungsnetzwerk nutzen können und damit bei der Entstehung vieler neuer Ideen mitwirken.

Ordentliches Mitglied kann jede natürliche oder juristische Person werden, die einen geregelten Jahresbeitrag entrichtet und über dessen Aufnahme das Präsidium positiv entschieden hat.

Darüber hinaus gibt es noch zwei weitere Formen der Mitgliedschaft: Die Fördernde Mitgliedschaft kann jede juristische oder natürliche Person erhalten, die das Forum durch Sachmittel und/oder Dienstleistungen unentgeltlich nachweislich unterstützt.

Korrespondierendes Mitglied kann eine Kultureinrichtung werden, die die Verwirklichung der Ziele des Forums – gegebenenfalls auch an anderen Orten außerhalb Dresdens – maßgeblich unterstützt und fördert.

Vorstand und Präsidium

Vorstand und Präsidium bestehen aus den Gründungsvätern des Forums. Sie entscheiden über die Richtlinien, Projekte und Aktivitäten des Forums.
· Hans-Joachim Frey, Operndirektor der Sächsischen Staatsoper Dresden Semperoper, Vorstandsvorsitzender des Forums
· Prof. Dr. Kajo Schommer, Sächsischer Staatsminister für Wirtschaft und Arbeit a.D., Präsidiumssprecher des Forums, Vorstandsmitglied

· Dr. Jürgen B. Mülder, Vice Chairman und Senior Partner Heidrick &
  Struggles, Unternehmensberatung, Schatzmeister des Forums, Vor-
  standsmitglied
· Dr. Stephan Cramer, Cramer von Clausbruch Steinmeier & Cramer,
  Rechtsanwalt
· Uwe Gabler, Hauptgeschäftsführer VVK Dresden Unternehmensgruppe
· Georg H. Leicht, Inhaber Juwelier Leicht im Taschenbergpalais, Juwelier
· Markus M. Lötzsch, Vorsitzender Wirtschaftsförderung Sachsen
· Christiane Müller-Kugelberg, Vorstandsmitglied
· Alexander Prinz von Sachsen, Sonderbeauftragter des Freistaates
  Sachsen
· Frank Schulz, Regionalfilialleiter Commerzbank Erfurt
· Kay Ulrich Schwarz, Geschäftsführer Schwarz & Partner
  Vermögensverwaltungsgesellschaft
· Prof. Dr. Christoph Stölzl, Vizepräsident des Berliner Abgeordne-
  tenhauses, Senator a. D.

Kuratorium

Dem Vorstand und Präsidium zur Seite steht ein Kuratorium, das sich
aus führenden Persönlichkeiten aus Kultur, Wirtschaft und Politik zusam-
mensetzt, und das die Idee des Forums in die Welt hinaus trägt.
· Dr. Bernhard Freiherr von Loeffelholz, Präsident Sächsischer Kul-
  tursenat, amtierender Kuratoriumsvorstand
· Prof. Dr. Stefan Gies, Rektor der Hochschule für Musik „Carl Maria von
  Weber" Dresden
· Prof. Ludwig Güttler, Trompetenvirtuose, Vorsitzender der Gesellschaft
  zur Förderung des Wiederaufbaus der Frauenkirche Dresden e.V.
· Dirk Hilbert, Beigeordneter für Wirtschaft Landeshauptstadt Dresden
· Prof. Dr. Michael Hampe, Regisseur

- Thomas Jurk, Sächsischer Staatsminister für Wirtschaft, Verkehr, Arbeit
- Jürgen Klimke, Mitglied des Deutschen Bundestages
- Prof. Manfred Lahnstein, Bundesminister a. D.
- Barbara Ludwig, Sächsische Staatsministerin für Wissenschaft und Kunst
- Armin Mueller-Stahl, Schauspieler
- Prof. Dr. Franz Müller-Heuser, Vize-Präsident des Internationalen Musikrats der Unesco, Paris
- Prof. Dr. Julian Nida-Rümelin, Staatsminister für Kultur und Medien a. D.
- Arturo Prisco, Geschäftsleiter Quartier an der Frauenkirche
- Prof. Dr. Herrmann Rauhe, Ehrenpräsident Hochschule für Musik und Theater Hamburg
- Dr. Matthias Rößler, Mitglied des Landtages, Sächsischer Staatsminister für Wissenschaft und Kunst a. D.
- Prof. Dr. Peter Ruzicka, Intendant Salzburger Festspiele
- Prof. Cornelius Schnauber, Direktor Max Kade Institut für Österreichische-Deutsche-Schweizer Studien, USC Los Angeles
- Prof. Andreas Schulz, Direktor Gewandhaus zu Leipzig
- Wolfgang Schweizer, Vorstandsvorsitzender Plus Endoprothetik-Endoplus
- Dr. Lutz Vogel, Erster Bürgermeister Landeshauptstadt Dresden
- Prof. Arkadi Zenzipér, Künstlerischer Leiter Schubertiade Schnackenburg

Arbeitsvorstand

Bestehend aus ehrenamtlichen Mitarbeitern, die sich zum Teil aus den vorgenannten Gremien rekrutieren, trifft sich diese Arbeitsgruppe einmal monatlich und übernimmt konkrete Aufgaben und Projekte des Forums, wozu jedes Mitglied sein Know-How und Netzwerk einbringt und mit Rat und Tat die Arbeit der Geschäftsstelle flankiert.

Geschäftsstelle des Forums

Die Geschäftsstelle des Forums ist das zentrale Büro, in dem die Fäden aller Projekte und Aktivitäten zusammenlaufen, und das die immense Organisationsarbeit des Forums leistet.
Geschäftsleiterin des Forums ist Sabine Stenzel, die das gesamte Team der Geschäftsstelle führt. Ihr zur Seite steht für die einzelnen Bereiche ein Stab von neben- und ehrenamtlichen Mitarbeitern, sowie immer wieder Praktikanten:

Edith Diedrichsen – Presse- und Öffentlichkeitsarbeit
Andrea Mylo – Buchhaltung und Finanzen
Renate Hennig – Förderung junger Künstler
Sabine Pabst – Projektleiterin Veranstaltungen
Gisela Below – Sekretariat.

Internationale Wettbewerbe

Die künstlerische Leitung und die Koordination der Internationalen Wettbewerbe hat Uta-Christine Deppermann, Chefdisponentin und Konzertdramaturgin der Landesbühnen Sachsen, übernommen.
Die Struktur der Wettbewerbe im einzelnen:
· Gesangwettbewerb „Competizione dell'Opera": Wettbewerbsleitung
  Hans-Joachim Frey (Vorsitzender), Uta-Christine Deppermann und
  Torsten Mosgraber – unterstützt von einem Projektteam.

· Kompositionswettbewerb für den Raum der Gläsernen Manufaktur von Volkswagen in Dresden: Wettbewerbsleitung Hans-Joachim Frey und Stefan Schulte, Mitglied der Geschäftsführung der Automobilmanufaktur – Projektleitung Uta-Christine Deppermann.
· Klavierwettbewerb Anton G. Rubinstein: Wettbewerbsleitung Prof. Arkadi Zenzipér und Hans-Joachim Frey, Projektleitung Claudia Hoffmann und Davina Platz

Unter dem Motto „young people for young people" stehen den Wettbewerbs- und Projektleitern jeweils für drei bis sechs Monate ein Team aus Praktikanten zur Seite, denen damit die Möglichkeit gegeben wird, ihr Kulturmanagementstudium mit der Arbeit im Wettbewerbsteam um eine wichtige praktische Erfahrung zu bereichern.

Idealismus, Engagement und Tatkraft sind die herausragenden Eigenschaften aller genannten Personen, die die komplexe Idee des Forums in die Welt der Tat umsetzen. – Ihnen allen sei Dank!

Nachwort

Der Weg ist bereitet, das Ziel ist vor Augen.

Das Floß, mit dem wir vom Ufer abgelegt haben, ist zur Segelyacht geworden. Mit hoher Fahrt, hart am Wind steuern wir in neue Gefilde.

Die ersten Molen des Kulturmanagements sind in Sicht. Der Dialog ist angestoßen.

Die Reise geht weiter.

Die Segelyacht wird zur Fregatte.

Das Forum hat sich als Think-Tank etabliert. Der Diskurs zeigt, daß Kultur – so sie sich mit ihrer ganzen Kraft konstruktiv entfalten kann – vielfältig und nachhaltig zum Erfolg der Wirtschaft beisteuern kann.

· Kultur schafft Emotionen.
· Kultur ist identitätsstiftend.
· Kultur ist Kommunikation.
· Kultur wirkt sozio-integrativ.
· Kultur verankert Normen und Werte.
· Kultur mobilisiert Kreativität in Wissenschaft und Forschung.
· Kultur schafft Netzwerke.
· Kultur schafft Umwegrentabilität.
· Kultur ist international.
· Kultur verbessert den Standort.

Wenn diese Faktoren vermittelt und begriffen werden, kann dieser neue Dialog eine Lösung bilden. Durch Bewußtmachen und Nutzen der eigenen Netzwerke stellen wir fest: Gemeinsam sind wir besser. Die Durchdringung dieser Netzwerke kann durch ein neues Miteinander zur großen Ertragsquelle für die Kultur werden. Der Wirtschaft und der Politik dieser Faktoren konkret als Projekt und Kulturmanagement von Seiten der Kultur als Erfolgsgaranten zu vermitteln und umzusetzen, ist der Weg, der gegangen werden sollte. Nur die Stärke unserer Verbindungen läßt uns die komplementären Ressourcen unserer Gesellschaft erst wirklich voll ausschöpfen, denn sie sind unerschöpflich.

Der Diskurs dauert an, die Liste der Erfolgsfaktoren ist lange noch nicht vollständig.

Aber auch Kultur bedarf des Lotsen, braucht Identifikation, den kreativen Dialog, starke Partner.

Nur im schöpferischen Wechselspiel bleiben Wirtschaft und Kultur gemeinsam in gutem Fahrwasser.

Die Reise lohnt sich.

Das Forum, der andere Dialog und Dresden haben die Regatta eröffnet, den Kurs vorgegeben für neue Projekte, weitere werden folgen.

Der neue Weg hat neugierig gemacht.

Kann Dresden eine Antwort auf Davos geben? Ein Weltkulturgipfel? Ein Weltkulturforum. Es bietet sich geradezu an, eine Vision aus der Kunst- und Kulturstadt Dresden.

Das Forum hat Ziele.

Die Fregatte hat Fahrt aufgenommen ...
      ... auf den Weltmeeren von Kultur und Wirtschaft ...
            ... auf zu neuen Ufern.

Hans-Joachim Frey

HANS-JOACHIM FREY

SABINE STENZEL

Die Herausgeber

Hans-Joachim Frey

*Hans-Joachim Frey, geb. 1965 in Hannover; Studium mit Diplomabschluß im Fach Musik-
theaterregie und Kulturmanagement an der Musikhochschule Hamburg; ab 1994 künstlerischer Betriebsdirektor am Theater Eisenach und anschließend am Bremer Theater; seit Mai
1997 künstlerischer Betriebsdirektor an der Sächsischen Staatsoper Dresden, Semperoper
und seit 2003 Operndirektor; Gründer und Vorstandssprecher des Internationalen Forums
für Kultur und Wirtschaft, dadurch Leiter des Internationalen Gesangwettbewerbs der Italienischen Oper „Competizone dell'Opera", des Internationalen Klavierwettbewerbs „Anton G.
Rubinstein" sowie des Internationalen Kompositionswettbewerbs für den Raum der Gläsernen Manufaktur von VW; Lehrauftrag an der Hamburger Hochschule für Musik und Theater
(Kultur- und Medienmanagement), sowie an der Musikhochschule Weimar (Marketing).*

Sabine Stenzel

*Sabine Stenzel, geb. 1970 in Hermannstadt; 1990 Studium mit Diplomabschluß im Fach
Sportökonomie an der Universität Bayreuth, unterbrochen von Studien- und Arbeitsaufent-
halten in Frankreich und den USA; 1997 – 2002 bei Nike Int., Niederlassung Deutschland,
hier zuletzt für das Handelsmarketing der strategischen Großkunden zuständig; 2004, nach
einem weiteren Auslandsaufenthalt und Mitwirken bei Kunst- und Kulturprojekten im
privaten Umfeld, Wechsel in die „Kulturbranche"; seit 2004 Geschäftsleiterin beim
Internationalen Forum für Kultur und Wirtschaft e.V.*

V.V.K. zu Dresden
Unternehmensgruppe

Degelestraße 1, 01324 Dresden
Tel. 0351/8 50 06-0 Fax 0351/8 50 06-26

Ein Unternehmen der neuen Generation – Die V.V.K. zu Dresden
Unternehmensgruppe mit Herz und Wurzeln in Sachsen

Als Uwe Gabler 1991 seine Firma V.V.K. Vermögensverwaltungskanzlei zu
Dresden gründete, hatte er die Vision, den Immobilienmarkt in den neuen
Bundesländern mitzuentwickeln und damit auch ein wichtiges Stück deut-
scher Kultur zu sanieren. Aus diesem Grunde wandte sich das Dresdner
Unternehmen mit Dependancen in Berlin und Leipzig der Sanierung denk-
malgeschützter Bausubstanz zu.

Mit ihrer wechselvollen Geschichte stellt die sächsische Landeshauptstadt
in ihrer Neugestaltung eine besondere Herausforderung dar. Für die V.V.K.
ist es daher eine Ehre, daß sie unter mehreren Bewerbern dazu ausgewählt
wurde an der Vollendung des im Krieg zerstörten Dresdner Neumarktes
mitzuwirken, dessen Sanierung heute zu den größten Rekonstruktions-
maßnahmen weltweit zählt.

Uwe Gablers Wunsch, diesem historischen Platz wieder Gestalt zu verleihen, erfüllt sich seitdem mit immer neuem Anspruch. So schreitet die Vollendung des Quartiers II „An der Frauenkirche" unter Berücksichtigung
kultureller und traditioneller Bezüge in hoher Qualität voran.

Dieses Gespür Uwe Gablers für die Verbindung traditioneller, wirtschaftlicher, historischer und kultureller Aspekte führte zu einer engen Zusammenarbeit mit dem Internationalen Forum für Kultur und Wirtschaft. Der
hohe Anspruch an Qualität und Niveau beider schafft neue Synergien und
verbindet sie in besonderer Weise. So unterstützte die V.V.K. beispielsweise maßgeblich die CD-Produktion der internationalen Klavier- und Ge-
sangswettbewerbe, die vom FORUM regelmäßig ausgeschrieben werden,
sowie die Realisierung des vorliegenden Buches.

Anhang – Der Werdegang des Forums

Am Anfang ist der Zufall – oder: Wie es beginnt

Die Hamburger Musikhochschule soll 1996 für Unilever mit Hilfe eines üppigen Etats die neue Eiscreme „gelato i cestelli – die Körbchen" promoten. Geboren wird „Cestelli – Competizione dell'Opera" – ein Gesangwettwerb junger Sängerinnen und Sänger. Nach deutschlandweiten Ausscheiden werden in einem grandiosen Abschlußkonzert die Gewinner gekürt. Der Erfolg des Wettbewerbs ist überwältigend – er findet 1998 eine noch pracht-vollere Wiederholung. Der Erfolg der Eiscreme ist weniger beeindruckend – sie wird aus dem Markt genommen. Die aufwendige Marketing-Kampagne stirbt – die Idee der „Competizione dell'Opera" lebt fort. Sie wandert die Elbe hinauf nach Dresden. Dort sind zwei mutige, kreative Köpfe der Dresdner Kulturszene – der eine, Hans-Joachim Frey, Direktor der Semperoper und Mitbegründer des Wettbewerbs, erkennt dessen drohendes Schicksal und entfacht den anderen, Torsten Mosgraber, Direktor der Dresdner Musikfest-spiele. Gemeinsam schaffen sie in der barocken Kulturstadt ein Netzwerk der Begeisterung. Der Mitteldeutsche Rundfunk ist dabei, die Sächsische Staatsregierung übernimmt die Schirmherrschaft und stiftet das Preisgeld. 2001 wird der „Competizione dell'Opera" Bestandteil der Dresdner Musik-festspiele. Die internationale Ausschreibung und Vorentscheidwettbewerbe bringen faszinierende junge Künstler aus der ganzen Welt zum Finale in die Hauptstadt des Freistaates.

2002 – die Organisation steht, Rundfunk, Freistaat und ein wachsender Kreis von Freunden sind wieder dabei – gibt es eine Fortsetzung. Der Wett-bewerb hat sich einen festen Platz in den internationalen Veranstaltungs-kalendern erobert. So schafft der „Competizione" zum zweiten Mal in seinem noch kurzen Leben die Metamorphose von einem singulären – nach dem Willen seiner Väter – Ereignis zu einer Tradition.

Von der Idee zum Forum – oder: Wie es startet

Die Idee erreicht eine Reihe von Dresdner Bürgern – Führungspersönlichkeiten aus Wirtschaft, Kultur und Politik, Ärzte, Rechtsanwälte usw. Sie eint eines: ihre Kulturbegeisterung. Eine Handvoll von ihnen – unter anderem der ehemalige Wirtschaftsminister und Gründervater des Schleswig-Holsteinischen Musikfestivals Kajo Schommer, der Unternehmer Kay Ulrich Schwarz, der Operndirektor Hans-Joachim Frey, der Personalberater Jürgen B. Mülder, der Ansiedlungsbeauftragte des Freistaates Alexander Prinz von Sachsen, der Juwelier Georg H. Leicht sowie der Bankdirektor Frank Schulz – bringen ihr leidenschaftliches Engagement, ihr profundes Wissen und ihre exzeptionellen Kontakte als Startkapital ein.

Die Idee reift zum Plan: die Veranstaltung von Wettbewerben, ein Netzwerk aus Wirtschaft und Kultur zur Nachwuchsförderung ... kurz: ein internationales Forum zur Förderung junger Künstler. Ein filigranes Netzwerk beginnt zu wachsen – es reicht bald weit über Deutschland hinaus. Ein tragfähiger organisatorischer und rechtlicher Rahmen wird geformt – das ausgefeilte Konzept entwickeln einschlägige Experten aus dem Freundeskreis. Ein Domizil wird geschaffen – in der privaten Villa Tiberius am Weißen Hirsch, dem Haus eines Vorstandsmitglieds finden die Mitarbeiter Raum, um ihre Aufgaben zu erfüllen, und die Veranstaltungen einen wundervoll repräsentativen Rahmen.

Es gilt nicht nur den Preisträgern, denen bereits der internationale Aufstieg vorgezeichnet ist, sondern einem breiten Kreis junger Talente Chancen für eine Karriere zu eröffnen, ihnen Kontakte zu vermitteln, sie zu Haus- und Kammermusikkonzerten einzuladen, sie mit Vermittlern und Impresarii, dem Rundfunk, den Orchestern, der Philharmonie, dem Gewandhaus, der Oper zusammen zu bringen.

Es gilt, den Plan auf eine solide finanzielle Grundlage zu stellen und ergiebige Quellen zu erschließen. Die steuerlichen Rahmenbedingungen gebieten die Sicherung der Gemeinnützigkeit. Keine Leistung ohne Gegenleistung – der Hamburger Professor Friedrich Look sät einen revolutionären Gedanken: Was kann die Kultur für die Wirtschaft tun? Das Forum läßt ihn zu einer systematischen Kooperation, einer Win-Win-Situation keimen. Die Einbindung der Wirtschaft wird zum Erfolgsrezept.

Nach knapp zwei Jahren ist es geschafft. Das „Internationale Forum für Wirtschaft und Kultur" wird aus der Taufe gehoben.

Beharrlicher Fleiß ist Pflicht – oder: Wie es funktioniert

Der Internationale Gesangwettbewerb „Competizione dell'Opera", seit 2003 der Internationale Klavierwettbewerb „Anton G. Rubinstein" und 2004 der Kompositionswettbewerb „Für den Raum der Gläsernen Manufaktur" einschließlich der Vorausscheide – und das immer wieder. Abend-Veranstaltungen in der Villa Tiberius mit prominenten Referenten und der Präsentation talentierter Nachwuchsmusiker – und das jeden Monat einmal. Kultur- und Wirtschaftsreisen im Rahmen der Internationalen Wettbewerbe in alle Welt für Mitglieder und Freunde zu befreundeten Institutionen, Unternehmen und Theatern – und das mehrere Male im Jahr. Das ist das Konzept.

Referenten auswählen, einladen und ihre oft auf Jahre gefüllten Terminkalender mit den Plänen des Forums in Einklang bringen, sie bei der Auswahl ihrer Themen beraten und betreuen. Nachwuchstalente in aller Welt aufspüren, zu einer Vorstellung im Forum einladen, beraten und betreuen. Freunde und Mitglieder regelmäßig zu den Veranstaltungen einladen und sie „bei der Stange" halten. Das ist die unsichtbare, nimmer endende Tages-arbeit.

Die musikalischen Darbietungen sind elementarer Bestandteil, nicht Rah-men der Geselligkeit. „Ganz bewußt ist das Konfrontieren mit Musik, die Begegnung mit jungen Künstlern vom Anfang unserer Gesellschaftsabende an. Die Musik läßt etwas Inneres anklingen, begeistert und regt zur Ausein-andersetzung an. Jetzt kommen viele auch deshalb, weil sie sich wohl fühlen in einem Milieu, das Solches bietet. Genau so bewußt haben wir auch an den Beginn wirtschaftsorientierte Themen gesetzt, die für Unternehmer, Manager, die Geschäftswelt interessant sind." (Hans-Joachim Frey)

Alles, was das Forum leistet, ist stets höchste Qualität. Das ist Anspruch und Verpflichtung.

Erfolg braucht Freunde – oder: Wie es wächst

Prominente lassen sich begeistern: der Schauspieler Armin Müller-Stahl, der ehemalige Staatsminister für Kultur Professor Julian Nida-Rümelin, der Trompetenvirtuose Professor Ludwig Güttler und viele andere führende Persönlichkeiten aus Wirtschaft, Kultur und Politik stellen sich als „Zug-pferde" vor den „Karren" dieser einmaligen Idee. Sie tragen die Botschaft des Forums in die Welt und ihr profundes Wissen zu den Themen Kultur, Ökonomie und Ethik zur intellektuellen Bereicherung in das Forum. Fast alle tun es ehrenamtlich.

Die Wirtschaft läßt sich überzeugen: führende Dresdner Hotels und eine Brauerei sorgen anläßlich der Veranstaltungen regelmäßig für das leibliche Wohl der Gäste. Ein Dresdner Unternehmer verleiht den Veranstaltungen hoch über den Dächern Dresdens in der Villa Tiberius den glanzvollen Rahmen. Ein Wirtschaftsprüfungsunternehmen in Dresden übernimmt

*Übersetzungsarbeiten. Prominente Journalisten, eine Kommunikationsex-
pertin, eine Agentur und ein Verlag gestalten, layouten und produzieren
dieses Buch. Die Volkswagen AG richtet den eigens für die Gläserne Manufaktur geschaffenen Kompositionswettbewerb aus. Die Botschaft ist angekommen: „Wir, Volkswagen, sind aktiv, bewegen uns auf höchstem Level im
klassisch-musischen Bereich".*

*Die Medien lassen sich einbeziehen: Der Mitteldeutsche Rundfunk, die regio-
nalen Zeitungen, Fotografen und viele andere öffnen den Veranstaltungen
das Tor zur Öffentlichkeit und sorgen dafür, daß jeder einzelne Schritt, jedes
einzelne Event detailliert und sorgfältig erfaßt und archiviert werden kann.*

*Immer mehr neue Freunde lassen sich für das Forum gewinnen. Viele von
ihnen werden Mitglieder. Sie bringen neue Ideen und wieder neue Freunde
mit. Sie bringen sich mit ihrer Kreativität und ihrer Leistungsbereitschaft
ein. Sie steuern mit ihrem Obolus zum Gelingen bei. Sie erschließen neue
Finanzquellen.*

*FreundInnen und FörderInnen, PraktikantInnen und StudentInnen engagie-
ren sich unermüdlich in zahllosen Stunden dafür, daß Organisation, Koordination, Sekretariat und Buchhaltung – ein riesiger, für den Außenstehenden
unsichtbarer Berg von Aufgaben – perfekt funktionieren. Viele ehrenamtlich.*

Inspiration und Transpiration führen zum Ziel – oder: Wie es weitergeht

*Der Diskurs auf Augenhöhe ist angesponnen zwischen Kultur und Wirt-
schaft – ein Dialog, der immer aufs Neue geführt werden muß, der klar sagt,
daß es darum geht, der Gesellschaft etwas von dem zurückzugeben, das die
Wirtschaft zuvor erhalten hat – heute, da es immer weniger große Unterneh-*

mer, aber immer größere Unternehmen gibt, die solches tun. In einer Zeit, in der Shareholder Value, Effizienz- und Gewinnsteigerung für viele zum dominanten Maßstab geworden sind, provoziert das Forum: „Wenn das so ist, dann steigen wir ein in einen Dialog und weisen mit genau derselben Sprache nach, was es für Vorteile hat, die Kultur durch die richtige Brille zu sehen – nämlich daß sie nicht das ist, was man sich nachts nur leistet zwischen neun Uhr und Mitternacht, wenn man nichts mehr zu schaffen hat, sondern daß Kultur etwas ist, das unser Leben in der Gesellschaft, unser ganzes Dasein maßgeblich und alltäglich bestimmt – der Humus aus dem wir kommen, von dem wir leben, auch unser Erfolg!" (Hans-Joachim Frey)

Weitere Betrachtungswinkel tun sich auf:
Kultur als Wirtschaftsfaktor per se: Die Kunstschaffenden und die zahllosen Mithelfer hinter den Bühnen der Theater, Opernhäuser, Philharmonischen Orchester, ihre Zulieferer für Werbemittel, Kostüme, Bühnenbilder, die Medienindustrie, dazu Werbegrafiker und Designer, private Kunstschaffende, Künstleragenturen – viele Tausende finden in der Kultur Beschäftigung und ernähren ihre Familien, investieren und konsumieren.

Die Umwegrentabilität: Der Staat erhält ein Vielfaches dessen, was er Subventionen an die Kultur gibt, über direkte und indirekte Steuern zurück.

Kunst und Kultur und die normative Wirkung: Die „Kultur" einer Gesellschaft ist ein ganz wesentliches Regulativ, der Mutterboden einer gesunden Sozial- und Bevölkerungsstruktur. Wenn im großen Prozeß der Globalisierung Menschen unterschiedlichster Nationen aufeinander treffen, übernimmt die Kultur die Rolle des Transformators, ist Kunst oft der erste gemeinsame Nenner zur Verständigung. Und was kann sie noch mehr tun?

Zwei Kulturbeherzte kamen zusammen. Sie fingen einfach an. Dann waren es drei, dann vier, dann ...

[1] Der Gesangwettbewerb Competizione dell'Opera hat sich zu einem Wettbewerb internationaler Bedeutung entwickelt. Mit dem Werbelogo l Cestelli als Competizione dell'Opera im Jahr 1996 gegründet und 1998 wiederholt, wird er im Jahr 2006 zum sechsten Mal ausgetragen. Dieser Sängerwettstreit ist ausschließlich dem reichen Repertoire der italienischen Oper, von Frühbarock bis heute, gewidmet. Jeweils 500 Sänger etwa, aus mehr als 60 Nationen, messen sich hier. In die Endrunden, die seit 2001 in Dresden ausgetragen werden, kommen knapp 100 Finalisten.

Der Wettbewerb richtet sich weltweit an junge Sängerinnen und Sänger, die an einer Musikhochschule oder vergleichbaren Institution studieren oder studiert haben. Die Altersgrenze für ihre Bewerbung liegt für Sängerinnen bei 31, Sänger bei 33 Jahren. Die jüngste Teilnehmerin war unter 20 Jahren alt.

Die Finalisten des Wettbewerbjahrgangs stellen sich einer hochrangig besetzten Jury. Berufen werden in den Jurorenkreis Vertreter der großen europäischen Opernhäuser und Festivals, Künstleragenten, berühmte Sängerinnen und Sänger, Dirigenten und Vertreter der Medien und Hochschulen. Eine solche Jury der Experten, noble Geld- und attraktive Sonderpreise und die Präsentation der jungen Stimmen in einem Finalkonzert mit Orchesterbegleitung in der Semperoper, verleihen dem Competizione dell'Opera eine außergewöhnliche Farbe und machen ihn zu einer „Marke" in der internationalen Wettbewerbslandschaft. In den Finalrunden machen sich die jungen Künstler mit Stimme und Person über die Wochen des Wettbewerbs den begutachtenden Kapazitäten der Musikwelt bekannt. Das vor allem, hat den Competizione zu einer der wichtigsten Talentbörsen für junge Sänger und Sängerinnen entwickelt. Heute schon international gefeierte Sängerpersönlichkeiten waren Finalisten und Preisträger früherer Jahrgänge des Wettbewerbs: Marina Mescheriakova, Ashiey Holland, Lado Ataneli, Anja Harteros, Caria Carla Maria Izzo, Woo Kyung Kim, Eleonore Marguerre und andere erobern seit ihrer Teilnahme am Competizione dell'Opera die Bühnen der Welt.

Der Wettbewerb ist in Vorausscheidungen, den Auditions, das Semifinale mit zwei Durchläufen und das Finale gestuft. Das öffentliche Finalkonzert mit großem Orchester ist ein Ereignis der Semperoper, das hohe Medienbeachtung genießt. Auch die Semifinale finden bereits in Dresden an verschiedenen Spielstätten statt.

Die ersten drei Preise der Finalausscheidung vor der Jury sowie ein Publikumspreis, der beim Finalkonzert vergeben wird, sind mit einer gesamt Geldsumme von 20 Tausend Euro ausgestattet. Dazu kommen Sonderpreise, die als Einladung zu Gastspiel, Engagements, Arbeitsproben, die für die jungen Sänger von Bedeutung sind.

Seit 2000 wird der Wettbewerb vom eingetragenen und gemeinnützigen Verein Competizione dell'Opera e.V. getragen, ausgelobt und mit eigener Organisation durchgeführt. Kooperationspartner sind die großen Musikinstitutionen der Kunst- und Kulturstadt Dresden, des Competizione dell'Opera 2006: die Dresdner Musikfestspiele, die Sächsische Staatsoper Dresden und die Hochschule für Musik ‚Carl Maria von Weber' Dresden. Medienpartner des Wettbewerbes 2006 ist der Mitteldeutsche Rundfunk MDR-Figaro. Für Durchführung und Erfolg bedeutsam ist die jeweilige Hinzunahme großzügiger Sponsoren der Großindustrie.

[2] Der Internationale Klavierwettbewerb Anton G. Rubinstein wird 2005 zum zweiten Mal seit seiner Neugründung ausgetragen. Schon mit dem Auftakt im Jahr 2003 erwarb er sich eine außergewöhnliche Stellung in der internationalen Wettbewerbslandschaft. Seitdem ist er in der Spitzenklasse internationaler Wettbewerbe etabliert. Der Namensgeber Anton Grigorjewitsch Rubinstein, 1829 bis 1894, war als Komponist, Pianist und Gründer des St. Petersburger Konservatoriums eine führende Musikerpersönlichkeit seiner Zeit. Er rief im Jahr 1890 einen nach ihm benannten Klavierwettbewerb ins Leben. Berühmte Preisträger waren unter anderem Wilhelm Backhaus, Joseph Levin, Alexander Gedecke. Rubinstein hatte auch kurze Zeit in Dresden gelebt und komponiert.

Der Internationale Klavierwettbewerb Anton G. Rubinstein 2005 in Dresden schlägt mit einem hohen Anspruch die Brücke zu Rubinstein, der als Klaviervirtuose höchste Anforderungen an das Können seiner Wettbewerbsteilnehmer stellte. Die Einzigartigkeit und der Nutzen für die Teilnehmer dieses Wettbewerbes spiegelt sich in seiner besonderen Juryzusammensetzung aus einem Kreis international aktiver Experten – wie beim Gesangswettbewerb Competizione dell'Opera.

Der Klavierwettbewerb richtet sich an junge Pianistinnen und Pianisten, Altersgrenze 30 Jahre, der jüngste Teilnehmer war 18, aus aller Welt, die an einer Musikhochschule oder vergleichbaren Institution studieren oder studiert haben. Wer sich in den internationalen Auditions qualifiziert hat, kommt nach Dresden in die weiteren Runden, einer ersten und

zweiten und dem Semifinale. Den Höhepunkt des Wettbewerbes bildet dann Ende Oktober
das Finalkonzert im unverwechselbaren Ambiente der Semperoper Dresden. Die talentier-
testen Pianisten werden sich dort mit Orchesterbegleitung der Öffentlichkeit präsentieren.
Attraktive Geldpreise in Gesamthöhe von 16 Tausend Euro, ein Blüthner-Flügel als Preis
und Sonderpreise runden das einmalige Profil dieses Wettbewerbes ab und machen ihn zu
einem Sprungbrett für internationale Karrieren.

Das Internationale Forum für Kultur und Wirtschaft veranstaltet diesen Wettbewerb in
Trägerschaft des gemeinnützigen Vereins Competizione dell'Opera e.V.. Kooperations-
partner des Anton G. Rubinstein Klavierwettbewerbes sind die Sächsische Staatsoper
Dresden Semperoper, die Hochschule für Musik „Carl Maria von Weber" Dresden sowie
der Mitteldeutsche Rundfunk MDR-Figaro. Großzügige Unterstützung erfährt der Wett-
bewerb von privaten und industriellen Sponsoren. Das Sächsische Staatsministerium für
Wissenschaft und Kunst übernimmt die Schirmherrschaft für den Internationalen
Klavierwettbewerb Anton G. Rubinstein 2005.

Peter Bäumler

Danksagung

Dieses Buch wurde realisiert mit freundlicher Unterstützung durch:

V.V.K. zu Dresden
Unternehmensgruppe

Degelestraße 1, 01324 Dresden
Tel. 0351/8 50 06-0 Fax 0351/8 50 06-26

Unser besonderer Dank gilt der V.V.K. Unternehmensgruppe zu Dresden ohne deren großzügiges finanzielles Engagement das Buch nicht hätte realisiert werden können.

Dank auch allen Referenten, dem Publizisten Prof. Dr. Heinz Josef Herbort und dem Verleger Michael Faber sowie dem unermüdlichen Einsatz von Sylvia Pfefferkorn (Layout), Maja I. Berndt (Lektorat), dem Journalisten Dr. Peter Bäumler, Uta-Christine Deppermann und Mareike Speck.

© 2005 Faber & Faber Verlag GmbH, Mozartstraße 8, 04107 Leipzig,
www.faberundfaber.de

Internationales Forum für Kultur und Wirtschaft e. V., Lehnertstr. 8,
01324 Dresden, www.forum-international.org

Layout/Satz: Pfefferkorn & Schultz GmbH, Dresden

Fotos (Bildteil): David Brandt, Matthias Creutziger, Ralf U. Heinrich,
Rainer Kitte, Joerg R. Oesen

Gedruckt auf holzfreiem Papier

ISBN 3-936618-74-7